西南大学"双一流"建设（教育学）学术文库

A Library of Academic Works of Southwest University "Double First-Class" Project（Education）

教育学新文科建设：

实践探索与模式创新

朱德全　王正青　主编

吴叶林　张铭凯　林克松　田晓伟　易全勇　副主编

西南大学出版社

SWUPG　国家一级出版社　全国百佳图书出版单位

图书在版编目（CIP）数据

教育学新文科建设：实践探索与模式创新 / 朱德全，王正青主编；吴叶林等副主编. -- 重庆：西南大学出版社，2025.4. --（西南大学"双一流"建设（教育学）学术文库）. -- ISBN 978-7-5697-2542-1

Ⅰ. G423.02

中国国家版本馆 CIP 数据核字第 20254K0B40 号

教育学新文科建设：实践探索与模式创新

JIAOYUXUE XIN WENKE JIANSHE:SHIJIAN TANSUO YU MOSHI CHUANGXIN

朱德全　　王正青·主编

责任编辑｜向文平
责任校对｜雷　兮
装帧设计｜闰江文化
排　　版｜夏　洁
出版发行｜西南大学出版社（原西南师范大学出版社）
　　　　　地址｜重庆市北碚区天生路2号
　　　　　邮编｜400715
　　　　　电话｜023-68868624
印　　刷｜重庆紫石东南印务有限公司
成品尺寸｜170 mm×240 mm
印　　张｜19.25
字　　数｜309千字
版　　次｜2025年4月 第1版
印　　次｜2025年4月 第1次印刷
书　　号｜ISBN 978-7-5697-2542-1
定　　价｜88.00元

总序

西南大学教育学科源于1906年的川东师范学堂教育科。1950年10月,四川省立教育学院教育系、国立女子师范学院教育系合组为西南师范学院教育系。后四川大学教育系和教育专修科、重庆大学教育系、相辉学院教育系、川东教育学院教育系和公民训育系、昆明师范学院教育系、贵阳师范学院教育系、四川医学院营养保育系等高校的教育类专业又先后并入。1995年成立教育科学学院,2005年改名教育学院。2011年,学校将西南大学教育学院、教育科学研究所、基础教育研究中心、教育部西南基础教育课程研究中心、教师教育管理办公室、高等教育研究所和培训学院的教学科研人员合并组建为西南大学教育学部,成为西南大学重点建设的研究型学部。在教育学科的发展过程中,先后涌现出陈东原、张敷荣、高振业、任宝祥、秦仲实、刘克兰等一大批老一辈教育家,以及新一代教育学者。

西南大学教育学科于1981年获得硕士学位授予权,1984年获得博士学位授予权,现拥有"课程与教学论"国家重点学科、教育学一级学科博士学位授权点、博士后科研流动站,有教育部人文社科重点研究基地"西南民族教育与心理研究中心"、教育学领域"职业教育融通与课程教学统整"全国高校黄大年式教师团队、高等学校学科创新引智计划(111计划)"西部儿童与青少年发展阻断贫困代际传递大数据决策系统"、教育部"成渝地区双城经济圈高校智能化教学改革"虚拟教研室、国家2011协同创新平台"中国基础教育质量监测协同创新中心西南大学分中心"、教育部"民族教育发展与高层次人才培养"重点研究基地等国家级、省部级平台与团队近20个。教育学、学前教育、教育技术学、特殊教育4个专业全部获批国家一流本科专业建设点，教育学专业为教育部和财政部联合确定的首批国家级特色专业，学前教育专业入选教育部首批"卓越幼儿园教师培养计划"。

自2022年入选国家"双一流"建设学科、重庆市一流学科（尖峰学科）以来，教育学科以服务国家教育强国战略和成渝地区双城经济圈教育协同发展战略为宗旨，找准国家重大战略需求、科学技术发展前沿、学科优势特色三者的结合点，确立了围绕"三个重大"（重大项目、重要奖项、重点平台）抓"关键性少数"、"三全治理"（全员、全方位、全过程）抓"系统性思维"、"三个一流"（团队、领域、平台）抓"可显性指标"的战略框架，坚持"做有组织的科研、出有领域的成果、建有追求的团队、留有记忆的符号、创有激情的文化、干有温度的事业、过有成就的日子"的七大原则，锚定"四大方向八个领域"，组建了教育基本理论与意识（马克思主义教育理论中国化、民族文化与教育特色理论建构）、区域发展与教育（职业教育与区域经济社会发展、乡村振兴与教育阻隔代际贫困传递）、基础教育课程教学与教师教育（中国特色课程教学新发展、教师教育理论体系建构与政策发展）、未来教育与儿童发展（智慧教育和"未来学校"建设、儿童健康教育与脑发育机制）"跨学院"的核心研究团队，建设了"智慧教育与全人发展"首批重庆市哲学社会科学重点实验室（试点）、西部科学城（重庆）西南心理健康大数据中心，创办英文国际期刊 *Future in Educational Research* 和辑刊《未来教育研究》。

本学术文库是西南大学教育学"双一流"学科建设的重要成果，它着眼于教育科技人才一体化推进的国家重大战略，立足世界教育发展与学术研究的基本趋势，聚焦中国教育发展的现实问题，塑造区域教育发展新优势与新领域，通过"跨学科""跨理实""跨区域"的研究视角，质性研究与量化研究相结合的技术路线，扎根中国大地做原创性、系统性、引领性的教育研究，真正把教育研究从西方教育范式和话语体系中解放出来，构建具有中国特色的教育学学科体系、学术体系和话语体系，为加快推进教育现代化战略和建设教育强国战略贡献西南大学教育学科的学术力量。

（西南大学教育学一流学科建设"首席责任专家"、教育学部部长、教育部国家级高层次人才）

2024年6月18日

目
录

第一章　新文科时代教育学一流学科建设框架

2015年10月,国务院发布《统筹推进世界一流大学和一流学科建设总体方案》,提出要推动一批高水平大学和学科进入世界一流行列或前列,为我国高等教育的改革发展指明了方向。2017年1月,教育部、财政部和国家发展改革委联合印发《统筹推进世界一流大学和一流学科建设实施办法(暂行)》,并于当年9月公布第一轮"双一流"建设高校及建设学科名单,北京师范大学、华东师范大学两所高校进入教育学一流学科建设名单。2022年1月,教育部等三部委发布《关于深入推进世界一流大学和一流学科建设的若干意见》,进一步明确了"坚持立德树人""培养一流人才""服务国家战略需求""积极探索中国特色社会主义大学建设之路"等政策指向,同年2月公布第二轮"双一流"建设高校及建设学科名单,教育学一流学科建设名单新增4所学校,[①]逐步凸显了教育学一流学科建设在促进我国高等教育内涵式发展、建设中国特色的高等教育思想和理念等方面的重要价值。[②]新一轮"双一流"建设强调以学科为基础,淡化身份色彩,教育学作为一门极具复杂性、综合性与创新性的人文社科类学科,其一流学科建设不仅是自身立足新文科建设朝向综合化、智慧化、扎根化、创新化发展的内在需要,更是塑造一流大学人文性格、推进中国特色文科教育的学科体系形成、服务我国高等教育现代化发展的使命要求,理应在"双一流"建设中作出应有的独特贡献。

基本概念的创生是构建学科理论的必然要求,学术框架的确立是揭示学科问题与规律的基础条件,科学范式的形成则是一门学科走向独立的重要标识。从概念到框架直至范式,是一门学科通向成熟的必由之路,这也构成了教育学一流学科建设所遵循的基本逻辑。库恩(Kuhn,T.S.)认为,由于范式之间的基本概念具有不同的认识论依据,因此,学科的不同范式之间具有不可

---

①　在第二轮"双一流"建设中,6所高校的教育学入选一流学科建设名单,除北京师范大学、华东师范大学外,华中师范大学、西南大学、厦门大学、东北师范大学的教育学为本轮新入选学科。

②　谢维和."双一流"建设与教育学的责任[J].探索与争鸣,2016(7):23-25.

通约性。①教育学理应具有独特的学科属性与基本范式,但长期以来,中国教育学科的身份问题都是其学科发展过程中悬而未决的问题,②要澄清教育学的合法身份进而推进教育学一流学科建设,需厘清其理论逻辑与学理框架。在新文科境域下教育学一流学科建设学理框架的理论逻辑是必须在学科体系上构建"三位一体"的学术谱系,即以"形而上"的教育哲学为上位逻辑,通过概念体现学科思想;以"形而中"的教育科学为中位逻辑,通过框架体现学科范式;以"形而下"的教育实践为下位逻辑,通过扎根实践体现学科自信。当前,为推进教育学一流学科建设以及为"双一流"建设夯基固本与创新发展,亟须从教育学一流学科建设的"实然"样态、"应然"追求与"必然"努力三个层面进行理性检视与现实省思。

第一节
教育学一流学科建设的"实然"样态

库恩认为,"一种范式是,也仅仅是一个科学共同体成员所共有的东西。反过来说也正由于他们掌握了共同的范式才组成了这个科学共同体。"③学科范式作为一种集合,指向某一学科共同体的所有成员所共有的技术、理想、信念以及价值。某一知识体系要构筑成一门独立的学科,必须遵守与依从特定的学科范式。长期以来,中国教育学的学科边界模糊问题饱受诟病,具体表

---

① 库恩,王飞跃.可公度性、可比较性、可交流性[J].世界哲学,2004(3):3-16.
② 叶澜.关于加强教育科学"自我意识"的思考[J].华东师范大学学报(教育科学版),1987(3):23-30.
③ 库恩.必要的张力[M].北京:北京大学出版社,2004:288.

现为中国教育学对"我是谁"这一问题难下定论,①而其背后实质是中国教育学科尚未构成合乎时代发展的科学完善的学科范式。教育学的学科发展是一个否定之否定的辩证过程,②针对处于新旧范式转型期间的中国教育学而言,旧的学科范式已难以满足新文科背景下学科交叉与协同创新的发展需要,但新的学科范式尚处于构建论证中。在此境况下,中国教育学一流学科建设的"实然"样态面临"三缺"的困局,即一缺体现本学科特质性的"概念"、二缺体现本学科学理性的"框架"、三缺体现本学科科学性的"范式"。

一、本土话语乏力:缺少体现一流学科特质性的"概念"

学科是历史的产物,并以一定的措辞建构起来。新文科背景下教育学一流学科建设是基于已有的教育学传统,以本土话语与概念符号来表征学科思想、彰显学科自信的发展过程。正如黑格尔(Hegel,G.W.F.)所言,"只有当一个民族用自己的语言掌握了一门科学的时候,我们才能说这门科学属于这个民族了"③,同理,任何一门学科只有用自己的语言表达出来,才能彰显这一学科的本土价值思想。然而,中国教育学常常因缺少科学性而饱受诟病,盖因其并没有一套已经证实的基本概念,④这既与中国教育学科发展史有关,也有受到对西方教育学形成路径的过度依赖以及学术不自信的影响,进而表现出学科的本土话语乏力和表征学科特质的概念的缺失。

从词源学的角度考察,"学科"的拉丁文 disciplina 本身已兼有知识(知识体系)及权力(孩童纪律、军纪)之义,该词的持久使用,标示知识的组织和生产的历史特殊性,概念则是知识组织的基本单元。由于教育学对于堪为其理

---

① 姜雨.教育学"科学还是技艺"的历史重审——从夸美纽斯出发的思想史研究[J].教育研究,2020,41(7):62-74.

② 项贤明.教育学的学科反思与重建[J].教育研究,2003(10):14-18.

③ 黑格尔.哲学史讲演录(第四卷)[M].北京:商务印书馆,1978:187.

④ 瞿葆奎,郑金洲,程亮.中国教育学科的百年求索[J].教育学报,2006(3):3-11.

论基础的学科知识的选择几乎除了"以马克思主义为指导"以外,别无本学科价值选择,[①]因而在学科建设中引入了诸多哲学、文化学、心理学、社会学、经济学、管理学等学科的概念知识,为解释教育现象、揭示教育规律、解决教育问题提供学理支持,但这也招致了教育学被别的学科占领的风险,导致其在当前一流学科建设的过程中,不仅缺少保持学科独立的概念,更缺少体现一流学科特质性的概念。从学科发展历史来看,中国教育学走的是引介模仿而后借鉴自立的路子。自 20 世纪以来,先借道日本取法西洋,在西方教育科学化运动的助推下,大量科学方法传入中国,一时间极大程度地推进了中国教育学的发展,但同时西方教育学的话语体系、概念体系、思想体系与理论体系也在逐渐浸入。

20 世纪 50 年代,凯洛夫教育学传入中国,在总结苏联 1930 年代教学经验的基础上,形成了课堂教学的一整套模式和规范,不仅成为当时中国教学改革的模板,[②]更对中国教育学的学科范式,尤其是对教育学教材的理论脉络产生了重要影响。改革开放后,由于苏联的"大教育学"体系已无法适应国际教育学科分化的整体趋势,中国教育学亟待寻找新的发展道路,于是又重新掀起了新一轮译介西方教育学科成果的热潮。中国教育学科是"西学东渐"的产物,是在译介西方教育学科的过程中形成的,[③]这在一定程度上导致部分教育学者将西方教育学经典奉为圭臬,或是完全尊奉,若不频频引述西方学者的概念与观点便不足以展开任何问题,到了张口西方学者、闭口还是西方学者的地步;[④]或是本土化改造,将西方教育学的概念思想、理论范式融入中国文化进而转化为中国教育学的组成部分,这看似是通过"吸收借鉴"促进教育

---

① 陈桂生.略论教育学成为"别的学科领地"的现象[J].教育研究,1994(7):38-41.

② 和学新,田尊道.论凯洛夫教育学中国化的经验及其启示[J].西南大学学报(社会科学版),2015,41(6):89-98,191.

③ 瞿葆奎,郑金洲,程亮.中国教育学科的百年求索[J].教育学报,2006(3):3-11.

④ 吴康宁."有意义的"教育思想从何而来——由教育学界"尊奉"西方话语的现象引发的思考[J].教育研究,2004(5):19-23.

学的学科发展，但"教育学中国化（本土化）本身就是一个存在先天不足的概念"，[①]是学术不自信的一种表现，其实质是对中国教育学的本土文化与价值立场的不断侵蚀与消解。

概言之，教育学基本概念的创生多是以引入西方教育学概念或借鉴其他学科概念为主，缺乏内生的原驱动力，亦忽视对"中国"与"教育学"的特质意义指向，这在很大程度上反映出当前学界对中国教育学的学科基础知识构建尚未形成一致意见，对教育学一流学科建设本土境脉与本土实践的理解还有待深化。中国教育学没有原创性概念思想，就没有学科的自主性，构建具有自身特质的一流学科体系并推进新文科建设也就无从谈起。

二、知识边界模糊：缺少体现一流学科学理性的"框架"

中国教育学在20世纪的曲折发展中完成了学科建制，从组织或制度的角度上看，已具备与其他学科相区别的"硬边界"，当前困扰中国教育学的问题是所谓教育学"软边界"的问题，[②]也即内部学理性框架的立体建构问题。体现教育学一流学科学理性的学术框架理应具有高度抽象、知识关联与观照实践的特点。中国教育学科的学术框架尽管在形态上具有完整性，但在逻辑上却缺乏有机的衔接与融合，表征为中国教育学的基本概念与基本原理模糊混乱，分支学科知识之间关联度较低，专业知识体系难以帮助学者分析整个系统的运作过程，等等。[③]学科学术框架的缺失反映了中国教育学对其学科旨趣、知识边界、方法论体系等方面的学理认知模糊，这无益于对教育实践的指导与教育规律的揭示，也难以应对新文科发展所提出的新挑战。

---

① 孙元涛."教育学中国化"话语的反审与重构[J].全球教育展望,2009,38(4):43-47.

② 孙元涛.教育学学科边界问题的再认识——关于"跨学科研究"的教育学思考[J].教育发展研究,2010,30(24):31-35.

③ 项贤明.教育学的学科反思与重建[J].教育研究,2003(10):14-18.

　　基本概念与基本原理的模糊混乱是当前教育学一流学科学理性框架构建所面临的直接难题。在教育学的概念体系中,"教育"是最基本的概念,对这一概念及其延伸出的基本概念与基本原理的理解与认识构成教育学一流学科建设的逻辑起点。但我国目前教育理论界存在的问题之一,是对教育概念泛化现象的熟视无睹,遂使教育概念趋于模糊。①"教育"概念还存在广义与狭义之分,导致对"教育""教学""教导""教授"等概念之间的逻辑关系与层次结构厘定不清,甚至出现混用的情况。也正因如此,教育学的研究对象存在被窄化为学校教育的风险。诸多有关教育的原理、原则,基本上属于学校教育学而非教育学的范畴。仅仅将教育学局限于学校之中,所拼凑出的仅是对"教育"支离破碎的认知,难以揭示其全貌。教育理论界存在的问题之二,是教育学的核心概念体系还存在用术语冒充概念、在科学的语境下构造伪概念等缺陷,并且其对绝大多数概念都处于熟知而非真知的状态。②缺少核心概念体系的教育学,其理论品质将受到损害,这对于教育学一流学科建设而言是极其不利的。

　　随着社会科学知识的增长速度不断加快,教育知识体系进一步分化,教育学逐渐形成众多分支学科,但也存在分支学科知识间关联度较低的问题。作为一级学科的教育学内部细分出教育学原理、课程与教学论、教育史、比较教育学、学前教育学、高等教育学、成人教育学、职业技术教育学、特殊教育学、教育技术学等10个二级学科。从教育学的知识理论体系来看,这些二级学科具有不同的研究领域、对象与问题,知识边界相对清晰,甚至有理论与实践的面向之分,但教育学要成为一个统领内部各二级学科的一级学科,目前还缺少更加上位的学理性框架,学科间的知识关联度较低,其一流学科建设呈现出局部分散的格局。一些二级学科,如高等教育学虽然随着学科知识的

①　陈桂生.普通教育学纲要[M].上海:华东师范大学出版社,2008:5.
②　杨开城.教育学的坏理论研究之一:教育学的核心概念体系[J].现代远程教育研究,2013(5):11-18.

积累与科学研究的发展,开始出现突破教育学的学科框架并发展为一级学科的趋势,[①]但若脱离了教育学的学科体系,或将有碍于教育学一流学科建设的推进,这也从侧面印证了当前教育学作为一级学科缺少统领性的学理框架。

对教育实践观照不足以及教育理论对教育实践缺少必要的解释力始终困扰着教育学一流学科的建设与发展。教育学一流学科建设只有以教育实践为导向,才能建构学理性框架。教育实践是教育学必须关注的核心问题域,缺少实践关怀,教育学将失去学科发展的生命力,更遑论一流学科建设。从伦理学、心理学,到社会学、生理学,以至与人有关的学科,似乎都可以成为教育学的"理论基础",[②]并演绎出教育学的"学理框架",而且一些学者也热衷于将其他学科的视角、观点套用在教育学身上进行所谓的"理论创新"。但这种"拿来主义"很大程度上只是空洞的"概念游戏",缺少对教育实践的观照,也经不起教育实践的检验,导致教育理论无法指导并解决教育实践问题,反而加深了理论与实践的隔阂。教育学的理论体系、学理性框架始终是以教育实践为旨归的,并且从根本意义上讲,它也只能来源于教育实践。[③]只有在教育实践中得到辩护与验证的学理性框架,才能凸显教育学一流学科的独特品性。此外,教育学一流学科建设并非只关乎教育学的理论问题,且以单一的知识逻辑为基本遵循,还涉及专业组织、专业研究队伍、专业刊物、专业基金、专业课程等学科建制的问题。学科建制是一个人为设计的制度问题,更需要实践智慧的滋养,这对教育学一流学科建设观照教育实践的要求也表现得更为迫切。

---

① 张应强.高等教育学的学科范式冲突与超越之路——兼谈高等教育学的再学科化问题[J].教育研究,2014,35(12):13-23,53.

② 瞿葆奎,郑金洲,程亮.中国教育学科的百年求索[J].教育学报,2006(3):3-11.

③ 王有升.论教育学学科的学术建构[J].南京师大学报(社会科学版),2007,150(1):71-75.

三、寄生依附发展:缺少体现一流学科科学性的"范式"

库恩最早在《科学革命的结构》中提出"范式"的概念,这一概念被引入到学科领域,就出现了学科范式。学科范式是指学术共同体所共有的信念体系和方法论体系,它以范例形式规定了学术研究的方法和程序,成为学术研究赖以运作的理论基础和实践规范。①从新文科建设背景出发,中国教育学并非缺少范式,只是其范式缺乏不能彰显一流学科的科学性与学科性,具体表现在学科性质、理论基础和方法论体系等方面。

就学科性质而言,教育学时常陷入"是科学还是艺术"的争论,一流学科建设的性质与定位模糊不明。中国教育学在其主体问题与学科属性上易陷入现实悖论,通过"人"来凸显教育学的核心要素本无可厚非,但以"人"为主体断定教育学是作为一门艺术而非科学的存在,则会混淆中国教育学与教育的区别,间接削弱中国教育学作为一门学科存在的科学性,导致中国教育学在很大程度上难以为教育实践提供科学的依据。从理论基础来看,教育学理论基础多依附于哲学、社会学、心理学等学科,缺少属于本学科的可靠理论分析及学理基础。赫尔巴特(Herbart,J.F.)作为教育学科学化的奠基人始终秉持教育学是一门科学的主张,并提出"作为一门科学的教育学建立在伦理学和心理学的基础上",但这种认定却已经隐含了教育学非科学化的倾向。②

由于教育学缺少学科独特的概念和话语,加之教育学理论知识在整个人文社会科学领域的增长速度较为迟缓,导致其虽取法诸学科,但难以演绎并形成一套教育学理论,总是因缺少学科独有且自洽的理论基础而遭到关于学科独立性与科学性的质疑。在方法论层面考察,教育学的方法论体系尚不健全,存在重思辨而轻实证的倾向。在当前的教育研究中,定性研究占据绝对

---

① 张应强.高等教育学的学科范式冲突与超越之路——兼谈高等教育学的再学科化问题[J].教育研究,2014,35(12):13-23,53.

② 项贤明.论教育学的边界[J].教育研究,2017,38(6):12-19,31.

的主导地位,定量研究较少且定量研究方法的建构与应用水平参差不齐,教育研究科学化水平整体较低,反映出我国教育研究的"失范"问题。[①]在新文科背景下,推进教育学一流学科建设,当务之急是促进教育学科学化发展,积极推动大数据等现代信息技术与教育学深度融合,推进教育研究转向实证研究范式,其中研究方法的科学化,尤其是量化方法的实践运用是关键。学科发展要想取得突破性进展,往往依赖于量化方法、手段和技术的创新。[②]但是,随着教育研究中实证研究不断增多,又出现了将实证研究与思辨研究对立起来的声音,这实质是对实证研究科学性的曲解。真正的实证研究不仅不会"压制教育学宏大理论的发展",[③]反而将与之相互促进,为教育学夯实学科理论基础,有力助推其学科范式的有效重构。

第二节
教育学一流学科建设的"应然"追求

新文科对教育学一流学科建设提出了"大、新、用、跨"的新要求。面对中国教育学科"三缺"的实然样态,教育学一流学科建设必须充分彰显"大学科"思想,促进学科"开放创新"、发挥学科扎根教育实践的"实用"动能、推动学科"界域横跨"的共生发展与知识融合,积极建构学科概念与学科体系的理论逻辑,才能助推学科范式的逻辑生成,确立教育学科独立且独特的身份地位,推进未来中国教育学一流学科建设的成熟与完善。

---

① 范涌峰,宋乃庆.教育研究科学化:限度与突破[J].教育研究,2016,37(1):94-101.

② 袁振国.实证研究是教育学走向科学的必要途径[J].华东师范大学学报(教育科学版),2017,35(3):4-17,168.

③ 许建美.教育学宏大理论的式微与回归[J].教育研究,2022,43(4):39-51.

一、在"守正创新"中构建系统的"学科概念"体系

自20世纪以来,中国教育学科建设在漫长艰辛的发展过程中进行了丰富的实践探索,其中不乏原创性概念与学术思想,只是我们并未有效地基于中国本土实践对其进行总结与提炼,而是选择从西方教育学学科"进口"。在新文科背景下,推进教育学一流学科建设亟待形成系统的学科概念体系,关键在于摆脱对西方教育学的路径依赖,坚持守正创新,坚定文化自信,从中国传统哲学、儒家经典思想中汲取智慧,凝练中国教育学的学科概念体系。中国教育学的学科概念体系应涵盖六大特征:来源性概念、思想性概念、解释性概念、结构性概念、全息性概念和经验性概念。

来源性概念,即有渊源根据的概念,而非游离于教育学本义之外的"包装概念"。教育学的学科概念应以某一理论、学说、思想或理念为基础、针对教育学进行演绎生成。正如康德(Kant,I.)所坚持的教育理念应从哲学理念中来,认为"一个理念无非是关于一种在经验中无法预见的完美性的概念,对一种教育理论加以筹划是一种庄严的理想,即使我们尚无法马上将其实现,也无损于它的崇高。"[①]思想性概念,即能体现学术深度与深邃思想的概念,而非晦涩抽象的名词。教育学的学科概念建构理应重拾经典、直面真理,将中外教育家思想及其教育经典著作作为重要来源,从中凝练或创设概念术语。概念本身所蕴含的"晦涩"是教育学一流学科建设追求真理并无限接近真理的一种表达,清楚地叙述的最佳方法其实就存在于以复杂的方式所作的叙述之中,笔者所反对的只是旨在造成理解困难,蓄意以艰涩语言来表达或阐释的概念。解释性概念,即对相关教育问题、现象具有解释力度的概念,而非虚空问题、脱离实际的概念。教育学直面的是现实的人、具体的人,任何教育概念或教育命题都不能仅通过思辨演绎而来。只有"带着天意,扎根大地",[②]关切

① 康德.论教育学[M].上海:上海人民出版社,2005:6.

② 李长伟.教育研究的独特性——带着天意,扎根大地[J].现代大学教育,2021,37(4):25-31.

教育中具体生命的感受，关注真实教育问题的概念，才是具有生命力的教育学概念。结构性概念，即具有稳固模态、能促进学术递进与跃迁的概念，而非不具逻辑演绎和时效性的概念。从外部来看，教育学科概念的发展遵循知识增长的基本逻辑，"知识的进步主要来自对先前知识的修改，虽然我们有时可能通过一次偶然的观察而进步，但发现的意义一般都取决于它修改我们以往理论的力量。"①随着新的知识结构融入并改变旧的知识结构，新的教育学科概念将随之结构重组而得以生成。从内部来看，根据伯恩斯坦（Bernstein, B.）的知识分类理论，知识结构形式包括层次性知识结构（hierarchical knowledge structures）和横向知识结构（horizontal knowledge structures），前者以整合的符号为基础，后者以集合或系列的符号为基础。②教育学的知识来源于不同学科，是由多套平行而又互不相干（parallel and incommensurables）的语言（概念）所组成，③具有横向知识结构的特征。这一特征以"防御和挑战其他语言"为本质内容并为自身建构了一个特定领域，④使得教育学的学科概念具有稳固模态。全息性概念，即面对不同教育问题具有"时空统一"性与"万法归一"性的概念。教育学的学科概念既应自学科史或经典思想中延续，也需回应当下的教育现实，在历史与现实的辩证统一中，增强对不同时空状态下教育问题的解释力与指导力。经验性概念，即根据不同时域所创生的本土化概念。经验性概念强调教育学科概念的中国表达：既要从中国教育实践中提炼教育经验，上升为中国教育学的学科概念，又要立足于中国文化境脉，以中国哲学的思维方式与文化精神创生本土教育概念，以此建构独特教育命题，表达中国教育学的学科立场。

---

① 波普尔.猜想与反驳[M].上海：上海译文出版社，2005：40.

② 伯恩斯坦.教育、符号控制与认同[M].北京：中国人民大学出版社，2016：170-171.

③ 曾荣光，叶菊艳，罗云.教育科学的追求：教育研究工作者的百年朝圣之旅[J].北京大学教育评论，2020，18（1）：134-176，192.

④ 伯恩斯坦.教育、符号控制与认同[M].北京：中国人民大学出版社，2016：170-171.

二、在"交叉融合"中建立规范性"学术框架"

模糊的学术边界是当前教育学科学化乃至其作为学科独立存续所面对的最主要威胁之一。[①]在新文科背景下,推进教育学一流学科建设,亟待廓清其学术边界。学术边界是一个抽象且复杂的理论问题,关涉对象边界、目标边界、问题边界、方法边界等,可以有不同的划分依据。[②]教育学学术边界的廓清有赖于规范性学术框架的建立。学术框架并不直接回答哪些问题可以在教育学科边界内解决或哪些问题超出了教育学科的边界范围,而旨在为彰显中国教育学的独特性提供一种关于教育学研究内容、机理与规范的认识方式或解释途径。中国教育学的学术框架应涵盖三大类别:领域性框架、分析性框架和法则性框架。

领域性框架指向的是中国教育学所具有的独特研究内核,即对教育研究问题与内容的不断界定与追问,对教育学知识体系边界的开放拓宽与多元化发展,是中国教育学对自身"何以存在"的回答,可谓之中国教育学科的"逻辑起点"。教育学一流学科建设的重要使命之一就是促进教育学知识的不断增长并建立高质量的教育学科知识体系,为推进跨学科专业之间的知识整合奠定基础。因此,必须发挥出教育学知识所具有的"阐明教育事理""反思现实问题""融合学科视野""预测未来趋势"[③]等功能,避免使教育学再度陷入"有无存在必要"的质疑之中。但教育学科知识以及由其驱动的教育学研究、一流学科建设并不能独立于具体的人而存在,也即教育学科知识体系的建构与研究均要"体现对具体的人的聆听和关切,体现对具体教育实践问题的直面、体验、理解和应对",[④]如此方能彰显教育学研究独有的人文价值,捍卫教育学

① 项贤明.论教育学的边界[J].教育研究,2017,38(6):12-19,31.

② 李政涛.教育学的边界与教育科学的未来——走向独特且独立的"教育科学"[J].教育研究,2018,39(4):4-15.

③ 李政涛,周颖.建设高质量教育体系与中国教育学的知识供给[J].教育研究,2022,43(2):83-98.

④ 李长伟.教育研究的独特性——带着天意,扎根大地[J].现代大学教育,2021,37(4):25-31.

的学科领地与尊严。

分析性框架是指为解释中国教育学相关问题而形成的机理,以及问题各维度之间的动态关系与作用路径的框架,是对中国教育学相关问题"何以解决"的回答,可谓之中国教育学科的"逻辑推论"。一方面,中国教育学应在明确自身学科边界的基础上对其他学科以及西方教育学科的概念体系、思想体系、方法体系等进行开放借鉴,从"过度自卑、盲目崇拜"的直接借用走向"以我为主、为我所用"的深度融合,展现出教育学一流学科的文化基因。实质是要求中国教育学摆正学科发展心态,建立理论自信与学科自信,吸收中华文化、中国传统哲学的精髓,以"和合共生""中庸之道"的思想包容外来借鉴的理论、视角、思想、方法等,并建立用中国思想与中国话语表达的分析框架,摆脱对西方教育学科或其他学科的话语依附与理论依附。另一方面,运用这一分析性框架解决中国教育学的本土问题。中国教育学应是中国教育问题之根本上的解决或中国教育根本问题之理论,是"中国教育"之学,[1]其作为一流学科的鲜活生命力也只有在本土实践中才能彰显。因此,教育学一流学科建设不仅要直面并解决中国教育学的本土实践问题,更要从丰富的本土实践中凝练中国经验,抽象为内蕴中国文化、彰显中国精神的教育学理论。

法则性框架是指中国教育学在研究与发展过程中形成的规律性和规范性体系,是中国教育学持续实现内部自我管控的一种规则体系,是对中国教育学相关研究内容"以何为界"的应答理据,可谓之中国教育学科的"逻辑约束"。长期以来,中国教育学对其他学科的概念、理论、话语"照单全收",呈现出一种"混乱的丰富"发展样态,对于学科独特性问题的含糊不清,亦缺少对教育学研究规范的厘定解释,这是教育学一直底气不足的症结所在。[2]因此,教育学亟待划定彰显自身作为一流学科独特性的边界范围。一方面,在外部

① 冯建军.构建教育学的中国话语体系[J].高等教育研究,2015,36(8):1-8.
② 李政涛.教育学的边界与教育科学的未来——走向独特且独立的"教育科学"[J].教育研究,2018,39(4):4-15.

形成与其他学科相区别的"硬"边界,通过对教育学的研究对象、研究内容、研究范围、理论框架等进行清晰界定,加强教育学一流学科建设的"自我意识",①防止被其他学科"占领";另一方面,在内部形成将作为一级学科的教育学与众多分支的二级学科相区别的"软"边界,细化教育学内部各二级学科在具体研究对象、研究领域、学理框架、性质方法等方面的区分,实则是处理好整体与部分的辩证统一关系。为教育学划定学科边界不是意图在学科间制造"壁垒""隔阂"或排斥跨学科研究,而是为了使教育学更好地体现综合化的"大学科"思想,在新文科建设中实现在"定界"中"跨界",在"跨界"中"交叉融合",在"交叉融合"中成为具有独特性与创新性的世界一流学科。

三、在"技术赋能"中构建教育学"科学范式"

新文科之"新"不仅是促进多学科交叉与深度融合之"新",也是研究理论、思想、视角、方法、工具之"新",归结于基于技术赋能的范式之"新"。因此,教育学一流学科建设不能仅停留于对教育学科边界划定的层面,学科独立、学科独特不是最终目标,其真正意义在于深化信息技术对教育学的人文洞察,建立教育学一流学科的科学范式,将教育学的学科范式建设成为与其他自然科学、人文社会科学的学科范式并列而立的一种科学范式。教育学一流学科的科学范式应涵盖四大类别:理念性范式、模型性范式、程序性范式和纲领性范式。

理念性范式,即从教育哲学的世界观出发,关涉教育的性质、使命、目的等价值性问题,是引领教育与教育学发展的理论体系。任何学科很少像教育学那样,在有限的理论命题之中,充满了那么多相互冲突的后设理论叙述,当前存在基于多元善观念的多种合理的教育学说,需要通过公共理性达成教育

① 叶澜.关于加强教育科学"自我意识"的思考[J].华东师范大学学报(教育科学版),1987(3):23-30.

学理性多元论之间的重叠共识。①因此，理念性范式致力于澄清教育学的学科性质与学科定位，试图对教育学科发展中的理性争论或理论冲突作出尝试性回答，以一种"善"的价值旨归和"具体现实的人"的视野来调节教育学中的理性多元论。构建教育学的理念性范式就意味着运用教育哲学的思维方式与思想主张对教育理论与教育实践的基本问题进行理性反思，从而为教育学科学范式的构建提供一种哲学辩护。模型性范式，即教育学界普遍认同与接受的一套假说、定律、方法和准则的总和，可为科学的教育研究提供移植模仿的可能性。模型性范式可以表征为抽象的思维方式和具体的理论假说，前者充盈着对概念辨析、体系建构与思辨演绎的关切追求，重视以视角的不断拓展为教育学研究提供新的思维工具，防止教育学科发展的视野窄化；后者则强调从其他学科中，尤其是哲学之中借鉴基础理论，为教育学科学化发展提供支持，进而借助科学方法建构教育学独特的概念体系与理论体系，生成教育学原创性知识与理论成果。程序性范式，即为教育实践活动提供指导的过程性范式。一方面，侧重于方法论层面的技术建构，要借力新技术工具推进教育学实证主义研究范式发展，同时应在实证研究与定性研究、理性审视与感性想象、规律揭示与意义阐释之间实现必要的融合，确保中国教育学的研究范式兼具科学理性与人文关怀；另一方面，指向教育本土实践中的范式生成，应关注中国现实的教育实践活动，如叶澜教授的"生命·实践"教育学、朱永新教授的"新教育实验"等，从中找准教育学科学范式建构的生长点，进而探索出教育学一流学科建设的中国道路。纲领性范式，即加强学科自身理论内聚力，联结学科逻辑知识的关联性，进而使其形成严密的知识和理论体系范式，具有提纲挈领的作用。这一范式旨在厘清当前教育学繁杂的学科知识体系，通过澄清教育学知识的学科特质并以知识学科特质的纯粹性来保障教

---

① 张桂.教育学的普遍性格：一种基于公共理性的道德承诺[J].教育学报，2022，18（2）：3-12.

育学知识体系的逻辑同质性，①加强教育学内部知识的关联性，使知识组织和知识生产建立在内部学理同一性的基础上，最终推进教育学自身独立理论体系的有效建构。

第三节
教育学一流学科建设的"必然"努力

　　基于教育学科的"实然"样态与一流学科建设的"应然"追求，未来教育学一流学科建设应在学科交叉与分化、守正与创新、技术与人文、本土与国际的不断融合中，通过求同存异的"必然"努力，充分彰显教育学自身在新文科背景下的重要学科价值与独特学科身份，努力构筑教育学一流学科建设的"扎根"逻辑，确立教育学一流学科建设的"跨界"理念，强化教育学一流学科建设的"人文"价值，形成教育学一流学科建设的"系统"结构。由此，才能创生新文科时代教育学的理论逻辑与学科范式，推进其世界一流学科的有效建设。

一、构筑教育学一流学科建设的"扎根"逻辑

　　通过"八大关键词"构筑起中国教育学一流学科建设的关键逻辑，即通过"跨界团队"攻关"前沿重大项目"，借助"前沿重大项目"催生"问题领域"，以"问题领域"创生"学科新概念"，再以"学科新概念"建构"学术框架"，利用"学术框架"打造"学术范式"，进而诞生"中国教育学派"，最终形成"中国教育气派"。"八大关键词"扎根本土、逐级推进，为新文科背景下中国教育学一流学

---

① 项贤明.教育学知识及其辨治[J].教育研究，2021,42（2）:45-55.

科建设提供了完整的理论研究与实践发展路径,使其学科体系的发展不仅具有内部与外部保障,更具有内部与外部自信。

　　组建教育学一流学科共同体是中国教育学一流学科建设的重要基础。要在外部结构上形成在院系组织、专业领域、研究方向、年龄层次等方面的跨界研究团队,在内部凝聚学科成员共同的学科信念与学术理想,以多元互动、价值共享的学科共同体为单位攻关教育学前沿重大项目和课题。在此基础上,使跨界研究团队面向当前教育的新现象与新问题,围绕教育学前沿重大项目,细化研究方向与具体问题,形成新颖多元的问题领域,包括以单一学科为主的专门研究和多学科联合的交叉研究,进而贡献原创性的中国教育学概念与思想主张。同时,以教育学的基础性与原创性概念为原点,构建中国教育学的学术框架与学术范式。一方面要理解、认知与辨析教育学科的本源性概念,以一定的学科逻辑重构教育学的核心概念体系,增强一流教育学科的理论自觉与理论自信;另一方面要立足本土教育实践,建构植根中国文化、运用中国话语、表达中国立场、彰显中国态度的教育学科概念,以一个个概念的联结与集合构建蕴含中国学术传统与一流学科建设理想的教育学学术框架与学术范式。

　　"中国教育学"从来不只是"在中国"的教育学,也是"在世界"的教育学,[1]必须坚持自立自强与开放借鉴相统一,树立教育学学科自信,推进教育学学科共同体向学术共同体转型、推进教育学本土化向建构中国教育学发展。而任何教育学的生成绝非凭空而来,必须借助学派的创生作为必要前提。[2]因此,教育学一流学科建设既要有中国教育学核心人物,也要有中国教育学研究团队;既要有因应时代所需、国家发展所需的原创性研究成果,也要将之转化为被世界教育学学界所认同和尊重的一流成果。如此,方能在探寻立足中

①　李政涛.走向世界的中国教育学:目标、挑战与展望[J].教育研究,2018,39(9):45-51.
②　柳海民,林丹.困境与突破:论中国教育学的范式[J].东北师大学报(哲学社会科学版),2007,227(3):5-12.

国、面向世界、走向未来的道路中诞生世界一流的"中国教育学派",最终形成"中国教育气派"。

二、确立教育学一流学科建设的"跨界"理念

克拉克(Clark,B.R.)在对学术组织的研究中尤其重视信念的作用,指出人们对一整类组织(例如大学)的认识,是基于他们认为这类组织是干什么的,因而认定是什么样的组织,由此所传播的理解。①信念是一类组织或一项事物发展的核心要素。教育学一流学科建设不仅关乎学科建制或范式重构,更是一种价值找寻、意义确证与文化自觉的真实行动。中国教育学一流学科建设必须积极践行"三大信念"。

践行"跳出来,走进去"的建设信念,即"视野在外,目标在内",将视野放眼于大局,以全局视野助推内部目标的拓宽。教育学一流学科建设应树立"大教育学"的学科视野,处理好两对关系。一是"在学科"与"跨学科"的关系,"跨学科"以"在学科"为基础,"在学科"则通过"跨学科"体现特色、实现创新。"在学科"要求划定教育学的学科界限,凸显一流教育学科的独立地位与独特价值。"跨学科"强调跨越教育学学科范围,拓宽教育学学科发展视野,既要积极从其他学科的理论、视角、话语、方法中汲取思想养分,也要围绕重大前沿问题,促进教育学与其他学科的交叉融合,但应坚定教育学的立场,使教育学交叉学科走向教育学的发展方向,具有教育学的内涵。②二是"立足本土"与"走向世界"的关系。未来的中国教育学,将与世界教育学结成密不可分的"教育学"共同体,创造新的"教育学"世界。③而中国教育学想立于世界

① 克拉克.高等教育系统——学术组织的跨国研究[M].杭州:杭州大学出版社,1994:83.
② 侯怀银.新中国成立以来教育学学科体系建设的回顾与展望[J].西北师大学报(社会科学版),2022,59(4):30-38.
③ 李政涛.走向世界的中国教育学:目标、挑战与展望[J].教育研究,2018,39(9):45-51.

教育学之林,不仅应致力于解决中国本土教育学问题,凸显自身特色,还要完成中国话语与世界话语的转化,将立足本土的原创性研究成果输出为解决世界教育学所普遍面临问题的"中国方案"。

践行"走出去,跑下去"的建设信念,即"境界向上,眼睛向下",将思维放眼于顶层设计,但行动要着眼于实践问题,促成长期问题与短期问题的解决。"境界向上"观照的是教育学一流学科的宏大理论基础。缺乏宏大理论的支撑,仅靠碎片化的知识和数据,难以形成关于人—教育—社会的整体性认知,[①]也无法为教育现实问题提供理论解释与方法指导,因此,教育学一流学科建设需要关注教育基础理论问题或本源性问题,进行教育学宏大理论建构,夯实教育学作为一门独立且独特的一流学科的理论根基。"眼睛向下"则是对教育学一流学科建设的思维视域提出的要求,需坚持两点论与重点论的统一。教育学既要重视理论建构,也要关注并回应教育实践,用实践的尺度来检验教育理论;不仅要关注教育实践,更要转向"全社会教育",[②]以"全教育实践"的视野审视教育实践,将对教育实践问题的思考延伸至对社会问题的考察,跳出教育看教育、跳出教育学看教育学,从社会环境中探寻教育问题解决乃至于教育学一流学科建设的道路。

践行"走在前,跟在后"的建设信念,即"先行引领,主动跟进"。实际上,是要回答在新文科背景下教育学一流学科如何为"双一流"建设作出独特贡献这一核心问题。一方面,教育学一流学科要在引领"双一流"建设乃至社会发展的过程中起到积极作用。中国教育学的责任就在于形成和总结出我们中国独特的办学思想和理念,[③]以其独有的人文精神与科学理性及其从中凝练出的教育哲学与教育体系涵养其学校建设与学科建设,实现对高等教育高质量发展的思想引领,并发挥出对教育政策的制定及执行的引导作用。另一

---

① 许建美.教育学宏大理论的式微与回归[J].教育研究,2022,43(4):39-51.

② 李政涛.当代教育发展的"全社会教育"路向[J].教育研究,2020,41(6):4-13.

③ 谢维和."双一流"建设与教育学的责任[J].探索与争鸣,2016(7):23-25.

方面,教育学一流学科也要在随"双一流"建设和新文科建设过程中不断进行内部革新。这即要求教育学紧跟"双一流"建设的战略决策部署,瞄准本学科在整体学科发展布局中的关键位置与建设重点,同时以本学科的视角观照与回应"双一流"建设中创新人才培养等棘手问题,以对社会与教育的强烈关怀,履行服务高校、服务社会、服务国家的建设使命。

三、强化教育学一流学科建设的"人文"价值

随着"双一流"建设的推进,教育学一流学科建设的价值取向必须从社会本位转向社会本位与人本位的兼而有之。彰显人文性、回到教育本身将成为教育学一流学科建设的价值起点与精神内核。为此,需要以"三大理念"为价值指南,在思想观念上引领一流学科建设。

"教育学要永远走在教育发展的前面,教育发展要永远走在社会发展的前面",前者引领后者,而非跟进与适应后者。作为一流学科的教育学,代表着未来教育乃至整个社会的演进趋势,理应引领教育与社会的发展,但并不否认教育学对当前教育现实问题的观照,而是强调教育学要发挥对多学科理论、学说、思想的承载力和对教育现实问题的解释力。一方面,加强对学科概念体系、知识体系、理论体系等的学理反思与创新,丰富教育学传统学科理论,形成对解决教育实践问题具有普遍性意义的理论思维与解释框架;另一方面,将国家的教育理想与社会的教育愿景融入教育学一流学科建设中,形成教育学学科发展的价值理念系统,指引教育事业发展。在此基础上,以先进、前沿的教育理念培养能够引领未来发展的时代新人,使教育走在社会发展前面并推进经济社会的高质量发展。

"教育学教授要走进教育学,教育学要走进教育,教育要走进人,人要走进社会",前者是走进后者,而非走向后者。教育学既是一门学科,也是一门学问,无论是学科的繁荣还是学问的精深都离不开教育学者,学术研究更应

成为关乎每一位教育学者学术生命的重要构成。教育学教授走进教育学是要基于理论对实践的观照来促进教育话语的生成与教育理论的创生，彰显教育学作为人文社会科学的科学性与人文性，最终推进教育学一流学科的发展。教育学要走进教育，即教育学者要始终以教育为研究对象，自觉厘清教育学科场域与其他学科场域、教育理论与教育实践的关系，明辨教育常识和教育学术，找准教育真问题，做真教育研究。教育要走进人，观照鲜活的教育生命。反思当下的教育学以及教育研究，会发现我们真的远离了真正的教育研究，[①]实际上每一个教育学者都应意识到教育研究要回到人本身，观照每一个具体现实的人及其完整的生命历程，如此才能让教育得以脱离一种旁观者的姿态而走进人。人要走进社会，反映的是教育与社会相互促进、协同共生的发展关系，要求教育学一流学科建设要在学术研究、学科发展与社会背景之间建立内在意义关联，适切呼应当前新文科建设的时代诉求。

"教育学专家要做得像写得那样好，说得像做得那样好"，教育学专家最终赢得的是学术志趣，而非学术功利。教育学一流学科建设离不开教育学专家的身份自觉与使命自觉。教育学专家不能"坐而论道"或"述而不作"，也不能对教育理论"故弄玄虚"，玩文字游戏，而应当肩负起一流学科建设的责任，成为教育学科的实践者、探寻者与传播者。为此，教育学专家要扎根教育实践"做"研究，从书斋高阁走进教育现场，面对鲜活的教育生命，在教育研究的普遍理论与特殊研究对象之间架起桥梁；要基于理性思维与教育体验"写"文章，用具有逻辑性与学理性的话语反映对教育、教育学的理解与认识，提升研究的理论含量与学术品质，贡献具有生命力的教育学理论与思想；要表明立场"说"主张，中国教育学专家要能够基于扎根本土、面向世界的中国立场，在与世界对话中发出中国教育学的声音，并以原创概念、思想与理论贡献中国教育学的学科智慧。

---

① 李长伟.教育研究的独特性——带着天意,扎根大地[J].现代大学教育,2021,37(4):25-31.

四、形成教育学一流学科建设的"系统"结构

体系建设是教育学一流学科建设的关键一环,它指向学科体系、话语体系、理论体系、方法体系、概念体系、学理体系及理念体系。基于这些体系的有效建设将助推教育学一流学科建设的"系统"结构,基于"系统"的学科结构建设才能形成教育学一流学科的独立且独特的"逻辑框架",学科拥有成熟的"逻辑框架"才是学科范式有效生成的重要标识。

学科体系的构建主要包括建立一级学科、二级专业、三级方向构成的学科谱系,要对学科谱系建立起以形而上的"哲学"、形而中的"科学"、形而下的"实践"构成的"三位一体"的学科逻辑,学科体系建设才具有完善的"系统"性逻辑结构,基于完善的逻辑结构进而才能建立起以人才培养、科学研究、社会服务为具体指向的学科功能体系。因此,学科体系是教育学一流学科建设的重要基础,必须在遵循系统论所意涵的"要素—结构—功能"基本思路基础上才能形成具有科学范式的一流学科建设谱系。"三位一体"的学科逻辑是其中的要素,具有鲜明的思想性、规范性与实践性特征,实质是对如何全面认识教育学一流学科建设的理论品性与实践诉求、如何正确处理教育学科体系建设的规范性与自主性关系等问题进行了回应,由此为教育学一流学科建设确立了逻辑主线与思想内核。以此为指导,逐步丰富教育学一级学科下的二级专业与三级方向,形成体系日趋完整的学科结构谱系,进而彰显出学科在提升人才素养、构建理论学说、促进社会发展等方面的重要功能。

话语体系的构建主要包括生成揭示教育自身规律的"教育话语",合乎教育与产业经济关联的"经济话语",紧跟社会发展的"社会话语",提高职业能力的教育"技术话语",营造文化品格以及文化传承创新的"文化话语",塑造国家理想的"政治话语",引领人才培养与人才建设的"人才话语",供给教育价值理性的"哲学话语"。作为一种对教育学学者思想与学术成果进行言说

与传播的表达系统，这"八大话语"内涵丰富、各有侧重，共同为教育学一流学科建设提供话语支撑。具言之，"教育话语"要凸显规律性，以教育与人的发展、教育与社会发展为逻辑主线，运用教育学的概念和原理来研究与解决教育的理论与实践问题。"经济话语"应体现跨界性，教育学一流学科建设不能将自身"束之高阁"，就教育看教育、就学科谈学科，必须积极回应、融通乃至超越当前经济发展的新变化与新趋势，努力概括出联系产业经济的、科学的教育学新概念与新表述。"社会话语"需强调时代性，要求教育学一流学科建设无论是研究视野、研究问题还是学术成果都必须贴近社会现实、紧跟时代发展。只有扎根于当前中国社会、中国教育的现实土壤与时代语境，才能诞生出理论联系实际的、鲜活的教育学话语。"技术话语"应具有职业性，强调对现实的人的真切关注，并聚焦在对满足社会高质量发展的多元人才类型的职业能力的教育观照。为谨防教育学研究陷入"见理论不见人"的流弊，对以知行一体、道器合一为表征的技术话语的形塑显得尤为重要。"文化话语"要体现精神性，中华优秀传统文化与一代代教育学人的精神风骨是教育学一流学科建设的精神根脉。越是民族的才越是世界的，教育学研究唯有通过带有鲜明民族性与文化传统性的话语命题才能对中国本土教育问题富有解释力，进而才能赢得国际社会的认同与尊重，最终建立起中国教育学的理论自信与学科自信。"政治话语"要突出指导性，中国教育学科话语体系的构建需要警惕脱离政治话语的"学术崇高"，必须坚持政治话语与学术话语相统一，彰显国家教育理想。既要理直气壮地以政治话语表明学术研究的基本立场与基本观点，也要以学术话语提升政治话语的学理性与影响力。"人才话语"表现人文性，教育学一流学科建设内隐着"为人"与"成人"的价值主张，旨在着力培养堪当民族复兴大任的时代新人，塑造一流人才，这一思想需要通过文字、符号、语言等表达出来，人才话语因而成为教育学科话语体系的重要向度。"哲学话语"彰显思想性，"最早的教育思想和智慧，深嵌于哲学母体"。哲学话语不仅是教育学科话语体系的重要构成,更居于核心地位,是教育学其他学科话语得以形成、发展与创新的基础。

理论体系的构建即厘清教育学科的本体论、认识论、实践论与方法论。本体论涵盖中国教育学的本质论、目的论、价值论、主体论、课程论、教学论、管理论、评价论。其中,本质论、目的论、价值论、主体论是着眼于"形而上"层面对教育学科内部概念的精确描述与严密论证,属于"框架本体",课程论、教学论、管理论、评价论是着眼于"形而下"层面对教育学科核心领域的描述与探讨,属于"核心本体"。认识论涵盖中国教育学的"学科"逻辑、"领域"逻辑、"专业"逻辑,分别聚焦教育学科的本质、体系与结构,体现"三大统一"的辩证思想,即学科建设的内生发展与外部推动相统一、学科领域的知识分化与交叉整合相统一、学科专业的理论性与实践性相统一。实践论涵盖校企合作、产教融合、教劳结合、工学结合、知行合一五大实践育人模式。这一模式是新文科时代教育学一流学科建设"大、新、用、跨"理念的集中体现,即以立德树人为根本任务,横向指向主体、领域、理论、方式、理念五大维度内部的"和合共生",纵向形成以校企合作带动产教融合、产教融合体现教劳结合、教劳结合指导工学结合、工学结合助推知行合一的逻辑链条。方法论一方面涵盖跨学科、跨领域、跨国界的"跨界性"思维和具有结构性、差异性、价值性特征的"系统性"思维,另一方面涵盖量化与质性的教育研究范式。

方法体系的构建在于完善教育学科中以定性和定量体系为主的方法范式,定性研究在于完善文献、访谈、案例、行动、历史、比较、田野、观察、叙事、文本等研究方法为主的方法与程序体系,定量研究在于完善以调查、实验、测量等研究方法为主的方法与技术体系。新文科时代,两大方法范式必须超越定性与定量、思辨与实证、哲思与数据的二元对立,以规范、严谨、科学为前提走向互补与融合,方能为教育学一流学科建设提供科学支撑。针对当前教育学界重思辨而轻实证的研究倾向,以量化方法与技术手段推动实证研究的科学化应成为教育学一流学科建设的未来路向,但既要警惕实证研究陷入"唯证据""唯技术"的泥淖从而加剧研究中的理论损耗,又要避免落入反实证主义的陷阱。这就要求我们必须坚持马克思主义辩证方法论的基本立场,以整体系统的眼光审视教育场域内的复杂问题,正确处理认识中一般、特殊与个别的关系,正确运用矛盾理论以及理论与实践统一的原理,以跨学科的宏大理论视野为实证研究提供方向指引,进而推动两大范式的交叉融合,使教育学在一流学科建设中获得长足发展。

概念体系的构建则是基于教育学科的自身属性努力生成具有教育学科独立身份与独特价值的政策性概念、术语性概念、学理性概念、专业性概念、移植性概念与借鉴性概念。政策性概念可以从政策性文件中析出,由于政策文件本身具有鲜明的战略性、指导性与前瞻性,是在因应时代发展所需并引领社会各领域发展过程中形成的,因而这类概念通常嵌上了创新性、动态性与复杂性的时代特征。术语性概念是教育学领域内所独有的概念合集与专门用语,作为对教育学领域中特定现象、关系、过程的一种标记,以区别于其他学科领域。学理性概念体现为教育学者对教育活动的理论概括和学术表达,表征出规范性、学术性、理论性的特点,集中体现出教育学者的思维水平与理论功底和教育研究的学术规范与思想深度。专业性概念指涉的是教育学一级学科下各二级学科所独有的概念,如职业技术教育学中的"产教融合"、高等教育学中的"大学"、课程与教学论中的"大概念"等。移植性概念多是从其他学科中模仿借鉴而来的,体现学科跨界与概念生成的思想,以哲学为学科概念移植的基础,既取法于教育学相邻近的社会学、文化学、经济学等人文社会类学科,也需从生物学、物理学、化学等自然科学类学科中探寻概念原型。借鉴性概念源于对西方教育学科的一些概念命题和部分国家在教育学研究领域中形成的代表性国际经验的吸收借鉴与本土转化。

学理体系的构建围绕学术性、创新性和逻辑性展开。一是要有学术性体现,即从"有人说""大家说""自己说"中体现教育学科与教育研究的信息量、学术味与思想性,遵循从引用充实到模仿借鉴再到积累超越的逻辑理路,指向一流教育学科学理体系的理论积淀与思想深度。二是要有创新性表征,即有前沿与现实结合的"研究领域",有学科与立场结合的"研究视角",有问题与技术结合的"研究方法",有概念与思路结合的"分析框架",有演绎与归纳结合的"理论逻辑",有逻辑前提与思想主张结合的"研究假设",有要素与结构结合的"理论模式",有路向与路径结合的"技术路线"。三是要有逻辑性框架,即形成一个"基于什么背景—提出什么问题—采用什么方法—遵循什么思路—依据什么理论—参考什么成果—论证什么假设—站在什么视角—研究什么内容—得到什么结论"的逻辑线路。基于这一逻辑线路,描述与阐释教育理论与实际教育现象之间、不同教育现象之间的逻辑关系,并在此基础上对教育现象、教育问题、教育经验与教育规律进行深入系统的逻辑性演绎与事实性归纳研究。

理念体系的构建需站位于"教育现代化""办好人民满意的教育""教育强国"的伟大思想,瞄准"双一流"建设战略目标,结合新文科建设,基于不同向度形成现代化、体系化、社会化与终身化的教育学科理念体系,为教育学一流学科建设提供价值引领与理想图景。要从国家教育理想的战略高度出发,把握国家优先发展教育事业这一总的战略,以加快推进教育现代化为方向,在教育现代化2035、现代化强国2050的目标指向下形成现代化的教育学科理念体系;要从教育事业的顶层设计出发,基于贯通、衔接、立体、融合的现代教育体系建设,形成体系化的教育学科理念体系;要从社会发展的必然趋势出发,致力于构建基于"人人、处处、时时"的学习型社会与终身教育体系,形成社会化与终身化的教育学科理念体系。

进入21世纪以来,随着中国社会主要矛盾的转移以及全球化、信息化的迅疾发展,人们对教育的实践需求开始发生诸多转变,这将促使中国教育学探索更为完善的"学科范式"，以更好地服务我国教育实践，推动我国教育学一流学科的持续发展，确立中国教育学的合法身份，并在新文科建设中凸显教育学培元育才的独特学科价值。总而言之，中国教育学的身份地位取决于其"学科范式"的完善与否，取决于是否形成了学科的独立性。①中国教育学走向一流学科的发展道路，重点在于建立起自身学科知识的专业性、学术性与内部同质性。这必将有赖于学科基本概念、学术框架及科学范式的建立，唯有如此才能摆脱对"国外"与"其他学科"的依附，建立起自己独立且独特的"学科逻辑"，在林立的学科群中彰显自己重要的身份地位与特殊价值。因此，在新文科境域下，推进教育学一流学科建设，构建中国教育学的学科范式，明晰未来中国教育学的理论依据与实践路向，是每一位教育学者的学术使命与责任担当。

第四节
新文科背景下教育学科高质量发展的战略思考

在全球知识经济加速发展和我国建设高质量教育体系的背景下，新文科建设与"双一流"建设是推动当前我国高等教育创新发展的重要战略举措，更是推进我国社会主义现代化进程的关键环节。自2015年10月，国务院正式颁布《统筹推进世界一流大学和一流学科建设总体方案》以来，全国高校致力于将"世界一流学科"建设作为高等教育深化改革的目标靶向与重要内容。2018年，教育部高等教育司在"四新"建设中明确提出要发展"新文科"，继而

---

① 柳海民，林丹.困境与突破：论中国教育学的范式[J].东北师大学报（哲学社会科学版），2007（3）：5-12.

拉开了新时代高校文科创新发展的序幕。随后"六卓越一拔尖"计划2.0、"双万计划"、《新文科建设宣言》等一系列政策文件，更是为一流学科和新文科建设指明了具体路向，规划了实施蓝图。从学科与社会的关系来看，无论是"双一流"建设，还是新文科建设，它们都体现的是哲学社会科学为主动适应新时代发展要求而出现的内部转变，体现着哲学社会科学应有的学术自觉与时代担当。①作为我国哲学社会科学主要组成部分的教育学科自设立以来，从无到有、从弱到强，学科水平不断提升、科学体系日臻完善、学科地位日益凸显，正由高速规模化发展转向高质量内涵式发展。尽管国家"双一流"建设和新文科建设的重大战略决策为教育学科高质量发展提供了良好契机，但在高等教育发展形势日益复杂的今天，教育学科也陷入转型发展的困境。就现实情况而言，当前我国教育学科存在着"专业开设必要性""教育学院创建必要性""研究生学位授权必要性"的矛盾性张力问题。②近年来，教育学专业的学科撤并、学院撤并、研究生学位授权点撤销等现象时有发生，教育学科无可避免地面临着生存性和发展性的双重危机。因此，"教育学科高质量发展"成为教育学一流学科和新文科建设背景下的重要议题。基于此，教育学科建设者必须立足教育学本身的改革发展，以战略性的眼光和思路，以一流学科与新文科建设的精神要求，让中国教育学科跻身于世界一流学科的行列之中。

一、教育学科高质量发展的战略思维

"一个民族要想站在科学的最高峰，就一刻也不能没有理论思维。"③思维的高度决定了事业的高度，在教育学科高质量发展过程中，要准确把握战略态势，制定战略方针规划，就离不开战略思维的作用。新时代，教育学科高质

① 王兆璟.新文科建设与教育学的时代变革[J].西北师大学报(社会科学版),2019,56(5):31-35.

② 蒋华林."双一流"背景下高等教育学学科何去何从?[J].重庆高教研究,2017(2):122-127.

③ 马克思恩格斯选集第3卷第3版[M].北京:人民出版社,2012:875.

量发展的战略思维主要聚焦于:系统性思维、跨界性思维和关键性思维。首先,系统性思维体现为注重教育学科的整体性发展。在教育学科建设过程中,建设者要站位全局,全面审视教育学科内在要素的发展状态,厘清学科建设的逻辑关系,抓住关键环节和主要矛盾,注重基层探索与顶层设计的良性互动。在此基础上,进一步构建出教育学一流学科和新文科建设的协同发展机制,促使各项改革举措相互配合、相互促进,全方位推进教育学科高质量发展。其次,跨界性思维体现为注重教育学科的融合性发展。步入知识经济时代,大学开始打破以往与社会政治、经济发展现实需要相隔绝的封闭状态,知识生产也开始突破界限森严的学科壁垒,[1]因而教育学科建设必然要突破传统单一学科的发展模式,从"孤岛"走向"联合",提升教育学科的交叉融合程度。[2]特别是在新文科建设的理念下,教育学科的发展更加强调学科的开放性和融合性,更加强调跨学科、跨领域的综合性交叉研究。那么,建设者就要秉持跨界性思维,注重"大教育学科"的构建,充分借用其他学科的力量构建起利于教育学科发展的学科生态群。在科研成果上,要注重跨学科的交叉融合研究,广泛借鉴不同学科的研究方法与理论成果。在师资建设上,要注重教师学科背景的多元化,引进跨学科导师,建立跨学科、跨领域的教师发展共同体。在平台建设上,要根据学科发展规划,孕育教育学科生态群,充分发挥教育学科的集群效应。最后,关键性思维体现为注重教育学科的自身品质提升。针对"双一流"建设和新文科建设,关键性思维相比系统性思维和跨界性思维更为重要,因为关键性思维的有无将决定着教育学科是否能跻身为世界一流学科,能否更好地引领新时代新教育的发展。建设者以关键性思维谋划教育学科建设在于抓"关键少数",即抓住重大项目、重点平台、重要奖项,突

---

① 孙华,徐思南.知识进化与大学变革——兼论我国"双一流"建设焦点[J].江苏高教,2022(4):26-35.

② 周文辉,勾悦,李明磊.教育学科如何适应"双一流"建设——基于中美研究型大学教育学科建设比较研究[J].研究生教育研究,2018(1):83-90.

出"项目、平台和奖项"的发展思路,以三者凸显教育学科独特的学术价值和鲜明的应用价值,进而为教育学科争取学术话语权,提升教育学科的影响力。一要根据国家重大战略需求和学术前沿发展需求进行重大教育学科项目攻关,提高教育学科的社会贡献值,推动教育学科的发展进程。二要通过重点平台的建设,搭建学科发展的载体,为教育学科建设提供可持续性的供给资源,推动教育学科的现代化进程发展,丰富教育学科研究领域的成果。三要通过重要奖项的积淀,提高中国教育学科在国际和国内的影响力与竞争力,彰显中国教育学科的独特性与价值性。

二、教育学科高质量发展的战略定位

教育学科高质量发展的战略定位,即教育学科高质量发展的办学定位。办学定位植根于学科使命,具有引领学科发展方向的作用。[1]教育学科在新形势下如何找准自己的发展空间与前进方向,进而制定自身的战略行动,这对于学科建设者而言是头等大事。"双一流"建设和新文科建设作为新时代高等教育综合改革的发展主题与阶段任务,为教育学科的高质量发展提供了认知前提。建设者要准确把握住"双一流"建设和新文科建设的需求,及时深入地理解、转变教育学科高质量发展的办学定位,承担起教育学科在高质量发展过程中肩负的人才培养、科学研究与社会服务的三大学科使命,实现办学定位从"教学型"到"研究型"再到"高水平研究型"的超越。首先,建设者要将教学质量提升作为学科建设的重心,坚持"育人为本、德育为先、能力为重、全面发展"的培养理念,建立以教学为中心的人才培养机制、激励评价机制与资源分配机制,将人才培养方向与经济社会发展紧密结合,为我国现代化建设

---

① 韩双淼,谢静.世界一流教育学科建设模式的比较研究[J].高等教育研究,2021,42(12):59-70.

提供高层次、高水平的教育人才支持。[①]其次,在满足人才培养的标准之后,建设者要从提升学科地位和增强学科竞争力的角度出发,关注教育学科的知识生产与创新,将"研究"作为教育学科建设的工作重心,利用有影响力的研究成果为经济与社会发展作出贡献,产生广泛的社会影响,从而提升和确立教育学科的国际地位和知名度,确保教育学科在高等教育综合改革的浪潮中稳住根基。最后,教育学科要走向高质量,建设者就要将办学定位于"高水平研究型",以质取胜,注重教育学科在一流学科和新文科建设过程中"学"与"术"的融合。一方面,要通过高水平的教学培养一流拔尖人才,让教育学科充分发挥出对高层次一流人才的支撑和引领作用,为社会贡献出高质量的人力资源;另一方面,要关切社会、着眼于社会存在的问题,通过高水平的学术研究产出高质量的学术成果,利用这些学术成果推动实践发展,解决社会性难题,进而深化教育学科的社会服务功能,实现学科的自救和超越。

三、教育学科高质量发展的战略主题

战略主题是教育学科高质量发展的行动靶向。"十四五"期间,"高质量发展"成为我国经济社会领域的发展主题。在这样的时代背景感召下,教育学科建设要以"高峰计划"作为行动主题,架构教育学一流学科和新文科建设的框架体系。首先,要推进实施国际化高峰行动,提升教育学科的国际竞争力。在教育学科建设过程中,建设者要秉持国际视野,探索中国特色现代教育学体系的国际认知与国际认同,传播推广中国特色现代教育学体系并走向国际化。[②]力求将培养世界一流人才、建设世界顶级教育研究中心、产出具有国际影响力的教育研究成果视为教育学科建设的时代使命,通过成熟的国际招生

---

① 周霖,王澍.教育学本科人才培养的挑战与应对[J].国家教育行政学院学报,2022(3):46-55.

② 侯怀银.论中国特色现代教育学体系的发展与创新[J].河北师范大学学报(教育科学版),2022,24(2):3-16.

体系、国际学习交流机会、国际化课程、国际性会议、国际校友圈等构建中国教育学的学科形象,支撑教育学科的国际化发展。其次,要推进实施服务化高峰行动,发挥教育学科的服务功能。"双一流"建设和新文科建设要求教育学科建设要有服务人民需要、社会需求和国家战略的使命担当,要体现学科建设和新的技术产业革命相结合以后出现的新变化。①基于此,建设者要不断强化服务理念,主动将教育学科高质量发展放在国家和人民发展需要的大背景下,加快促进学科发展与社会服务、技术革命的紧密结合。一要建立囊括数据库、教育发展年度报告、咨询报告、委托咨政等内容的新型智库,形成学科和智库建设双向发展、良性互动的态势,进而为政府和高校的科学决策提供理论支撑。二要建立囊括智慧教育学、新学习科学、教育神经学、儿童健康学、教育环境学等内容的新文科领域,借助多学科资源,获取学科发展的养分,形成宽泛的文科研究域,促使教育学科具备强劲的学术发展力。三要建立以人才培养、科学研究和社会服务为导向的新文科实验室,以优质的平台资源,推动教育学科的创新发展与质量提升。最后,要推进实施理论化高峰行动,确立教育学科的"系科之位"。②构建中国特色的哲学社会科学话语体系、理论体系是新文科建设的重要使命,也是教育学科谋求高质量发展的基本方向。③因此,建设者要关注到教育学科建设的基础理论性问题,加强学科基本理论建设,形成规范与统一的教育学科知识体系。④建设者要不断增强我国教育学科的自主性、独立性和特色性,要积极组织开展学术研究活动,推动高水平学术成果的产出。其中,特别是要注重构建"未来的、智慧的、特色

① 危红波.数字社会的法学教育因应——基于新文科建设视角的理论考察[J].华东政法大学学报,2022,25(3):169-176.

② 苏林琴.综合性大学教育学科发展的生态学考察[J].教育研究,2020,41(2):101-110.

③ 袁同凯,冯朝亮.新文科建设背景下中国教育人类学学科发展反思与前瞻[J].民族教育研究,2022,33(2):52-59.

④ 唐萌."双一流"建设背景下我国高等教育学的发展之路——中国高等教育学会高等教育学专业委员会2016年学术年会综述[J].高等教育研究,2017,38(1):105-108.

的、扎根的"教育学理论体系、话语体系、概念体系、思想体系、学科体系，以此提升我国教育学科的学科品质与学术价值，促使学科基本理论日臻成熟。

四、教育学科高质量发展的战略框架

基于教育学科高质量发展的战略思维、战略定位与战略主题，教育学科建设的上层位战略框架可以归纳为"三个三"体系。第一，要基于关键性战略思维，围绕"三个重大"行动，即平台、项目、奖项，把握关键指标。第二，要基于"系统性思维"和"跨界性思维"，围绕"三全治理"行动，即全过程、全方位、全员，把握整体指标。第三，要基于"高峰行动"，围绕"三个一流"行动，即打造一流团队、一流领域、一流人才，把握显性指标。中层位战略框架可以归纳为六个关键词，即团队、项目、领域、成果、人才、平台。这六个关键词形成了教育学科建设的推进路线，即以团队攻关项目，项目催生领域，领域产出成果，成果培养人才，人才跟进平台。下层位的战略框架是学科建设具体的行动方案，主要包括了如下八项行动内容。第一，在党建思政方面，建设者要将教育学科融入党建思政工作中，基于课程思政，提出学科思政，在学科建设中始终深入贯彻落实习近平新时代中国特色社会主义思想，将马克思主义基本原理和中国教育理论研究相结合，并贯穿至教学和研究的全过程，做到党建思政和学科建设的同向同行。第二，在教师人才培养方面，建设者要通过一流平台支撑一流人才。如通过建设一流领域群，培养跨学科教师；通过建设一流专业群，提高教师的学术能力；通过建设一流课程群，提升教师的教学能力；通过建设一流实验室群，提升教师的操作实践能力。第三，在科学研究方面，要以"优特领域"催生"重大标志性成果"，继续提升优势领域，不断彰显特色领域，以优势和特色领域产出具有影响力的标志性成果。第四，在社会服务方面，要体现"校地""校校""校政"的战略合作与智库咨政服务，围绕"高教、基教、职教、成教、特教、幼教"展开一体化服务战略。第五,在国际交流方面,要围绕"五大指数",即留学生、境外办学、国际成果、国际会议、国际互访,不断扩大国际影响力。第六,在师资队伍建设方面,要以"四大计划"驱动"四类人才"。一是通过"攀登计划",引进高端人才;二是通过"支撑计划",激励骨干人才;三是通过"薪火计划",支持特色人才;四是通过"种子计划",培养青年人才。第七,在学生人才培养上,要围绕"三小"体系——小班、小组、小项目开展教学。一要精简教育学科本科招生人数,进行小班化、精英化教学,注重夯实学生的教育学知识基础;二要将小班拆分成小组,利用博士生和青年教师引领学生进行小组合作学习,实施"本博牵手""导师制",为学生提供人生规划建议与学业解惑;三要利用"小项目",驱动小组合作学习,培养学生的学科研究兴趣与能力。第八,在教育学一流学科建设过程中,由于教学与科研工作者压力较大,因而还要注重民生工程建设。要关注教师心理健康,为其缓解压力,具体如改善待遇、和谐人际、美化环境、提供舒适场地等,进而充分调动教师参与教育学一流学科建设的积极性。

第二章

OBE 理念下培养目标更新

教育学本科专业是我国当代教育学类核心专业之一,是支撑教育高质量发展、培养高素质专业化教育管理与研究人才的首要专业。我国教育学专业最早萌芽于京师大学堂师范馆开设的教育学科,随后历经数次分化、丰富、归并与调整,最终形成专业代码为"040101"的教育学本科专业。[①]高校是教育学本科专业人才建设的重要策源地,是培养未来教育学领域专家与大中小学优秀师资的摇篮。截至2019年,我国有462所高校设置了1020个教育学类本科专业,其中教育学专业共计137个,占教育学类全部专业的13.4%。[②]

第一节
教育学专业人才培养目标改革动因

人才培养是教育的基本功能,是学校核心价值的目标追求和社会效益的集中体现。人才培养目标是根据教育目的在不同教育阶段、不同类型学校或不同专业的具体化,主要依据国家与地区的发展、行业与社会的需求、学校的特色与定位来制定。教育学专业人才培养目标改革,也是基于外部社会发展需要和教育学专业自身发展逻辑所驱动。基于新文科建设浪潮的催逼驱动、教育学专业人才培养目标守正创新与教育学专业毕业生就业困境的现实诉求,以及教育强国发展的时代呼唤,教育学专业人才培养目标革新已然势在必行。

---

① 张晴,谢梦,王顶明.教育学专业本科培养目标的固有传统与变化趋势——基于全国92所高校的文本分析[J].大学教育科学,2017(2):74-83.

② 张斌贤,位盼盼,钱晓菲.从学科发展大局重新审视教育学本科专业改革的意义与路径[J].大学教育科学,2021(3):4-12.

一、新文科建设浪潮驱动教育学专业人才培养目标革新

随着互联网、大数据、人工智能、区块链、元宇宙等全球新兴科技革命浪潮急速奔腾而至，不少传统文科类劳动岗位在日新月异的科技发展背景下无奈让位于智能机器，从而引发社会对传统文科人才需求大幅减少，以往热门的会计、管理、教育等文科专业毕业生就业难度逐渐增大，而社会亟须的智能时代新型专业人才却供给不足，高校人才培养与智能时代实践需求脱节。为创新传统文科人才培养模式，推动文科专业跨学科深度融通，助力文科学生专业技能革故鼎新，以应对日益复杂的社会问题与职业需求。2017年，作为美国一流人文院校的希拉姆学院（Hiram College）率先旗帜鲜明地提出了"新文科"（New Liberal Arts）教育理念，并开始对学校人才培养方案进行全面修订，对29个专业进行重组，以培养学生的跨文化和多样性技能（Intercultural & Diversity Skills）、系统/设计思维（System/Design Thinking）以及正念技术（Mindful Technology）等"21世纪技能和思维方式"，以升级更新传统文科人才培养体系，实现专业分割向交叉融合的跨越。[①]

面对高等教育深度变革的世界趋势，我国也于2018年8月提出"新文科"概念，要求"高等教育要努力发展新工科、新医科、新农科、新文科"（简称"四新"建设），以"国家迫切需要解决的重大问题为导向，开展多学科范式研究和跨学科领域研究"。[②]2019年4月，"六卓越一拔尖"计划2.0启动大会提出"四新"学科全面推进战略，标志着我国"四新"建设工程正式开启，新文科也从概念提出走向逐步落实。为进一步深化新文科建设发展格局，2020年11月，我国发布了《新文科建设宣言》，宣言以新时代新使命去要求文科教育加快创新

① 刘振天，俞兆达.新文科建设:新时代中国高等教育的"新文化运动"[J].厦门大学学报(哲学社会科学版),2022,72(3):117-128.

② 侯怀银，王耀伟.社区教育学建设与社区治理[J].武汉大学学报(哲学社会科学版),2022,75(1):16-26.

发展，从而构建"世界水平、中国特色的文科人才培养体系"。①次年11月，教育部确立首批新文科研究与改革实践项目1011个，并于2022年7月在教育部高等教育司和山东省教育厅指导下，由山东大学主办"新文科建设高峰论坛"，各高校院所专家以主题报告、案例分享、分组讨论等形式，充分交流数字时代的新文科建设、新文科背景下人才培养模式等议题。

教育学是文科体系的重要组成，新文科理念的提出对教育学人才培养提出了新要求，新文科战略帷幕拉开也预示着我国教育学本科专业领域全面改革的启动与跟进。教育学新文科建设是"内在发展和外部推力作用下，由被动应变转向主动求变的文科教育质量提升工程。"②为立足新时代、回应新需求，教育学专业人才培养如何承继已有教育成果，实现教育学本科专业人才培养视角创新，以培养专才型人才与跨学科复合型人才为目标，共同形成更加广阔多元的人才培养格局，从而使教育学专业人才培养对接社会多元需求，适应现代数字经济和智能技术时代能力建设基准，最终彰显教育学专业培养目标特色，避免人才培养同质化等问题。③

二、我国高校教育学专业培养目标守正创新的现实诉求

教育学专业是传统师范类高校的基础性和优势专业。在世纪之交实施的"211工程"中，我国共有北京师范大学、华东师范大学、华中师范大学、华南师范大学、南京师范大学、东北师范大学、湖南师范大学、陕西师范大学以及西南大学等9所师范类大学入选。在"双一流"建设中，北京师范大学、华东师

① 教育部.《新文科建设宣言》正式发布[EB/OL].(2020-11-03)[2022-10-11].https://news.eol.cn/yaowen/202011/t20201103_2029763.shtml.

② 童昕,张积林.地方应用型本科高校新文科建设研究与实践[J].国家教育行政学院学报,2021(3):42-47,57.

③ 蒋平.高校人才培养的开放性:英国的经验与启示[J].江西社会科学,2020,40(11):238-245.

范大学、华中师范大学、东北师范大学、西南大学、厦门大学6所高校的教育学入选教育部公布第二轮双一流建设高校名单,上述高校也被普遍视为教育学专业的重镇。

欧美国家与中国教育学专业不同,综合性高校通常设置了小学教育、中学教育、特殊教育、教育研究等教育学士、文学学士或理学学士项目,教育学本科专业却较少。如英国教育学士学位包括文学学士或理学学士学位,学制一般三至四年,旨在培养大中小学教育工作者。英国高校教育学本科人才培养注重学生基本学术理论知识掌握,同时也以学科交叉手段发展多元化复合型人才。澳大利亚悉尼大学(University of Sydney)艺术与社会科学学院(Faculty of Arts and Social Sciences)教育专业在澳大利亚名列前茅,它设置了幼儿、小学、中学、健康与体育方向的教育学士学位,小学教育方向旨在培养小学教师、课程顾问、教育行政人员、教育研究员以及政府政策顾问等。加拿大萨斯喀彻温大学(University of Saskatchewan)教育学士学位项目,旨在培养学前和中小学等各教育机构合格师资,包括能够致力于推进所有学习者的智力、身体、情感、社会和精神发展,并在社区教育多样性和包容性等教育实践变革方面发挥领导作用。

基于分析维度的广泛性和对象的代表性考量,笔者以9所"211工程"师范类大学为主要考察对象,呈现这9所院校教育学本科专业设置与培养目标定位概况(各高校官网查询截止时间为2022年8月)。如表2-1所示,汇总了"211工程"师范院校教育学专业培养目标,各高校对教育学专业培养人才的职业道德素质、教育学理论知识、实践能力、国际视野方面作出了方向性规定。

表2-1　我国部分师范大学教育学本科专业设置与培养目标概况

师范类"211"高校	教育学一级学科下设二级专业	教育学本科专业培养目标
北京师范大学	教育学、学前教育、特殊教育、教育技术学	培养具有良好的教育基本理论素养,较强教育教学研究与实践能力,熟悉中外教育发展史和国内外教育改革最新进展,具有国际视野的从事教育行政管理,中小学教育教学科研管理以及教育新闻、出版和媒体开发的高级教育学专门人才
华东师范大学	学前教育、特殊教育、教育技术学、教育康复学、艺术教育、公共事业管理(教育管理方向)、心理学专业(特殊教育方向)	未开设教育学本科专业
华中师范大学	教育学、学前教育、特殊教育、融合教育	培养中、高等师范院校师资,教育科学研究单位和中小学教育科研人员,各级教育行政管理人员和其他教育工作者
华南师范大学	教育学(师范)、特殊教育(师范)、小学教育(师范)、学前教育(师范)	秉承师德高尚、理想远大、信念坚定、情感深厚、业务精湛、意志坚强的专家型骨干教师目标追求,培养具有开阔的国际视野,宽厚的科学人文底蕴,良好的教育理论素养、较强的教育研究能力的教育学专门人才,以造就以攻读教育学及相关学科领域的硕士、博士研究生的高素质人才为主,同时培养从事教育科研、教育管理与培训、编辑出版等方面的专业人员或文化事务工作者,以及浓厚的教育意识和突出的教育能力的创新型中小学教师
南京师范大学	学前教育、小学教育、教育技术教育学、公共事业管理(教育管理方向)	培养具有良好的思想道德品质、博雅的人文底蕴、深厚的教育理论素养、较强的教育科研能力、宽广的国际视野,能在学校、教育科学研究机构和教育咨询、教育传媒、教育行政部门工作的复合型人才,和有志于在教育研究上进一步发展与深造的后备学术人才

续表

师范类"211"高校	教育学一级学科下设二级专业	教育学本科专业培养目标
东北师范大学	教育学、学前教育(公费师范)、小学教育(公费师范)	培养具有高尚的思想品德、强烈的社会责任感、宽广的国际视野、扎实的教育学理论功底、良好的教育科研能力,富有终身学习能力、实践能力与创新精神的研究型预备人才。入职五年后成长为具有良好研究素养的高素质人才,可以独立地从事教育学类的教学、研究、培训交流等方面的工作
湖南师范大学	教育学、教育技术学、学前教育、特殊教育	秉承"仁爱精勤"校训精神,坚持立德树人,促进学生德智体美劳全面发展,立足湖南、服务全国,培养具有开阔学科视野、宽厚科学人文底蕴、扎实教育理论素养和较强教育科研能力的高素质教育学研究与应用人才,培养攻读教育学及相关学科硕士、博士学位的学术后备人才,为中小学培养能够胜任教学和相关研究工作的高水平教师
陕西师范大学	教育学、公共事业管理(教育管理方向)、学前教育、教育技术学、特殊教育	培养具有教育学基本理论、基础知识和基本技能,德、智、体、美、劳全面发展,能够从事教育科学研究、教育教学工作的具有学术发展潜力和实际工作能力的专门人才
西南大学	教育学、学前教育、特殊教育、教育技术学	立足德、智、体、美、劳全面发展,培养具有良好道德品质和社会责任感,具备博雅的人文底蕴、深厚的教育学基础知识、较强的教育科研能力与信息技术应用能力、宽广的国际视野,富有创新创业精神和实践能力的高素质教育学研究与应用人才。本专业毕业生入职5年左右预期能够独立在中小学、教育科研机构和各级教育行政部门等从事教学、研究、管理等方面工作

资料来源:9所"211工程"师范类大学官方网站,并参考黄启兵、田晓明发表的文章《"新文科"的来源、特性及建设路径》。①

---

① 黄启兵,田晓明."新文科"的来源、特性及建设路径[J].苏州大学学报(教育科学版),2020,8(2):75-83.

首先,我国高校教育学专业人才培养目标虽历经数次调整,但始终秉承科研型、教学型、管理型三大人才定位固有传统。一是培养各级教育行政部门或各类科研机构进行教育科学研究的专职教育科学研究人员。东北师范大学是这一培养目标的典型,目标定位于培养具有良好研究素养的"研究型预备人才"。华南师范大学和湖南师范大学也要求造就"攻读教育学及相关学科硕士、博士学位"的学术后备人才。二是从事学科课程教学的学科师资。如华中师范大学、华南师范大学、湖南师范大学和西南大学明确指出教育学专业培养"中小学"或"中、高等"师范院校教师。三是学校教育事务管理的教育行政管理人员。如北京师范大学要求培养"从事教育行政管理,中小学教育教学科研管理"的高级教育学专门人才,华中师范大学、华南师范大学、南京师范大学、西南大学的教育学专业人才培养目标也着眼于教育行政管理人才建设。

其次,部分高校根据新的社会发展和市场需求探求多元化转型教育学专业人才,如表2-1所示的北京师范大学、华南师范大学、南京师范大学都另辟蹊径,将教育学专业人才培养目标也定位于"教育新闻、编辑出版和媒体开发""教育咨询"等文化事务工作者。但总体来看,我国教育学专业人才培养目标仍然新意不足。有学者运用Nvivo软件分析全国92所高校教育学专业人才培养目标文本,发现所有文本结构竟然具有高度相似性,基本包括培养具有什么教育素质的人,培养什么类型的人以及培养从事何种社会工作的人。高校教育学专业人才培养目标虽有侧重,但字词表意大体上都沿用了"教育素质+面向区域+学校层次+职业岗位"这一共同格式,无非从相同视角对教育学专业就业去向做出不同程度细化与拓展。由于历次教育学专业培养目标调整手段也多以归并或撤销教育学专业、限制专业设置及其招生规模为主,如此造成教育学专业人才培养目标并未真正走出传统培养目标藩篱,也未得到根本性转变。[①]

三、教育学专业毕业生就业困境亟待深化人才培养体系

我国教育学专业人才培养与社会就业市场存在供需矛盾。一方面,当前教师供求关系已然发生结构性改变,教育学本科毕业生从事教育管理与科学研究的机会降低。另一方面,由于各高校教育学专业的学科基础课程和专业核心课程主要以中外教育史、教育学原理、教育研究方法、课程与教学论、教育心理学等纯教育理论或工具性知识学习为主,并未开设相应学科课程,教育学专业学生的学科本体性知识储备严重不足,难以达成学科教师培养定位要求,也容易因"专业不对口"而被应聘学校直接拒于门外,从而引发教育学专业本科毕业生市场认可度低,与其他二级教育学类专业相比更易陷入"毕业即失业""就业必转业"的潜在就业危机。高校设定的教育学专业培养目标已然弱化实际意义,甚至造成教育学本科专业存废之争。其中教育学专业"停办论"的基本逻辑是,基于教育学专业培养目标模糊,引发学生能力素质不足、就业对口率不高、专业认可度不强,因此最简单方式即是停办或撤销教育学本科专业,也正是基于此种观念驱动,我国教育学专业近20年来招生规模大幅缩减。而教育学专业"改造论"强调应根据当前社会需要,改革教育学专业人才培养目标、内容、途径等,通过聚焦教育学专业培养目标调整、课程体系革新以及教育学专业培养过程完善等方面努力,构建更加科学的教育学专业人才培养模式。[②]

虽然两种观点有异,但都意味着我国高校亟须改变教育学专业人才培养

[①] 张晴,谢梦,王顶明.教育学专业本科培养目标的固有传统与变化趋势——基于全国92所高校的文本分析[J].大学教育科学,2017(2):74-83.

[②] 张斌贤,位盼盼,钱晓菲.从学科发展大局重新审视教育学本科专业改革的意义与路径[J].大学教育科学,2021(3):4-12.

定位以及错位的学科课程内容设置，需基于教育学专业毕业生就业市场准确分析，以一种更为广阔且全新的人才培养思路，重新审视教育学专业培养体系，确保教育学专业人才培养目标具有实质性突破，使高校教育学专业培养目标在教育素质、社会角色与人才类型定位上，能够"兼顾学科专业设置的知识逻辑，同时适应社会市场行业中的实践逻辑，在变革中适应时代与社会对教育学本科专业人才培养的需求与挑战"，使教育学专业学生能够招得进、留得住、走得出。[①]

四、新时代教育强国建设呼唤教育学专业创新人才培养

中国社会发展已经进入了中国特色社会主义新时代。时任教育部高等教育司司长吴岩指出："新时代"是中国特色社会主义道路自信、理论自信、制度自信、文化自信不断增强走向成熟的伟大时代；是中国国际影响力、感召力、塑造力不断提高，日益走近世界舞台中央，为解决人类问题贡献中国智慧和中国方案的伟大时代。[②]中国是教育大国，还需努力成为文化强国和科技强国。在硬实力日益增长的同时，还要提升软实力、巧实力。文科教育在国家的软实力、巧实力建设方面具有重要作用，在国际环境中，它关系到国家利益、国家形象和国家战略。[③]文科教育是社会主义先进文化的重要载体，只有哲学社会科学和文科教育繁荣，中国高等教育才能挺身立于世界舞台。循此而论，作为文科教育的教育学专业振兴，有助于培养知识丰富、信念坚定、师德优良、本领过硬的高素质教育学专门人才，提升教育学领域人才国际化、精英化、综合化水平。从教育学专业未来发展的大局出发，从高质量教育学专

---

① 张晴，谢梦，王顶明.教育学专业本科培养目标的固有传统与变化趋势——基于全国92所高校的文本分析[J].大学教育科学，2017(2):74-83.
② 吴岩.新时代高等教育面临新形势[J].中国校外教育，2018(3):4-5.
③ 吴岩.加强新文科建设培养新时代新闻传播人才[J].中国编辑，2019(2):4-8.

业人才培养需求处着眼,教育学专业将面临如何办得更好的问题。

为定向指引、调控与约束教育学专业人才培养手段,评估与检验人才培养质量,建设有中国风格、中国特色、中国气派的教育学专业学科与人才培养体系,需与时俱进确立高校教育学专业人才培养标准与方向,明晰教育领域人才培养类型与规格,尤其是明确高校教育学专业人才培养目标这一教育学人才培养活动的逻辑起点问题。[①]当前,中国高校教育学专业在总体培养目标基础上,也进一步提出了知识、能力和素质等具体培养要求。如华南师范大学教育学专业强调围绕学习、审思、创新、自主、合作、担当六大素养,使学生形成深入学习教育理论的能力、具有初步的教育科研、自主学习、终身学习、自我发展、合作学习与探究的意识和能力,以及具有运用1门外语进行专业阅读、翻译、交流与合作的能力等。湖南师范大学教育学(师范)本科专业培养方案(2021版)将教育学专业人才培养目标细化为思想道德目标、专业知识目标、实践能力目标、综合素养目标、创新创业目标五类。

但与中国教育学专业所设"知识、能力、素质"要求相比,美国高校教育学类专业人才培养目标中的学习成果(Student Learning Outcomes,SLOs)更具开放性和多元化特点。由于并未划定SLOs统一框架,因此各高校SLOs内容大相径庭,而是依据专业实情、既定教育目的与现实教育条件等因素综合考量以规定学生预期发展结果。如美国维斯特克里夫大学(Westcliff University)教育学院(College of Education)设置了教育文学学士学位(Bachelor of Arts in Education,BAEd)项目,旨在为学生提供学习专业技能和知识的学术机会,以满足不断变化的学术发展环境,为从事中小学教育岗位做好准备。通过该专业学习,学生一是能够应用研究、评估和书面技能来创建和维护一个安全、引人入胜的学习环境;二是能够运用言语捍卫与课程和教学相关的关键概念和理论;三是与教育专业人士和社区积极沟通协作;四是具备课堂管理与批判

---

①　胡宇萱.全面推动高校人才培养方式的创新与发展[J].中国高等教育,2019(22):57-59.

性分析能力,不断提高专业知识和实践水平;五是基于科学理论与最佳实践解决教育问题;六是使用定性和定量数据诊断学生需求,并使用适当方法进行需求回应等。[①]

事实上,早在20世纪90年代,威廉·斯帕迪(William Spady)就提出了成果导向的教育(Outcome Based Education,OBE)理念,以作为确保美国学校系统质量的有效手段,聚焦于学生"到底学到了什么",而不是被教了什么。[②]威廉·斯帕迪强调学习结果的可视化呈现,即反映学习者成功使用内容、信息、想法和工具的能力、行动与表现。美国高校教育学专业人才培养目标以学生学习产出为内容核心,依托培养目标引领课程设置、教学实践与评价考核。正如美国斯坦福大学前校长约翰·汉尼斯(John L.Hennessy)所言,新一轮本科教育改革不应仅仅关注大学应该教什么,也需要关注大学应该怎样教、学生如何学以及学得怎么样。[③]在此背景下,我国高校教育学专业需面向未来大教育格局,准确落实高校教育学专业人才培养定位,以民族复兴、国家发展、社会进步的时代精神与立德树人、追求卓越的教育政策逻辑,守正创新、踔厉奋发,补齐当前教育学专业培养目标中欠缺的"未来性",实现"厚基础、宽口径、强能力、高素质"人才培养旨趣,做到教育学专业人才培养目标预设和生成的统一、应然与实然的调谐,才能在中国社会发展建设中更好地发挥和凸显教育学专业地位,推动国家教育事业繁荣与可持续发展。

① Westcliff University. Bachelor of Arts in Education(BAEd)[EB/OL]. (2021-08-18)[2022-08-01]. https://www.westcliff.edu/academics/college-of-education/bachelor-of-arts-in-education-baed/.

② Rao, N. J. Outcome-Based Education: An Outline[J]. Higher Education for the Future,2020,7(1):5-21.

③ 吴岩.新时代高等教育面临新形势[J].中国校外教育,2018(3):4-5.

第二节

OBE理念下培养目标的改革行动

OBE理念是以学生学习结果（产出）为导向，围绕定义预期学习产出、实现预期学习产出、评估学习产出的线路展开，强调以学生的预期学习结果作为教学组织的目标和导向串联起整个培养过程，贯彻于课程体系构建、教学设计、教学实施和教学效果评价这一完整的培养体系。[①]西南大学教育学在培养目标的制定过程中以OBE理念为指导，探索具体实践路径与策略。

一、OBE理念下培养目标的改革路径

西南大学教育学以OBE理念为指导，以社会发展需求与学生成长需求为重点，遵循"目标定位—目标制定—目标实践—目标评价—目标修订"的路径来制定与完善培养目标，使得西南大学教育学不断焕发新的生机。

（一）目标定位：把握人才培养总体方向

西南大学教育学致力于建设国内一流、国际有重要影响力、特色鲜明的高水平一流教育学专业，确立了应用型复合型人才培养目标定位。西南大学教育学起源于1906年川东师范学堂，正式创办于1950年，是西南大学历史最悠久的专业。该专业在2007年入选首批国家级特色专业。为了进一步培养学生的综合能力素养，自2009年开始，教育学专业设立了"晏阳初创新人才实验班"，自晏阳初创新人才实验班开办以来，西南大学教育学部按照《教育部

---

① 王国强，卢秀泉，金祥雷，等.成果导向教育理念的新工科通识教育体系构建研究[J].高等工程教育研究，2021（4）：29-34.

关于全面提高高等教育质量的若干意见》《教育部关于普通高等学校本科教学评估工作的意见》《西南大学关于全面提高本科教学质量的实施意见》《西南大学本科教学质量与教学改革工程实施意见》等文件要求，确立了培养"厚基础、宽口径、强能力、高素质"的复合型一流教育人才的理念，明晰了"教学能力、教研能力、教管能力""三教统整"的一流教育人才培养目标，确定了"教研型学科教师、学术型教研员、专家型管理者"的人才培养规格。西南大学教育学的专业基本定位是"培养德、智、体、美、劳全面发展，具有良好思想道德品质和社会责任感，具备博雅的人文底蕴、深厚的教育学基础知识、较强的教育科研能力与信息技术应用能力、宽广的国际视野，富有创新精神、创业意识和问题解决能力的高素质教育学研究与应用人才，并为中国教育科学研究培养高质量学术后备人才"。

西南大学教育学在逐步探索与发展的过程中形成了更具特色、更高水平的目标追求。2012年，西南大学教育学被《中国大学评价》评为A++本科专业，排名全国第三；2013年，入选重庆市首批特色专业；2017年，教育部第四轮学科评估中被评为A类学科，入选重庆市一流学科建设名单；2018年，入选重庆市高等学校"一流专业"建设项目；2019年，入选首批国家级一流本科专业；2021年，获批教育部首批新文科项目；2022年，入选国家第二轮"双一流"建设学科。在西南大学教育学不断发展的过程中，逐渐形成了其专业特色，主要体现在三个方面。一是学术奠基，致力于培养具有较强功底的教育研究专业人员，构筑学生未来发展基石。二是实践导向，面向教育前沿领域，培养兼具教学能力、理论反思能力和问题解决能力的中小学教育专家。三是创新素养，强化学生创造力和创业精神，培养教育行业创业能手和卓越人才。此外，西南大学是国内较早开始教育学新文科建设探索的高校之一，未来还将以教育学新文科建设为重点，探寻教育学人才培养的目标定位，并在实践中加以总结和完善。

(二)目标制定:以需求为导向精准设计

一是从社会需求出发,反向设计培养目标。总体而言,社会对教育学人才的需求主要涉及三个方向:科研、各层次教育教学、教育行政管理。这三个方向同时也是教育学毕业生就业的主流领域。西南大学教育学以需求为导向,结合学校、学部人才培养的目标定位,2014年将培养目标确定为"培养具有良好的思想政治道德品质和强烈的社会责任感,具备博雅的人文底蕴、深厚的教育学基础知识、较强的教育科研能力、宽广的国际视野,富有创新精神和实践能力的高素质教育学研究与应用的复合型人才,从而胜任教研型学科教师、学术型教研员、专家型教育管理者等职业,并为国内外知名大学输送攻读教育学硕士、博士学位后备学术人才",并初步预设了在此培养目标下的教育学专业学生在毕业时应达到的七项要求。2018年,西南大学教育学将总体培养目标调整为"本专业培养德、智、体、美、劳全面发展,具有良好思想道德品质和社会责任感,具备博雅的人文底蕴、深厚的教育学基础知识、较强的教育科研能力、宽广的国际视野,富有创新精神和实践能力的高素质教育学研究与应用人才,并为中国教育科学研究培养攻读教育学硕士、博士学位的学术后备人才。本专业毕业生入职5年左右预期能够在中小学、教育科研机构和各级教育行政部门等从事教学、研究、管理等方面工作",相比于2014年制定的培养目标而言,更加突出西南大学教育学对于本专业毕业生更为具象的预期结果,期望所培养的毕业生在工作单位5年内能够较好地胜任相关工作,并进一步将其细化为五项目标。2022年的教育学培养目标则在总体培养目标中基本延续了2018年制定的总体目标,并依据社会需求对五项细化目标进行了一定的调整。如表2-2所示。

表2-2　2018与2022版五项细化培养目标对比

	2018版培养目标	2022版培养目标
目标1	热爱社会主义祖国,拥护中国共产党领导,树立正确的理想、信念、人生观和价值观,具有求实创新的精神和高尚的道德品质,遵纪守法,富有强烈的社会责任感	热爱社会主义祖国,拥护中国共产党领导,树立正确的理想、信念、人生观和价值观,具有求实创新的精神和高尚的道德品质,遵纪守法,富有强烈的社会责任感,并热爱教育事业
目标2	系统、坚实地掌握教育学专业的基础知识、基本理论和基本技能,具备扎实的文、史、哲基础和深厚的文化修养,较强的外文听说读写能力,为未来职业发展奠定坚实基础	系统、坚实地掌握教育学专业的基础知识、基本理论和基本技能,熟悉教育发展的基本原理与规律;具备扎实的文、史、哲基础和深厚的文化修养;具备较强的本专业外文听说读写能力,为未来职业发展奠定基础
目标3	能深入了解国内外教育发展动态与趋势,运用所学知识分析现实教育问题,结合学科内容进行教学设计并实施,胜任中小学及其他教育机构的学科教学与管理工作	热爱教育科学研究,熟练掌握人文社会学科主要研究方法,熟练掌握中外文献信息获取能力,具有独立发现问题、提出问题、分析问题和解决问题的基本能力,熟练掌握数据处理方法,为成长为高水平教育研究者奠基
目标4	热爱教育科学研究,熟练掌握人文社会学科主要研究方法,熟练进行外文文献阅读,具有独立发现问题、提出问题、分析问题和解决问题的基本能力,熟练掌握信息搜集和数据处理方法,成长为具有较高水平的教育研究者	能深入了解国内外教育发展动态与趋势,较为熟练地开展专业领域内的国际交流,具有跨文化国际教育理解的基本意识;适应现代教育技术发展趋势,较熟练掌握信息化教学技能,结合学科内容进行信息化支撑下的教学设计并实施
目标5	熟练掌握一门外国语,具有国际视野、国际理解与交流合作能力,具有终身学习、自主发展意识和能力;具备健康的心理和强健的体魄,良好的审美素养和高尚的艺术情趣,形成健全的人格和良好品质	能够深入了解创业相关知识,热爱劳动,具备健康的心理和强健的体魄,良好的审美素养和高尚的艺术情趣,形成健全的人格和良好品质,具有终身学习、自主发展意识和能力

　　二是以培养目标为核心,精准设计毕业要求。人才培养的最终目的是培养出能够从事教育行业,且通过培训、实习等能够充分获得职业资格和胜任能力的毕业生。为了教育学毕业生素质更好地契合用人单位的需要,使毕业

生在入职5年左右在教学、研究、管理等工作中具备良好的职业能力和素养，需要精准设计细致、全面的毕业要求。西南大学教育学自2018年开始，以OBE理念为基础、以社会需求为导向、以培养目标为核心精准设计毕业要求，对教育学人才的培养脉络由模糊逐渐走向清晰，将培养目标与毕业要求精准对接，实现了目标与结果的双向接轨（如表2-3）。毕业要求主要分为知识要求、能力要求和素质要求三个维度，每个维度下都有对应的细分要求，共包括18项具体要求和46个相应的指标点。根据每版培养方案制定时期的外部社会需求变化，还会对毕业要求进行相应的更新。例如，为了适应日益发展的现代技术及其与教育领域的融合发展趋势，在2022版教育学专业培养方案的毕业要求中，相比于2018版新增了"宽广的通识与跨学科知识"，其中包括计算机等领域，并突出强调了"现代教学能力"和"现代学校管理能力"，亦即将信息技术、现代教育技术灵活运用于教育教学与学校管理中的能力，体现了适应外部社会需求的人才培养方向。

表2-3　2018版教育学专业毕业要求对培养目标支撑的矩阵图

毕业要求		培养目标1	培养目标2	培养目标3	培养目标4	培养目标5
知识要求	要求1		√			
	要求2		√			
	要求3		√	√		
	要求4		√	√		
	要求5		√	√	√	
	要求6		√	√		
能力要求	要求1			√	√	
	要求2			√		
	要求3			√		
	要求4				√	
	要求5		√	√	√	√
	要求6	√		√	√	

续表

毕业要求		培养目标1	培养目标2	培养目标3	培养目标4	培养目标5
素质要求	要求1	√				
	要求2	√				
	要求3			√	√	√
	要求4	√				√
	要求5			√	√	
	要求6		√			√

(三)目标实践:紧密对接专业课程体系

一是根据毕业要求确定课程结构。OBE理念认为,应以培养目标为实践总纲、以毕业要求为具体依据来确定课程结构和课程体系。西南大学教育学对毕业生的要求既包括通识性的多学科知识储备、沟通合作能力、终身学习能力、政治素养和公民素养,也包括基础性的教育学学科基本知识、教育问题分析能力和适应教育学工作岗位的身心素质,还包括专业性的教育学细分领域的核心知识、现代教学能力、学校管理能力、教育研究能力、教育学国际视野和与就业岗位相匹配的职业素养。为此,西南大学教育学确定了以通识教育课程、学科基础课程、专业发展课程、综合实践课程、专业选修课程、实验和实践课程为基础的课程结构。在培养方案修订的过程中,围绕课程结构对每类课程的学分比例进行合理划分。例如,随着外部社会对教育学专业人才的教学实践能力和科学研究能力需求的增长,西南大学教育学也越来越重视实验和实践类课程,逐渐增加了实验和实践类课程在整体课程结构中的学分比例。2014年,实验与实践类课程学分占总学分的比例为23%,2018年为23.9%,2022年则增长至25.6%。

二是根据课程结构搭建专业课程体系。课程体系是培养目标得以实现的总体支撑,也是毕业要求实践落地的重要基础,它基于课程结构进行细化安排。在确定了课程基本结构以及各类课程的学分比例后,需要对应毕业要求制订课程计划、搭建课程体系。由于在毕业要求中对毕业生在知识、能力和素质等方面提出的具体要求,必须对应落实到每一门具体的必修课程中,保证每一门课程都能够找到相应的毕业要求指标点支撑,故而在培养方案的制定过程中,西南大学教育学通过全面梳理教育学毕业生在知识、能力、素质等方面的要求,搭建出与之相对应的详细课程体系,并形成了通识必修课程、学科基础课程、专业必修课程和综合实践课程四类必修课程对毕业要求指标点支撑的矩阵表(框架如表2-4所示),通过该表可以直观地获取各毕业要求指标点的覆盖程度。

表2-4　教育学专业课程对毕业要求指标点支撑的矩阵表框架

课程类别	课程名称	毕业要求1			毕业要求2			...	毕业要求N		
		1.1	1.2	...	2.1	2.2	...	...	N.1	N.2	...
通识必修课程	课程1,课程2,……课程N		H			L		L			
学科基础课程	课程1,课程2,……课程N	H			M						L
专业必修课程	课程1,课程2,……课程N	M			H					M	
综合实践课程	课程1,课程2,……课程N				L			M		H	

课程体系对毕业能力要求起支撑作用,课程体系中的每一门课程安排都是围绕毕业能力进行的,且确定的课程要进行毕业能力贡献度说明,即课程

对毕业要求的支撑程度。①根据每门课程覆盖毕业要求指标点的多寡，西南大学教育学进一步搭建了每门必修课程对毕业要求支撑强度的矩阵表（框架如表2-4所示），以更加明晰每门课程的教学重点以及相应的培养方式。每门课程对各项毕业要求指标点的支撑强度用H/M/L来表示，其中H代表该门课程对某项毕业要求的支撑程度较高，M代表该门课程对某项毕业要求的支撑程度中等，L代表该门课程对某项毕业要求的支撑程度较低。要求每门课程对各项毕业要求的支撑强度应有具体依据，每项毕业要求能够完全被相关的课程支撑，且矩阵应覆盖所有必修环节。通过专业课程对毕业要求支撑的矩阵表，可以清晰地获取各门课程在毕业要求中的支撑程度，为后续的课堂与实践教学奠定基础。

（四）目标评价：综合多方人员反馈意见

OBE理念要求对利益相关方开展广泛、全面的调查，以精准把握现存困境，确保培养方案能够更加有针对性地更新与改进。一般来说，利益相关方主要包括学生、教师及用人单位。西南大学教育学在完整实行一个周期的培养方案后，会对以上三个利益相关方进行量化与质性相结合的调研，并形成详细的调研论证报告。下面结合最新的调研结果进行论证说明。

一是调查学生对培养方案及其实施效果的切实感受。学生自身素养的提升与发展是培养方案制定的首要目标，学生在受教育过程中对自身成长的实际体验是培养方案有效性的重要衡量标准。2022年的调研结果显示，80%以上的学生认为专业人才培养方案能够达到专业培养目标要求，即培养德、智、体、美、劳全面发展；绝大部分学生认为在培养方案的指引下，能掌握扎实的人文社会科学知识、教育学专业基础与核心知识等相关知识，且基本具备教学、科研、沟通与合作等能力；超过80%的学生认为本专业的课程设置、核

---

① 申天恩，斯蒂文·洛克.论成果导向的教育理念[J].高校教育管理，2016,10(5):47-51.

心课程设置、实习与实验课程的设置、国际化课程的设置以及专业必修与选修课程的设置是合理的。虽然学生对培养方案的实施效果较为认可,但仍有一些学生认为"大三上学期课程较多""理论课偏多,去学校的机会偏少"等,需要进一步的改进。

二是调查教师对培养方案的实践反馈。教师是培养方案实施的主体,一方面需要教师明晰培养方案中培养目标、毕业要求与任教课程的支撑关系。另一方面则需要教师反馈在践行培养方案的过程中发现的可改进之处。在2022年的调研中发现,半数以上的教师了解人才培养方案并熟悉所教授课程与毕业要求之间的支撑关系。多数教师认为教育学专业学生当前最为欠缺的是专业能力,而课程设置是教育学专业人才培养最需解决的问题。对于培养目标的制定,有的老师认为培养目标过于宽泛,应该更加突出专业性,强调"教育学的思维、视角和理论素养,分析与应对教育实践问题","重视学科思维和学科能力培养,培养学生成为懂常识、明人文、有修养、有情怀的教育学人"。也有教师建议,将学会学习、健康生活等核心素养体现在目标中。

三是调查用人单位对毕业生工作表现的满意度。根据教育学专业特点,分别从升学和就业两个方面对校外研究生导师和就业机构进行调查。就研究生导师电话反馈而言,访谈导师普遍认为西南大学教育学专业毕业生具有较高的理论素养和科学研究能力,扎实的教育学专业基础知识和功底,综合素质高,能够承担相关课题研究任务,并能高质量解决问题。反馈中同时指出,学生对前沿领域感知能力尚需加强,国际视野与国际学术交流需要进一步提升和增加。就业机构访谈反馈意见主要体现在三方面。一是肯定教育学本科毕业生的岗位胜任能力及其岗位创新能力,对此用人单位普遍评价较高,认为毕业生具有良好的理论品质和理论反思能力,实践创新能力强。二是毕业生的人际交往能力较好,能够处理好同事关系,并热爱所从事的教育工作。三是毕业生在岗位工作中也反映出一定的问题,需要增强学科意识,夯实学科知识,进一步提升相关学科素养。

(五)目标修订：总结存在的问题并改进

为解决在调研中发现的培养方案及其在实施过程中出现的问题,西南大学教育学成立了培养方案修订小组,在充分搜集境内外高校案例、调研利益相关方并共同召开多次讨论会后,共同讨论现行方案,并提出未来方案调整的方向。

一是提炼培养方案存在的问题并反思问题出现的原因。以2022版培养方案的修订过程为例。在调研中发现,2018版培养方案存在四个显著问题。①培养目标定位存在多元倾向,增加了课程设计的复杂程度。②实践课程学分高,但具体执行成效较弱。③课程安排与培养的阶段设计存在结构性冲突,尤其是研究方法等课程与相应的学术活动存在错位。④人才培养中的复合性、交叉性体现不足,教育教学实践问题解决能力仍然不强。究其原因,主要有如下三个方面。①教育学专业自身具备的特殊属性和学科特点。教育学专业以面向未来教育研究者培养为定位,以中小学师资和管理专家培养为追求,双重追求和身份其实并不矛盾,但在实践中存在执行难度,目前升学是就业的主渠道。②国家需求与战略的转型导致人才培养的转变。如新文科理念的提出对教育学人才培养提出新要求,培养方案改革的跟进不足。③支撑条件仍然不够。西南大学教育学专业作为国家"双一流"建设学科在部分支撑条件上表现不足。

二是提出修订培养方案的基本方向。基于培养方案存在的问题,提出对未来培养方案的修订思路。在2022版培养方案修订的过程中,培养方案修订小组认应引导教育学人才培养适应和促进当前教育领域改革,满足国家高质量教育人才需求,尤其是培养具有基础创新能力和前沿探索能力的教育学人才。方案修订将紧扣如下四方面任务。①坚持立德树人为中心,构建五育并举育人体系。明确教育学人才培养的根本方向、根本任务和根本路径,解决为谁培养人、培养什么人以及如何培养人的重大问题。②坚持产出导向,培养具有理论品质和实践能力的复合型人才。主动对接国家战略、社会需求,建立立地顶天的人才培养课程体系、方法体系。③以学生为中心,面向未来发展,构筑支撑学生终身发展的培养体系,强化就业、创业、创新能力训练,满足灵活多样需求,在教育学框架下实现学生充分个性化发展。④凝练特色,以新文科为导向,推进学科人才培养模式转型。突出问题解决能力,强化交叉复合,培养具有西南大学特色、区域特色和时代特色的教育学人才。对教育教学工作的持续改进是整个OBE构架下的最终落脚点。[①]为落实以上任务,方案修订将重点聚焦在人才培养目标完善、课程体系更新、特色优势凝练、理实一体化等主要领域。

二、OBE理念下培养目标的改革经验

西南大学教育学在以OBE理念为导向对培养目标进行制定与改进的过程中,形成了较为丰富的经验,其主要可以凝练为三项基本原则:以产出为导向,以学生为中心以及可持续改进。

(一)坚持以产出为导向

以社会需要与学生发展为导向,反向设计培养目标、毕业要求和课程体系。培养目标是对毕业生在毕业后能够实现的专业素养和职业成就的总体描述,毕业要求是对毕业生在毕业时所应该具备的知识、能力和素质的具体描述,课程体系则是实现培养目标和毕业要求的必要手段。为了使高校培养的人才切实符合社会需要,高等学校应该科学合理地设定人才培养目标,主动对接社会发展需求,优化人才培养方案和课程设置。[②]OBE理念中的"反向设计"原则可以帮助实现社会需要与人才培养的有效对接,即以期望达到的最终教育成果为起点,反向设计培养目标和毕业要求。

西南大学教育学以OBE理念为基础,探索出"社会需要—培养目标—毕业要求—课程体系"的实践路径。其中,社会需要与培养目标相对应,培养目标与毕业要求相对应,毕业要求与课程体系相对应。通过层层的对应设计,

---

① 孙晶,张伟,任宗金,等.工程教育专业认证毕业要求达成度的成果导向评价[J].清华大学教育研究,2017,38(4):117-124.

② 陈世红.基于OBE理念的网络新媒体人才培养目标构建[J].传媒,2019(24):82-84.

实现社会需要与课程体系的良好对接。这种设计方式有别于以往"培养目标—课程体系"的简单路径,能够以满足社会需求为结果和目的来制定相应的培养目标以及期望学生在毕业时可以达到的知识、能力和素质要求,并以此确定课程体系、教学内容和培养方式等具体教育教学方案,使社会需求在高校教育中得到切实回应。

(二)坚持以学生为中心

以促进学生的成长与发展为中心,制定适应学生的目标与方案,确保实际培养效果的实现。OBE理念以"所有学生成功"为基本准则。[①]在OBE理念的指导下,目标设计和课程设计应尽量跳出学科中心和教师中心的思维困境。一是更多关注目标与课程对学生的实用价值,即学生在完成学业后会具备怎样的知识、能力和素质,这需要通过制定详细的毕业要求以及与之对应的完善的课程体系来达成。二是更多关注学生在人才培养过程中的参与性,使学生在学习过程中更加容易获得内驱力,这可以通过制定专业课程对毕业要求支撑的矩阵表来达成,学生据此清楚每门课程能够提升自身的哪方面素养,并明晰学习的方向。

西南大学教育学以学生为中心,重视学生的职业生涯规划与毕业后的持续发展,以OBE理念为指导,通过一系列措施确保学生的学习成果能够落到实处。一是定期就学生对培养目标、课程设置与课程安排的满意度展开调查,鼓励学生对不足之处提出建议。例如有同学认为现有的课程体系难以支撑其顺利就业,因此课程设置中应增加一些课堂教学训练方面的课程。二是制定课程对毕业要求指标点支撑的矩阵表以及课程对毕业要求支撑的矩阵表,让学生明白应学什么、怎么学以及课程结束后应具备哪些素养。三是以层层对应的培养目标、毕业要求和课程体系来指引学生毕业后的发展方向,

---

① 周显鹏,俞佳君,黄翠萍.成果导向教育的理论渊源与发展应用[J].高教发展与评估,2021,37(3):83-90,113.

让学生明晰课程学习与未来职业生涯规划与发展之间的关系,从而更具目标导向地完成学业。

(三)坚持可持续改进

人才培养目标并非一成不变,其制定是一个动态的过程,不仅需要根据社会发展、学校办学定位以及专业定位的不断变化而调整,还需要在实际落实后根据评价而持续改进。OBE理念认为,应该对培养目标、毕业要求和课程体系建立综合的评价机制,以促进三者的可持续改进,推进专业建设的良性循环。一是要确保评价时间的周期性,一般以四年为一个周期。二是要确保评价主体的广泛性与多样性,通常包括学生、教师以及毕业生升学或就业后对应的研究生导师或企事业单位等。三是要根据社会发展需要和评价结果提出相应的修订方案。

西南大学教育学坚持对培养方案的可持续改进,已经形成了较为完善的"开展调研—分析结果—方案修订"的改进路径。一是从宏观、中观、微观三个层面定期展开调研。其中,宏观层面是指国家、社会的发展需要对教育学提出的新要求,中观层面是指国内外高校教育学人才培养的现状、特点及发展趋势,微观层面是指各利益相关者对培养目标的达成度、培养方案的满意度以及未来期望。二是在调研基础上,对调研结果进行整理、分析,总结上一阶段培养方案需要改进之处,形成详细的调研报告。三是根据调研报告进行下一阶段培养方案的修订。按照该路径每四年修订一次培养方案,推进教育学人才培养的良性循环。

教育学专业培养目标的变革方向

　　人才培养目标需要根据外部经济社会发展变革和教育内部规律动态调整。当今时代地缘政治、经济全球化、科技发展与文化思潮相互交织，从方方面面影响社会发展与变革。随着第四次科技革命的进行，人工智能、移动通信技术、生物工程等领域迅猛发展，构建人类命运共同体，推动世界多极化、经济全球化、文化多样化发展是国际局势的走向。在此国际背景下，中国特色社会主义进入新时代，中国经济也在世界舞台上彰显活力。在教育思潮领域，随着全球对可持续发展达成的共识，出现可持续发展教育理念、成果导向教育理念等。

一、现阶段外部社会环境变革

　　高等教育人才培养目标、培养模式和培养方向等被外部社会环境赋予新的期望与发展。在人才培养目标方面，致力于打造智能型人才培养结构，培养综合型、应用型人才。在人才培养模式层面，基于可持续发展和成果导向教育理念，为所有学习者提供教育机会，培养具有终身学习意识的高素质、高能力人才。在人才培养方向层面，对人才的职业道德素质、理论知识和实践能力以及国际视野方面指明了培养方向。

(一)科学技术领域：技术变革影响教育发展

　　第四次科技革命是以网络化、数字化和智能化为标志的革命，有别于前三次科技革命致力于实现物质生产的自动化与最大化，第四次科技革命的目标在于"赋智",即追求物质与知识生产的自主化。在新一轮科技革命和产业变革的浪潮下,人工智能、量子信息、区块链、移动通信、物联网等前沿信息技术不断取得新的突破与进展,以合成生物学、基因编辑、脑科学等为代表的生命科学领域与机器人、数字化、新材料等制造技术有机融合,加速推进新兴业态与产业向智能化、服务化和绿色化发展。在此背景下,新科技革命与教育融合化发展已达成共识,培养智慧型人才的教育目标也在高等教育、职业教育等领域落实。

新一轮科技革命对教育理念及发展方向产生深刻影响。世界经济论坛于2022年初发布《2022年全球工作六大趋势》(6 World of Work Trends set to shape 2022),指出数字化转型将无差别地影响全球企业,基于对25个国家的14800位工作者的调查,其中66%的工作者认为其需获得新数字技能才可在未来几年保持就业能力。[1]人工智能、大数据等技术的应用重塑教育目标与培养理念,使教育目标指向高阶人才的培养和人才培养结构的调整,赋能知识复合、学科融合、实践能力强的新型人才培养,注重高等教育、职业教育等领域的综合型人才培养,打造智能型人才培养结构。其中,在高等教育领域注重培养兼具自主探究能力、批判性思维和创造力等学习能力和社会责任感的高素质人才;在职业教育领域,受生产技术的升级、生产模式的优化和随之带来的工作种类变迁等影响,培养智慧型、创新性等多元化新型技能人才成为新的职业教育人才培养目标。[2]

---

[1] World Economic Forum. 6 World of Work Trends set to shape 2022 [EB/OL].(2021-01-07)[2022-08-10]. https://www.weforum.org/platforms/centre-for-the-new-economy-and-society/articles/6-world-of-work-trends-that-will-shape-2022.

[2] 许艳丽,薛凯莉.智造时代的工作世界:技能人才诉求与职业教育变革[J].中国职业技术教育,2021(26):18-23.

(二)政治经济领域:新国际形势影响教育走向

地缘政治冲突给国际局势带来极大不确定性,世界又一次站在历史的十字路口。随着世界经济地理的变迁、全球治理格局的衍化和国际政治版图的重构[1],构建人类命运共同体,坚持和平与发展的方向,坚定全球化发展的走向,推动世界多极化、经济全球化和文化多样化等深入发展,是全球局势的新走向。与此同时,中国特色社会主义进入新时代。党的十八大以来,党和国家事业取得历史性成就、发生历史性变革,中国特色新型智库建设也进入新阶段,在机制建设、产出成果、培养人才等方面取得显著成绩,为推动改革开放和社会主义现代化建设作出了重要贡献。[2]政治格局的变化也在影响着全球经济的发展,新的多边主义经济框架产生,预计到2035年新兴市场和发展中国家的经济总规模将超越发达经济体,在全球经济和投资中所占比重将达到60%。[3]同时中国外贸数据也在全球经济中彰显中国经济韧性和潜力,中国海关总署发布数据显示2022年前7个月,我国货物贸易进出口总值为23.6万亿元,同比增长10.4%,其中7月以美元计价的出口同比增长18%,打破了全球需求减弱对贸易构成压力的预期,为中国经济提供有力支撑。[4]

在世界格局与国家发展的交织与激荡中,教育领域人才培养的目标指向也在随之变化与发展。一是在全球治理体系和国际秩序变革加速的背景下,各国间联系日益密切,具有全球视野、具备良好的外语能力、精通国际谈判的高素质国际化人才成为人才培养的时代方向。在"一带一路"倡议的具体实践过程中,对涉外法律、国际经贸、国际专利等方面进行人才培养成为重要人

① 陈曙光.世界大变局与人类的未来[J].求索,2021(6):13-20.

② 新时代新格局新活力[N].光明日报,2018-12-27(11).

③ 国务院发展研究中心"国际经济格局变化和中国战略选择"课题组,隆国强、张琦,等.未来15年国际经济格局面临十大变化[J].中国发展观察,2019(1):38-42.

④ 新华网.外贸数据超预期彰显中国经济韧性和潜力[EB/OL].(2022-08-11)[2022-10-10].https://https://www.news.cn/world/2022-08-11/c_1128907004.htm

才培养方向,以适应我国战略发展的需求。①二是在中国特色社会主义进入新时代的背景下,党的十九大提出培养"时代新人"的命题,建设兼具继承性、民族性、原创性、时代性、系统性的中国特色科学教育体系成为新的教育方向,"培育担当民族复兴大任的时代新人"成为新时代的育人目标。结合中国特色社会主义的伟大实践,在落实立德树人的根本教育任务中,培养具有国际视野的爱国者、具有坚定理想的奋斗者、为人民谋幸福的开拓者、为民族谋复兴的贡献者成为新的人才培养目标。②

(三)文化思潮领域:教育理念更新

可持续发展教育成为国际社会的迫切需求,国际组织及有关学者基于此提出与之适应的教育理念,助力问题解决。联合国教科文组织于2013年提出"可持续发展教育全球行动计划(2015—2019)",旨在实现"为教育和学习重新定位,使每个人都有机会获取能够为可持续发展作贡献的知识、技能、价值观和态度;在促进可持续发展的所有议程、计划和活动当中强化教育和学习的内容"。伴随国际社会凝聚共识提出《2030可持续发展议程》(Transforming Our World: The 2030 Agenda for Sustainable Development),联合国教科文组织提出《教育2030议程》(Education 2030 Agenda),即到2030年确保人人终身享有高质量的学习成果,确保所有学习者掌握可持续发展所需的知识与技能。③经济合作与发展组织(OECD)教育政策委员会提出"教育2030项目",构建学生适应未来的知识、技能、态度和价值观的复合能力框架。④与此同时,

① 王群,武姣."一带一路"法律外交视角下高校涉外法律人才培养机制探究[J].黑龙江高教研究,2020,38(6):149-154.

② 葛士新.新时代中国共产党培育"新人"的三维探析[J].西北民族大学学报(哲学社会科学版),2022(4):182-188.

③ 阚阅,徐冰娜.可持续发展教育全球行动计划动因、机制与反思——联合国教科文组织全球治理的视角[J].比较教育研究,2020,42(12):3-10.

④ 左浩德,朱梦露,曹一鸣."OECD2030"视域下学生复合能力的维度、培养策略及启示[J].教育理论与实践,2022,42(7):9-14.

成果导向教育理念回应了当下教育需求。OBE理念"所有学习者均成功(Success for All)"的指导框架,由一个执行范例、两个关键目标、三个关键前提、四个执行原则和五个实施要点组成,聚焦培养学生适应社会和个体成长的综合能力。①

全球教育理念变革也在更新着人才培养目标和方法模式。一是在人才培养的目标方面,凸显教育的可持续发展性,为每个学习者提供学习机会,进一步落实教育的公平性与包容性理念,致力于培养终身学习型人才。此外,基于OBE理念构建强调能力培养、能力训练的教育模式,人才培养目标聚焦学习者的行为和能力,将专业教育有机嵌入通用能力,促进课内学习与课外活动以及社会实践三者有机整合,实现高素质、高能力的人才培养。②二是在人才培养方式更新方面,在OBE教育理念下,培养方式围绕培养目标的顶层设计进行规划和实践,在课程设置、课堂教学、考试评价等维度均依据培养目标开展,助力教育向重视学习者行为和能力培养的方向转变。

二、教育学专业培养目标的未来发展方向

新文科建设背景下的教育学专业培养以"学科融合—综合素养—注重实践"作为逻辑起点,借助跨学科人才培养模式,通过教育学专业人才培养的社会需求导向与实践导向赋予教育学专业培养目标新的生命力,着力培养教育学专业学生的综合素质,注重其教育创新能力培养。在宏观社会层面,更新教育学专业人才培养的类型,打造复合型创新人才成为教育学专业人才培养的新方向;在微观个体层面,优化教育学专业人才的能力培养,致力于培育兼具综合素质和专业素质的教育学专业人才。

---

① 申天恩,斯蒂文·洛克.论成果导向的教育理念[J].高校教育管理,2016,10(5):47-51.
② 巩建闳.实施基于成果教育OBE的原因及策略[J].国家教育行政学院学报,2016(6):48-53.

(一)教育学专业培养目标未来发展方向的逻辑起点

　　教育学专业兼具科研性和应用性,在人才培养目标中要求学习者具备丰富的理论与技术知识的同时能够将其输出,应用于社会实践中。基于OBE理念构建强调能力培养、能力训练的教育模式,人才培养目标聚焦学习者的行为和能力,将专业教育有机嵌入通用能力,促进课内学习与课外活动以及社会实践三者有机整合,实现高素质、高能力的人才培养。[①]在"新文科"的背景下,教育学专业人才培养肩负着"形成中国特色文科教育的理论体系、学科体系、教学体系,为新一轮改革开放和社会主义现代化建设服务"等任务,教育学人才培养目标基于凝聚中国特色,提出中国原创,形成中国体系和提升中国影响的学科建设目标[②],聚焦培养富于创新能力的中国文化研究人才,推动学科创新发展;培养专业知识与能力复合型人才,促进教育理论等成果转化与实践,实现社会推广,深化全民族文化自信。在新文科建设背景下,教育学专业人才培养目标重塑思路,应推动人才培养与当前教育发展和社会需求相衔接,提升岗位适应能力;与未来社会发展趋势耦合,为适应未来、引领未来而储能;扎根中国大地定位人才培养目标,彰显中国特色。着力培养具有强烈社会责任感、深厚人文底蕴、扎实专业知识、宽广国际视野,富有创新精神和实践能力的高素质复合型教育人才等成为教育学人才培养目标的新定位。

　　基于此,教育学专业人才培养应遵循"学科融合—综合素养—注重实践"的逻辑。其中学科融合是教育学专业人才培养的坚实基础,教育学专业人才培养应在对教育学的理解与反思的基础上,通过模式、理念和方法创新推动传统学科的优化、升级与变革发展,进而实现"新文科"建设中"成为具有文化自信的文化建设者"的人才培养目标。通过学科融合,一方面有利于联结不同学科与专业,实现跨界发展,推动教育学专业自身的发展,另一方面有利于

①　巩建阅.实施基于成果教育OBE的原因及策略[J].国家教育行政学院学报,2016(6):48-53.
②　李政涛.走向世界的中国教育学:目标、挑战与展望[J].教育研究,2018,39(9):45-51.

建成新兴交叉学科群，打造互联互补的学科生态，促进教育学专业创新型、综合性人才培养目标的实现。①综合素养即对教育学专业学生的跨学科素养培养，旨在促进学生创新创业能力的发展。国家经济的发展和信息技术、大数据等科技的应用推动社会产业结构发生重大变革，新行业、新业态、新岗位等产生了对教育学专业人才培养目标的更新与转向的呼唤。人工智能、大数据等应用要求培育"了解信息化技术并能够熟练使用这些新技术"的新教育学专业人才。教育学专业在对学生进行学习指导规划时，基于学生的个人兴趣与个人职业发展方向，依托于辅修专业形成"教育学+其他学科"的交叉学科培育平台，通过学科与课程交叉融合的方式，助力学生综合素养的培养以及专业能力、创新能力的习得。注重实践是人工智能时代培养教育学专业优质人才的重要保障，通过与中小学建立深度合作机制，促进产学研深度融合，依托中小学实地教研平台，助力教育学专业建立见习、实习与研习一体化的实践教学场域。②在教育教学实践过程中，帮助教育学专业学生了解基础教育阶段学校的运行模式，沉浸式体验中小学的教育与科研工作，助力教育学专业学生的教育教学能力、研究实践问题的能力、运用理论分析解决现实问题的应用能力的培养，为将来从事高水平、高质量的教育研究工作奠定实践素养的基础。

(二)社会层面：教育学专业人才培养的类型更新，复合型人才成为教育学专业培养目标的新方向

新文科建设背景下教育学专业人才培养突破先前以教学、科研和管理人员为主，在中小学和其他教育机构等行业开展工作的类型设定，突出复合型

---

① 白逸仙，耿孟茹.跨界融合："双一流"建设高校教改新方向——基于40所高水平工科行业特色型高校的实证分析[J].湖南师范大学教育科学学报，2020，19(4)：111-118.
② 和学新，高维，郭文良.新文科背景下教育学专业卓越人才4C培养模式探索——以天津师范大学的改革为例[J].天津师范大学学报(社会科学版)，2023(1)：66-73.

教育学专业人才的培养导向,提高教育学专业人才的社会适应性。教育学专业复合型人才培养兼具研究性与应用性等特点,旨在培养具有问题意识和创新精神的新时代中国特色的优秀社会科学家与实践者。此外随着新形态教育市场的发展,基于教育学专业复合型人才培养模式的实践运用,教育学专业的人才培养目标将不断拓宽,可以将媒介、管理等其他学科素养作为复合型人才培养的目标定位,培养教育新闻传媒者、教育管理研究者等复合型人才。

教育学专业复合型人才的培养理念基于"立德树人""应用导向"和"学以致用"三个维度展开。培养教育学专业复合型人才应树立正确的世界观、人生观和价值观,成为具有大爱、大德和大情怀的中国特色文化发展事业的建设者和接班人。①在新文科建设背景下培养具有学术素养,适应社会经济发展需求,具有创新应用精神的教育实践者。在人工智能时代提高教育学专业学生的信息适应性、问题导向思维和应用能力,培养善于用理论知识解决教育实践问题的复合型人才。

通过分流培养,为教育学专业学生提供更加多元的选择渠道,拓宽教育学专业口径,培养复合型教育工作者。坚持以"厚基础,宽口径"为教育学专业复合型人才培养的宗旨,即复合型教育学专业人才培养应具备丰厚、扎实的教育学专业基础理论及知识体系和宽口、多元的专业方向口径。基于此,分流培养是拓展教育学专业口径,实现多元、多样就业的重要路径。分流培养应包括升学与就业两个方向,前者又可细分为国内升学与国外升学,后者则基于新兴教育市场的发展趋势,培养教育经营管理、教育行政事务管理、教育新闻传媒和中小学教育科研实践工作者等教育学专业复合型人才。

---

① 邹宝玲,郑沃林.新文科背景下文科技术型人才培养探究[J].黑龙江高教研究,2021,39(11):13-17.

(三)个体层面:教育学专业人才培养的能力优化,培养兼具综合素质和专业素质的教育学专业人才

　　教育学专业人才培养既是对行业匹配的回应,更是社会发展对人才的需求,要兼顾学科发展与社会经济发展的整体态势。这意味着教育学专业人才培养必须满足智能时代社会发展需求,教育学专业学生能够运用专业的理论、知识和技术解决社会生活中的教育实践问题。在教育学专业培养过程中,凸显教育学基础知识、教育科研能力、国际视野和实践能力等方面的培养,致力于培养能够在各种教育教学实践、决策、管理和国际交流等社会教育实践活动中参与并推动中国各级各类教育改革的践行者。[①]

　　在教育学专业学生综合素质培养方面,通过采用跨学科人才培养模式,打破学科与专业间的壁垒,构建学科群,旨在使教育学专业学生获得其他学科专业的多元知识,并在此基础上形成跨学科思维方式,包括批判性思维、多任务信息处理技能等,以提高其跨学科知识的实践能力。如将教育学与经济学、管理学和新闻传播学甚至艺术类学科等其他学科专业搭建共享平台,形成管理、新闻媒介和咨询素养等,提升教育学专业学生的综合素质。此外伴随大数据、人工智能、区块链和云计算等新兴技术的应用,信息素养成为教育学专业复合型人才必备的一种基本素质,培养包括信息拣选能力、信息辨别和判断能力等信息化意识是提升信息时代教育学专业人才综合素质的重要一环。基于跨学科人才培养模式,融合信息素养,从本质上促进教育学专业人才以"创新"为核心能力的跨学科素养,以更好地服务社会。鼓励教育学专业学生进行辅修课程学习、副修第二学位,基于其自身科研兴趣与未来职业发展规划进行课程选修,从人文教育、通识教育和专业教育三个维度出发,激发教育学专业学生对跨学科知识的吸收、延伸与贯通,助力教育学专业复合型人才的培养目标实现。

---

① 周霖,王澍.教育学本科人才培养的挑战与应对[J].国家教育行政学院学报,2022(3):46-55.

在教育学专业学生的专业素质培养方面,通过构建"导师指导—自主学习—主动反馈"的教育学人才培养管理体系,在校内导师和业界导师的联合指导下或基于跨学科形成的"导师组"系统中,将学业自主权移交给学生,促进良性自主学习的实现,从而使教育学专业学生能结合自身特点更有的放矢地进行知识习得,形成个性化的教育学学科素养和能力。同时汇聚国外优秀教育资源,通过开展协同合作,打造国际化核心教育学专业课程,在立足我国教育理论与实践的基础上放眼全球,吸收外来优质教育课程资源,从而更好地培养具有国际视野的高素质教育学专业人才。定期开展假期国际交流访学项目,实现国内外教育资源的优势互补。此外,联合校外资源,通过校地协同、校企协同和校所协同等合作方式,打造立体化教育学专业人才培养体系。一方面强化地方和企业对教育学人才培养的支撑作用,推动产教融合,促进教育学专业学生的教育实践能力提升;另一方面通过盘活社会教育资源,优化教育资源的配置,实现多方协同育人,推动教育学专业学生了解教育现状,从实际教育问题出发激发其教育研究兴趣,从价值目标、知识目标和能力目标三个维度达成对教育学专业学生的专业素质培养,使教育学专业学生具有国家使命感、国际视野和探索创新精神,在掌握通识知识、教育学专业知识的基础上了解我国教育前沿知识和行业发展趋势,且能够运用其自身的知识与技能开展教育实践活动。

第三章

党建和立德树人思想引领

当今社会,各种思潮激荡交汇,新科技革命和产业革命既带来机遇也裹挟风险而至,面对社会和个人面临的各类信念问题、治理问题等,加快文科人才培养改革和创新,推进孕育立足中国语境和本土化的知识生产方式和创新成果是改革和努力的重要方向。新文科建设是我国文科创新发展以及培养适应时代需求人才的重要举措,是形塑软实力、关键巧实力、硬实力和锐实力的支撑,以党建和立德树人引领新文科建设是为党育才和为国育人的高度统一。

第一节
党建促进新文科建设的基本模式

党是统揽全局,引领我国国家事业发展的主导力量,在教育领域同样如此。党建促进学科建设是我国学科发展经验体系的特色,也是新中国成立后学科建设取得巨大成绩的保证。坚持党建引领,为党育人、为国育才是高等教育工作者的初心和使命。

一、党建促进新文科建设的逻辑起点

党建促进学科建设的根本任务就是指发挥党组织在学科建设,尤其是一流学科建设中的价值和功能,以党的先进性、战斗力引导学科建设工作取得成效。本研究认为,党建促进新文科建设具有理论可能性和现实必要性。

(一)为新文科建设提供政治导向

新文科建设在根本上关系到人才的培养和服务国家需求的知识体系和成果创构。因此,以党建促学科建设,就是要保证人才培养的政治属性,创新成果的国家属性,切实推动新文科建设沿着正确的政治路线前行。新文科建设将更加重视学科建设的国家性,更加强调文科建设与我国传统文化的传承创新相契合,在这个意义上强化党建对学科建设的引导具有重要的现实意义。党建的政治导向体现在三个维度。一是强调目标导向,以合格的社会主义事业建设者和接班人作为新文科人才培养的评价目标。新文科人才培养既包括青年大学生的培养与成长,也包括新时代中国文科学者的培养。二是强调价值导向。新文科建设是内蕴政治核心价值的学科建设,政治逻辑像一根主线贯穿其中,文科建设与思想、意识、信念高度相关,党建融合有益于保证文科发展的意识形态安全,体现中国特色哲学社会科学的价值内核(即人民性),学科建设是办人民满意大学的重要支点。三是强调组织引导。新文科建设将依托基层党组织,通过组织建设发挥政治思想引领功能。坚持将正确的政治方向置于党支部建设的首位,切实做到以习近平总书记关于教育的重要论述武装头脑、指导实践、推动工作,通过支部建设,抓好学者和教师思想政治工作,促进师德师风建设,提升教师队伍整体的思想政治素质。

(二)为新文科建设提供组织保证

新文科建设是国家战略,落实新文科理念,实现新文科的使命需要组织保障。党建为新文科建设提供的组织支持主要指在新文科建设的关键节点和事项上,可以加强组织建设,如成立相应的党支部,将支部建立在新文科教研组织上,建立在重大项目上等。宣勇教授认为,"支部建在学科上"是为了遵循最大限度地发挥党在高校的组织优势,并为中心工作服务的基本原则,是以按学科组织设置党支部为基本要求的。[①]党支部应根据党员人数和学科归属,按有利于加强党员教育和管理,便于开展支部活动,充分发挥战斗堡垒作用的原则设置。新文科建设要形成强大的改革力,服务国家和社会发展能力,就需要强化组织保证,催生学科队伍战斗力。一方面,建立健全支部参与学科建设的决策运行机制,发挥支部的战斗堡垒功能。在新文科建设的重要事项上,形成支部与学科专家的共同决策机制,支部的建立有利于学科建设围绕国家发展需求,确保党的方针路线能够与学科建设相融合。另一方面,组织建设有利于发挥优秀党员的先锋模范作用,以优秀榜样引领学科成员积极参与学科建设和人才培养工作,利用组织平台载体达到凝聚力量的作用。

(三)党建与事业融合发展的需要

高等学校是社会主义建设者和接班人培养的重要阵地,促进高校事业发展与高校党建有机融合在根本上因为两者使命任务一致。在制度上,党是高校办学的领导者,党委领导下的校长负责制是我国高等教育管理体制的核心阐述。坚持党对高校的全面领导,是中国特色社会主义大学的本质特征,也是中国特色社会主义大学的最大政治优势,加强高校党建是确保高校始终作为坚持党的领导的坚强阵地的必然要求,党建与事业融合发展的目的就是要巩固阵地,保证中国特色社会主义办学之路畅通。新文科建设是当代大学办学的重要转向,与新工科,新医科,新农科一起成为我国高等教育深化改革的重要趋向和任务,是激活大学办学活力,培养高质量人才的必然选择。党建与事业发展的融合就是发挥党建在新文科事业中的综合功能,引导正确的方向,激活凝聚力、战斗力,党的工作与革命工作紧密融合是党的事业取得成功的一个重要法宝,也是被我国高等教育史证明行之有效的。华中科技大学"充分发挥党组织在学科建设中的战斗力,在破解制约学科发展的矛盾和难

---

① 宣勇,何作井.支部建在学科上——高校基层党组织建设的探索与实践[J].中国高教研究,2001
(3):20-21.

题、构建有利于学科发展的体制和机制、提高领导学科发展的能力和素质等方面作出了积极的探索,有效地推动了学科快速发展"。①

二、党建促进新文科建设的基本功能

党建促进新文科建设是事业发展的需要,是政治引领的需要,也是学科建设的组织保证。推进党建工作与新文科建设的结合对于学科自身建设而言有其显著功能,是中国特色学科建设模式及其路径的彰显,也是实践证明取得实效的经验智慧。

(一)生成战斗力

所谓战斗力,就是指通过不断加强党的思想理论建设,坚定全党理想信念,夯实指导全党统一行动的思想理论基础;就是通过不断推进全面从严治党,深化党的"自我革命",自觉驱除弱化党的先进性、纯洁性因素,为实现党的历史任务和奋斗目标而努力的一种综合力量。新文科建设是一种学科建设理念的转型,其赋予的新思想、新价值、新路线无疑对传统文科建设带来挑战和压力,新文科建设需要群策群力,需要推动学科建设各项要素从无序或从一种旧秩序重新形成新秩序的过程,换言之新文科建设是一项复杂工程。抓党建就是抓生产力、抓凝聚力,有助于教师队伍履行主体责任。新文科建设背景下我们既要坚守学科建设的初心使命,坚定理想信念,同时也要坚守纪律,确保广大教师和学者能够真正将自身的工作重心聚焦国家需求,聚焦文科的现实使命任务,既要开展有组织的科学研究,也要致力于培养中国一流、世界有影响的文科人才。

---

① 冯友梅,李斌.在学科建设中凸显党的战斗力[J].学校党建与思想教育,2009(4):21-22.

(二)生成凝聚力

党组织的凝聚力是组织对于成员的内聚作用,是表现在组织内部每一个成员身上的一种向心力。党组织凝聚力是指组织对成员的吸引力和成员彼此之间的吸引力。它包含"向心力"和"内部团结"双重含义,组织凝聚力大的群体,其成员对组织的"归属感"强,组织内部人际关系融洽,组织能显示出旺盛活力,战斗力强。①新文科建设是学科理念价值的深层转型,意味着对传统文科的创新,在学科建设过程中会遭遇深层阻力抑或认同困境。因此,有必要依托党建和党委组织提升学科建设凝聚力。笔者认为,凝聚力生成需要文科学者和教师站在更高立场审视学科建设,而不能囿于自身视野或局部利益。学校党组织要以高质量的党建引领推动高校为党育人、为国育才,实现高质量发展。只有站在"巩固阵地"的政治高度,高校才能坚定不移走中国特色高等教育发展道路,才能牢牢把握党对学校工作的全面领导,确保党建和高校事业发展沿着正确轨道前进。与此同时,凝聚力的生成还依赖于内部成员对新文科建设的认同。关于新文科建设与传统文科建设思路如何取长补短,以提升文科服务国家战略能力,并形成文科发展整体合力,这需要学科成员在价值观和实践层面达成共识。

(三)生成执行力

党建促进新文科建设有利于生成执行力,一方面来源于党自身的先进性以及严格的纪律要求;另一方面来源于党的组织体系,严密系统的组织建制是执行力生成的保证。新文科建设过程复杂;要素繁杂,高效的执行力是落实新文科理念,履行新文科使命的基础。党建提升新文科建设执行力体现在三方面。一是党建促进党的方针路线和政策执行,包括新文科在内的"四新"

---

① 俞克纯.沈迎选.激励、活力、凝聚力:行为科学的激励理论与群体行为理论[M].北京:中国经济出版社,1998:185.

建设是我国高等教育高质量发展的重要国策,也是党领导我国高等教育事业,办好人民满意大学的重要举措。党建工作的开展,尤其是基层党支部的建设有力保证了党的高等教育路线方针政策的有效实施。二是党建在新文科建设实践中保证了学科成员的进取和拼搏意识,有助于弘扬党自建立以来形成的伟大精神谱系,如坚持真理坚守理想,践行初心担当使命,不怕牺牲、英勇斗争,对党忠诚、不负人民的精神等。党的精神谱系是学科建设实践的价值之基。三是学科建设始终坚持人民利益至上。新文科建设区别于传统文科发展思路,更加重视学科对现实生活和发展瓶颈的观照,而这种观照深层扎根于人民的需求与利益之中。

(四)生成满意度

教育是国之大计、党之大计,培养什么人、怎样培养人、为谁培养人是教育的根本问题。这个问题在我国的教育方针中有明确阐述,教育方针就是教育工作的"圆心"。办好人民满意的教育是党的教育方针的核心和基础,党建与学科建设的融合有利于保证人民满意的教育的开展与实施。办好人民满意的教育关键在党,要求我们坚持党对教育的全面领导,从而为社会主义教育现代化提供根本保证。中国共产党始终坚持全心全意为人民服务的根本宗旨,因此,通过加强党建促进学科建设,建成人民满意的文科和文科教育具有必要性和可能性。不仅如此,人民满意的教育还体现在学科服务社会,服务国家的能力显著提升。党建是引领学科建设服务国家社会的重要保证,有利于提升学科建设与人民需求之间的耦合性,而这种耦合性则是满意度来源的重要基础。

三、党建促进新文科建设的模式探索

高校基层党组织建设应该服务于学科建设,只有把学科建设做好,党组织建设的意义才能进一步得到深化,才能更全面而系统地彰显出党组织建设的效能。根据党的属性和使命,审视新文科建设的重大意义,笔者认为有必要构建起有效的党建促进机制或者促进模式。

高校党建促进学科建设根本上就是要依托教师党支部等基层党组织,着力发挥和强化教师党支部的育人载体功能,将党支部的工作与学科建设中教学、科研等业务高度融合,注重发挥党支部书记带头作用,以及党员的先锋模范作用。探索和优化教师党支部工作机制,构建"党建+学科"育人模式,学科发展模式等,立足组织设置和队伍建设,切实通过思政育人、教学育人、科研育人,将学科和党建贯穿于育人全过程,以更好地落实立德树人的根本任务。

(一)党建促进新文科建设的总体思路

面向新文科建设,高校探索教师党支部"党建+"学科建设模式,是我们贯彻党的教育方针路线,落实全面从严治党,落实立德树人根本任务的重要路径。围绕学科建设的中心任务抓党建,通过党建引领高等教育发展是新时代高校基层组织建设的使命。在实践中,党建促进学科建设要消解"两张皮"的风险,切实将党建工作与学科发展相融合,需要从两个方面着手。一是在整体上形成党建与学科建设融合机制,推进党建融入学科建设的各个要素,具体而言就是党建融入新文科人才培养和教学工作,融入新文科研究和重大科研项目实施中,融入学科服务社会发展的实践事务中,融入师资队伍建设等具体事项中。二是党建在促进学科建设中找准功能定位。党建与新文科建设的耦合具有内在边界,基层党组织在融合中坚持有所为,有所不为。切实发挥党组织的政治优势、凝聚力和战斗力生成优势,其主要职责在于把握方向、引领发展。总之,在新文科建设过程中,强化党建的功能主要着眼于新文科理念及其核心任务,立足新文科建设的关键节点,突出党组织的保障能力、引领能力、战斗能力,总体构建上下贯通,左右联通和内外融通的"党建+"新文科建设模式。

(二)上下贯通:院系党组织和师生党支部紧密衔接

大学二级党组织和师生基层党支部的衔接是大学党委领导的重要抓手和着力点,立足"党建+"模式,全力打造党建工作体系,确保学院党组织和师生基层党支部形成学科建设合力。二级学院党组织是统领学科发展方向,领导学院关键事项的重要力量,在宏观层面把握新文科建设。院系内部的基层党支部主要是由教师党支部和学生党支部构成,这也是新文科建设最为关键的力量。教师党支部是新文科建设的主体。学生党支部则是引领学生思想意识发展,促进新文科人才培养的重要组织保证。二级党组织与师生等基层党组织的衔接具有重要意义。一方面能够上传下达,确保国家意志以及学校党委相关举措能够在基层党组织中得以实现,同时也是基层党支部与上级党委之间沟通的桥梁。另一方面,上下贯通衔接是基层党支部战斗力的保证。新文科建设是一项系统工程,这项工程落实到每一项具体事务上都需要一个个强有力的团队,需要依靠全体师生的智慧和力量,提高队伍的战斗力和执行力,营造更加浓厚的干事创业氛围,深化内涵建设,激活发展的内在动力。因此,我们要不断理顺学校二级党组织和基层党支部之间的关系,建立有效、高效的工作体系,强化议事规则的制订与执行,如党政联席会议议事规则,党政负责人交叉任职,师生党支部书记由二级党委委员担任,或建立二级党委定期巡视基层党支部制度等,学院党组织和师生党支部有效衔接整合,为凝聚新文科建设力量奠定基础。

(三)左右联通:党建与思政工作形成合力

党建的关键任务是思想引领,是关涉人心向背的重大事项,因此通过党建引导思想政治工作,形成思政育人的合力具有重要意义。党的建设与思想政治工作是中国特色社会主义高校两项极为重要的工作。二者相互影响、相辅相成,构成辩证统一关系,统一于高校育人工作的全过程、全方位、总布局。在理论层面,二者高度契合,存在着紧密的逻辑关联,进而构成强互动关联;在实践层面,二者相互倚重,是高校育人链条中的重要环节,由此发展出高协同关系。新时代高校党建与新文科课程思政工作高度契合、协同推进的关系在其机构设置、制度安排和人员组成中体现出来。高校党建系统要将思想政治工作融入新文科建设,就本质而言新文科理念内蕴思政属性,区别于传统文科,新文科高度强调人才培养的国家性和民族性等。从机构设置看,高校党建工作具有一定的独立性,党支部、党总支和党委的纵向组织结构对同级机构和人员具有思想政治教育任务。因此,党建工作虽然具有独立性,但同样有与思想政治工作交叉的特性,是引领思想政治工作的力量,也是事实上参与思想政治工作的力量。其次从制度安排看,党建制度和思想政治工作制度难以明确界分,二者相互交织、彼此支撑。高校党建和思想政治工作在高校系统中的重要地位通过相关制度安排确定下来,相关组织机构设置、人员配备、职责要求都有相应的制度加以规范,以确保相关工作有据可依、有序推进、有效展现。从人员组成看,所有党组织成员除完成岗位职责要求外,在全员育人的时代要求下,均担负着对高校师生进行有目的、有计划的影响,引导其形成中国特色社会主义所要求的理想信念、价值信仰和思想品德的责任。

(四)内外融通:党建与学科发展互为支撑

所谓内外融通主要是党建与学科之间的相互作用和影响,以及不同学科党建工作的相互协同等,通过内外融通真正实现党建与学科之间互为支撑、相互借力。聚焦学科发展目标,将党建工作和业务工作相融合,以学科专业特色助力支部特色党建,提升基层党建整体水平,打造亮点品牌,让学科发展和党建工作同频共振、同向同行、同步发展。一是聚焦学科内部,夯实学科"双带头人"的党建组织模式。《中共教育部党组关于高校教师党支部书记"双带头人"培育工程的实施意见》中明确指出,在高校教师党支部书记"双带头人"的培育工程中,要坚持双向提升,即把符合条件的学术带头人培养选拔为教师党支部书记,把有条件的教师党支部书记培养成为学术带头人,实现高校基层党建工作与教学科研工作双促进、双提高。[①]学科的健康发展离不开健康的组织,学科生态的可持续离不开学科组织的可持续。学科(学术)带头人是学科在发展和建设过程中的关键人物,是学科在学术水平和学科资源方面拥有较高造诣的人物。学科教师党支部书记是学科教师党支部的核心人物,对学科党支部的发展起着十分重要的作用。二是聚焦学科之间,形成同学科间党组织协调机制。新文科围绕实践情境开展科学研究、人才培养,其跨学科性显著,为了更好服务跨学科工作,党建工作也有必要协同。简言之,就是要建立学科之间党内结对交叉的运行方式。学科交叉有利于学科建设,学科交叉是学科生态的必然要求,利用学科交叉能发现新的学术视角、学术问题、学术理念,打破学科壁垒,从而使学科内部充满源源不断的创新活力。在学科党建组织模式相对成熟的前提下,利用学科党支部结对的方式,创造学科交叉的交流平台,发挥党组织的优势,促使学科之间碰撞学术火花、建立学科互助关系,实现学科建设和学科党建"双赢"发展。

---

① 中共教育部党组关于高校教师党支部书记"双带头人"培育工程的实施意见[J].中华人民共和国教育部公报,2018(6):7-9.

第二节
立德树人引领新文科建设的机制

高校办学应以"培育人才"为核心主题,高度重视学生的道德发展与品德形成。培养具有本土特色的高素质人才是新时代高校育人的现实目标。当前我国面临着百年未有之大变局,这一变局同样对高校办学产生巨大影响。高校面对前所未有的国内和国际两大环境变化,迎来各式各样观念较量、多元思想潮流冲击的新时代,这对高校来说既是机遇又是挑战。

一、课程思政是立德树人落实之基

学生的思维是非永恒的和可塑造的,他们除了受到学校主流思想文化和社会主义核心价值体系的熏陶之外,还会被外界五花八门的价值观和舆论观点陶染,尤其是网络世界的文化良莠不齐,缺乏辨别能力的学生很有可能误入歧途。因此,教师的引导作用就显得至关重要。教师的任务不仅仅是"授业",更重要的是"传道"。教师不仅是知识的传授者,更是道德的引导者、价值的引领者、灵魂的塑造者。习近平总书记指出,好老师的四条标准是:有理想信念、有道德情操、有扎实学识、有仁爱之心。苏霍姆林斯基曾言:"教育是人和人心灵上的最微妙的相互接触。"拂动心灵、滋养灵魂是教师的责任和义务。高校向社会输送的人才应当了解中国国情,扎根中国大地,立足于中国实际解决中国难题,助力中国发展成为人才强国,从而实现中国梦想。因此,"课程思政"的建设既要符合国家发展的需求,又要兼具专业特色,以此打造多姿多彩的"课程思政"形式,增强学生的文化自信心和价值自豪感,全力保障高校立德树人根本目标的达成。

　　课程思政的本质是一种道德教育,以实现立德树人为目标。在2018年全国教育大会上,习近平总书记在讲话中指出:我国是中国共产党领导的社会主义国家,这就决定了我们的教育必须把培养社会主义建设者和接班人作为根本任务,培养一代又一代拥护中国共产党领导和我国社会主义制度、立志为中国特色社会主义奋斗终身的有用人才。中国共产党始终将思想政治教育摆在突出位置,高度关注学校德育工作,大力推进高校思想政治工作,并在此过程中逐渐形成一套合理的教育方针与政策,为"培养什么样的人、如何培养人以及为谁培养人"指明了方向,提供了根本遵循,各高校要严格秉持这些原则。"育人先育德",德行一坏,人也会随之垮掉。我国一直以来都保持着育才育德有机统一的优良传统。课程教育与思想政治教育融为一体是课程思政的题中应有之义,不管是明确的思想政治教育,还是各类课程教育,都要以"立德树人"为根本任务。课程思政自始至终坚持以德立身、以德为向、以德树魂,引导学生树立正确的世界观、人生观、价值观,将人生价值追求融入国家和民族事业,与历史同向,与祖国同行,从而为社会输送德智体美劳全面发展的高素质人才,为新时代中国特色社会主义事业造就合格的建设者和接班人。

　　在2016年全国高校思想政治工作会议上,习近平总书记强调:高校立身之本在于立德树人。要坚持把立德树人作为中心环节,把思想政治工作贯穿教育教学全过程。坚持立德树人,可以为党和国家源源不断地输送人才,为中国特色社会主义事业注入新血液、增强新活力。"问渠那得清如许,为有源头活水来",党和国家的事业是立足于不断涌现的高素质人才之上,才得以兴旺发达,才能造就伟大事业以及实现伟大梦想。青年学生能否在思想上、政治上、行为上与以习近平同志为核心的党中央保持高度一致,在情感和认知上接纳和认可中国主流思想文化,在价值追求和理想信念上以国家和社会为先,关系到中国的未来。课程思政不仅彰显了大学课程对个人灵魂塑造的重视,也展露出课程对调动和指挥青年学生思想和行为回归国家主流思想文化的价值导向。人生价值内在地包含着自我价值与社会价值。课程思政一直秉持着自我价值与社会价值相统一的准绳,强调个人之小德与社会之大德融为一体。因此,落实课程思政,扎实推进立德树人的根本任务,启发青年学生将自我价值与社会价值相联系,是现阶段高校思想政治教育的重要内容。

二、新文科课程思政的内涵与个性

(一)新文科课程思政的内涵

新文科课程思政是新文科建设与课程思政建设的统一与融合。新文科作为新时代文科教育在新理念、新要求、新趋势上的新发展,突破了传统文科的思维模式,以交叉与融合为主要途径,从学科导向转向以需求为导向,从专业分割转向交叉融合,从适应服务转向支撑引领。[①]新文科强调人才培养要着眼民族立场、中国立场,兼容传统,强调文化自信,突出立德树人的根本任务,具有丰富的思政特征。课程思政为高校思想政治工作体系贯通人才培养体系的关键环节。两者在育人本质上具有一致性,在价值建设上具有同构性与互惠性。在新文科课程思政建设中,新文科不仅包含课程思政,而且通过知识融合、价值重塑、话语中国化和确立新使命,让"价值"与"科学"在新的结合方式中生成"新价值",为课程思政的价值引领和价值塑造拓展了场域和深度。课程思政也为新文科的价值重构提供了传播阵地和检验途径,有助于两者之间形成"同心同向"效应。[②]因此将课程思政建设置于新文科背景之下,

---

① 单德伟,黄中生,谢雨豪.新文科背景下"思践制一体"课程思政模式构建研究——以南京审计大学会计学专业为例[J].财会通讯,2022(24):38-42.

② 杨国栋,马晓雪.新文科视域下课程思政与知识传授融合的基本逻辑与实现路径[J].高校教育管理,2022,16(5):96-105.

立足于新文科建设中呈现出来的新趋势、新思维、新特点,剖析课程思政建设的实践路向,既是新文科建设的应有之义,也是高校拓展课程思政建设思路,提升课程思政育人质量的必然要求。①

新文科课程思政较之传统课程思政,具有新的价值意蕴。第一,新文科课程思政强调课程的交叉融合发展,将知识教育与思政教育相互渗透、融通,实现从思政课程向课程思政的跨时代性飞跃,课程思政不是"课程+思政",也不是课程"思政化"或者"去知识化",而是充分挖掘课程中的思政元素并进行价值教育,对包括思政课在内的所有课程发挥育人功能的新要求。②第二,新文科课程思政既有守正亦有创新。新文科课程思政传承了传统课程思政的精髓,同时融入了新时代的新发展理念、文化创新观念。新文科课程思政着眼于当下,体现的是时代发展,面向的是未来,走向思想政治教育现代化。第三,新文科课程思政体现了新时代对于人本体价值培育,强调促进学生自由而全面的发展。

(二)新文科课程思政的功能

新文科思政的根本任务在于立德树人,首要的功能便是在课程中实现价值引领。对于兼具知识性和价值性的文科教育而言,学生在课程中必然会接触到古今中外的不同观念,这些观念与当前新时代的观念有吻合的也有相悖的,这就需要课程思政发挥价值引领功能,将习近平新时代中国特色社会主义思想融入课程中,以社会主义核心价值观为引领,帮助学生筑牢价值观,引导学生树立坚定的理想信念,形成与新时代精神同向同行的思想态度。

新文科课程思政还有知识涵养的重要功能。第一,实现有效知识传授是

---

① 何良伟,靳玉军.新文科背景下高校课程思政建设的实践路向[J].西华师范大学学报(哲学社会科学版),2023(1):98-104.

② 张超,王建华,刘永腾.新定位与多元融通:新文科视域下建设课程思政的价值意蕴与实现路径[J].昌吉学院学报,2022(2):31-37.

高校学科、学术建设的重要旨归。①新文科课程思政是课程建设其中的一个重要环节,要遵循高校学科建设的主旨,向学生传授必要的专业知识。第二,价值观教育也要以知识教育为依托,新文科课程思政要对学生进行思想引领,必然离不开对学生的知识培育。因此新文科课程思政不仅加大了对新文科知识的供给,也对课程教学内容进行更新重构,将反映中国特色社会主义建设的最新理论成果和实践案例写入教材、引入课堂,将马克思主义的立场、观点和方法以及马克思主义中国化的最新理论成果融入新文科课程思政建设中去。②

新文科课程思政的开展是在培养复合型人才的时代背景下展开的,因此还具有能力培育的功能。实践育人是课程思政秉承的重要理念之一,新文科课堂思政通过理论与实践、学校与社会的结合,培育学生的创新能力、实践能力和解决社会综合问题的能力,以应对社会对复合型、创新型人才的需求。

(三)新文科课程思政的个性

新文科课程思政具有跨学科性。新文科知识体系建构是在注重传统文科知识积累的基础上,更加强调人文社会科学新兴研究领域和跨学科研究。③因此新文科包含着学科融合、引导人才培养、机制创新等价值理念,而学科融合恰恰推动着课程思政建设向纵深发展。新文科课程思政是新文科背景下的课程思政,因此继承了新文科的独特优势,具有传统课程思政没有的新特点——跨学科性,自主地将不同学科、不同风格的思政材料融入课程中,与时俱进、推陈出新。

新文科课程思政具有情境性。新文科课程思政是根据专业课程教学背

① 杨国栋,马晓雪.新文科视域下课程思政与知识传授融合的基本逻辑与实现路径[J].高校教育管理,2022,16(5):96-105.

② 何良伟,靳玉军.新文科背景下高校课程思政建设的实践路向[J].西华师范大学学报(哲学社会科学版),2023(1):98-104.

③ 廖静.首届科技人文国际学术研讨会暨《上海交通大学学报(哲学社会科学版)》创刊四十周年高端论坛综述[J].上海交通大学学报(哲学社会科学版),2019,27(6):146-153.

景、教学目标,结合专业学生认知结构,对教学内容中的思政元素深入挖掘、精雕细琢,在将价值观引领寓于专业知识传授和能力培养过程中引导学生对教学内容中的思政元素进行思考、理解和判断,从而对学生产生潜移默化的影响。[①]同时,新文科课程思政也主张将思政小课堂与社会大课堂结合起来,将社会热点带入课堂,将学生带到社会实践的情境中,引导学生把人生抱负落实到脚踏实地的实际行动中来,把学习奋斗的具体目标同民族复兴的伟大目标结合起来,立鸿鹄志,做奋斗者。[②]

三、新文科课程思政建设理论路径

课程思政所建构的精神是社会主义核心价值观所倡导的,是国家意志的精神呈现。新时代新文科人才培养中课程思政肩负着不可替代的历史使命,必须通过改革课程目标、完善课程内容、优化课程实施、健全长效保障机制等环节的制度性变革,全方位、系统化落实"立德树人"根本任务,把社会主义核心价值观融入高校新文科课程思政建设的全过程。

(一)改革课程目标,促进价值引领

课程目标是课程设计和实施的起点和归宿,对实践层面的课程运作具有引领作用。要想深入推进新文科课程思政改革,就必须明确指向新文科建设的课程体系和课程思政体系的关联性,换言之,只有廓清两者间的界线及其内在关系,才能保证新文科建设课程与课程思政体系不出现"两张皮"现象。这对课程目标的确立提出了新的要求,即课程目标要考虑新文科特点的渗透、课程思政的植入、新文科理念与课程思政的同向同行等问题。

---

① 刘莉,冯思云,方章东.新文科课程思政建设的主旨:关切、确切和亲切[J].安徽农业大学学报(社会科学版),2022,31(5):127-134.
② 何良伟,靳玉军.新文科背景下高校课程思政建设的实践路向[J].西华师范大学学报(哲学社会科学版),2023(1):98-104.

具体而言，就是要把握新文科课程思政的基本定位，彰显新文科课程思政的育人价值。正如习近平总书记在全国教育大会上强调，要把立德树人融入思想道德教育、文化知识教育、社会实践教育各环节，贯穿基础教育、职业教育、高等教育各领域。课程思政的终极价值就在于育人为本、以德为先、促进学生的全面发展。因此在新文科课程思政的建设过程中，教师首先需从心底里认可"立德树人"的神圣使命和岗位责任，牢记"育人"本质。一方面，教师要充分挖掘所教课程蕴含的思想政治教育元素，围绕价值引领、能力培养和知识传授不断优化教学设计。另一方面，教师要尊重和关注学生的发展和需求，使学生在积极情感体验中实现情感认同、思想内化和行为转化，做到既坚守思想政治教育以人为本的纯真情怀，又不失价值导向的纯正和科学规律的纯真。

(二)完善课程内容，强化思政渗透

课程内容是课程目标实现的重要依托。结合新文科课程思政目标，好的课程内容一定是符合育人要求且有助于育人价值实现的。课程思政在高校中的课程可以分为两部分，一是思政课程以外的文化素质教育课程，二是学科专业课程体系。文化素质教育课程要凸显新文科的学科专业特色，课程内容与资源开发契合新文科建设的现实需求，使课程内容能够真正在学生职业生涯发展中引领政治方向，树立正确的价值观。学科专业课程体系则应立足学科分类，系统推进各学科体系课程思政的科学化、专业化路径建设，为课程思政改革奠定学科和课程基础。不同学科专业体系在推进课程思政建设时要结合各自学科特点和课程性质，通过深入梳理教育教学特点、思维方式呈现和价值理念引领等内容，深入挖掘有价值的思政资源，敏锐捕捉身边的思政事件并巧妙融入课程内容中，进而达到润物无声的育人效果。

总的来说，课程内容的思政渗透既能打破原有学科疆界，在大学科、大专

业的交叉混合中充分挖掘思政元素,以提升课程思政内容的生动性和感染力;又能把最鲜活的事件、最贴近当代社会实际和学习者生活情境的案例作为重要资源引入,提升课程思政内容的生活化和亲近感。这样通过强化思想政治教育元素与新文科专业课程教学内容之间的融合,最终站稳新文科课程思政在立德树人上的核心地位,充分发挥课程思政对新文科人才培养的育人作用。

(三)优化课程实施,实现系统整合

课程思政是一项系统工程,在新文科建设背景下,必须准确把握新文科课程思政的建设规律,实现新文科建设课程与课程思政的同向同行,如此新文科课程思政的实施才能不断深化。一是遵循育人为先和学生成长规律。教学方式要贴近学生思想特点,教学手段要符合学生的内在需要和思想动态,教学内容要贴近社会的客观实际和学生的思想实际。二是注重课程思政建设的实践取向。在各课程实施环节中体现教学理念与教育方法的创新。比如以导入案例的方式开场,引导学生发言、互动,深化知识建构。教学形式上可灵活运用辩论、演讲、汇报、互评等方式发挥学生的主观能动性,同时积极开辟第二课堂,让学生走出课堂,积极参与创新创业、实训观摩、社会实践,在实践中进一步吸收内容,提升课程思政育人效果。三是拓展课程思政教学设计的时空向度。善于利用开放共享的在线课程资源,实现教学方式的变革,将学科知识中概念传授部分从有限课堂内拓展到无限课堂外,从线下延伸到线上。从而用更多的课堂时间促进师生交互,实现参与式互动,在师生交流、研讨中实现思想碰撞与引领。四是遵循因材施教规律。要创设平等和谐的教育氛围,充分调动学生的积极性、主动参与性,选择学生乐于接受的话语方式来推进课程思政的开展。

(四)建立健全长效保障机制

新文科课程思政是内容体系、实施落实、长效保障机制的全方位协同体系。建立健全长效保障机制是新文科课程思政可持续发展的关键环节,其具有诊断、调节、改进、决策等基本功能。首先,应完善新文科课程思政考核评价激励机制,发挥评价的"指挥棒"作用。结合实际制定出一套合理合规的评价办法,为评估建设效果提供有力支撑。将新文科课程思政教学效果作为教师考核评价、评优奖励、岗位聘用的重要内容。实际操作中,一方面可以将课程思政效果作为指标放入教学名师竞赛、教学竞赛活动等赛事评价中;另一方面,可有计划地逐步增加课程思政项目研究经费,鼓励教师申报新文科课程思政类选题,作为教师绩效成果之一参与年终考评与职称评定。其次,要推进新文科课程思政教学效果的评价体系建设。检查教材、教学内容多大程度上被学生吸收,这涉及课程效果的评价,思政元素效果的评价形式既要注重走进试卷,更要注意走出试卷,鼓励学生结合所学知识,以舞台剧、讲中国故事等形式展现学习成果,最终让习近平新时代中国特色社会主义思想进教材、进课堂,进学生的头脑中。最后,要做好新文科课程思政建设示范工作。持续开展树榜样、抓典型、立标杆宣传活动,选出一批课程思政名师团队,推出一批课程思政经典课堂示范,充分发挥榜样的示范作用,分享有效范式与有益经验,形成开展课程思政建设的良好氛围。

党建和立德树人引领新文科建设的实践

　　党建和立德树人引领新文科建设,是未来文科人才培养质量的根本保证,也是培养满足国家需求、社会需求的文科人才,造就中国特色哲学社会科学学科体系和大师的引导力量。审视当前,我国高校文科建设均在突出党建和落实立德树人根本任务。西南大学教育学科的发展既遵循学科逻辑、知识逻辑与创新逻辑,也重视政治逻辑,将知识生产、人才培养以及社会服务工作高度统一于国家的需求与战略之中。

一、党建引领新文科建设的实践探索

　　新文科建设提出以来,文科的改革成为促进高校发展的重要方面,党建促人才培养和队伍建设是高校新文科发展的重要路径。放眼当前,我国多数高校正大力推动新文科建设,结合所在学科知识属性及文科发展历史与功能等,持续加强党建和学科发展深度融合。

(一)国内高校党建引领新文科建设的路径

　　学科建设的主要抓手是人才培养与队伍建设,抓学科建设的核心是抓人。抓人的关键在于思想,这与党建的根本任务有一致性,通过思想引领和活力激发引导文科人才培养和文科学者的成长。

　　一要推动党建与队伍建设相融合。队伍建设主要指新文科人才培养者以及文科研究者等,强化队伍建设就要推进文科学者树立新文科理念,把握新文科建设的要领,以及自觉践行新文科建设指导思想,在自身的教学、科研与社会服务等活动中落实新文科建设理念。加强文科团队建设,切实推动文科学者队伍转型。支部是党员队伍生成战斗力的堡垒,也是党建与新文科建设融合的载体,将政治理论学习成果转化为推动新文科建设的工作动力,以高质量党建引领保障高质量发展。支部促进学科建设意味着支部党员,无论是学科建设管理者抑或文科学者自身均要以党的先进理论改造思想,重新审视文科的价值与使命,赋能学科育人、学科报国。

首都经贸大学为推动新文科建设,由党委书记王文举作为代表面向全校讲授专题党课。党课以"新文科背景下的高等财经教育"为主题,围绕"新文科'新'在哪里?""为什么要建设新文科?""如何建设新文科?"等方面,展开一系列系统、生动的阐释。党课上,党委书记将新文科建设作为主题教育的重要内容,将其纳入全校教师队伍学习的议程,让学科教师高度重视学科建设并意识到这不仅是学科的小事,更是事关国家的大事。此外,就"新文科如何建设"这一问题,党委书记王文举认为需要从四个"新"上下功夫。一是立足新时代,把握深刻变革,彰显胸怀"两个大局"政治自觉,培养担当民族复兴大任的时代新人。二是贯彻新要求,服务高质量发展,坚守"服务国家、造福人类"的价值追求,彰显"敢为人先、追求卓越"的精神品格,深挖"深化改革、创新发展"的动力源泉。三是担当新使命,推进特色发展,提升治校理教能力,打造一流学科专业,提高人才培养质量,激发改革创新动能。四是落实市属高校分类发展新理念,坚持内涵、特色、差异化发展道路,大力推进高水平研究型大学建设,增强首经贸人的志气、底气和骨气。①

天津财经大学政治经济学学科党支部就如何把会议精神与党建工作相结合,充分发挥党建引领学科发展的作用,扎实推进"新文科"建设,提出三项举措。第一,提出全体教师党员要从思想上深刻理解高等教育面临的新时

---

① 首都经济贸易大学新闻中心.推动新文科创新发展! 首经贸党委书记王文举讲授专题党课[EB/OL].(2023-07-07)[2024-12-30].https://news.cueb.edu.cn/xyyw/xw/90f068f370484d0b80b7d76f391aaf88.htm.

代、新变革、新特征、新考验。教师党员作为学生的引路人,必须以高度的使命感和责任心扎实推进"新文科"建设,培养知中国、爱中国、堪当民族复兴大任的新时代文科人才和新时代的社会科学家,构建哲学社会科学中国学派、创造光耀时代、光耀世界的中华文化。第二,发挥好学校政治经济学学科党支部建在教研室上的优势。要落实把党建工作和学科建设工作结合起来,把党建工作做实,为学科发展提供组织保障。第三,鼓励全体教师党员利用好课堂这个主阵地,抓好育人这个根本工作,在教学、科研和育人中做好专业优化、课程提质、模式创新工作。①

厦门大学教育研究院以支部党课为抓手推动新文科建设。党支部书记讲党课引领教育学学科建设,在新文科建设这一概念提出之后,学院党委书记刘振天教授作《新文科建设:新时代中国高等教育"新文化运动"》的专题党课。党课内容中添加了新文科建设讨论,激发学科成员对新文科建设的思考,引起学科成员对新文科建设的共鸣。并从学科历史、文化的角度将学科发展与新文科使命衔接,树立学科自信和学科自觉。此外,厦门大学生命科学院也高度重视党建引领学科教育事业发展,就此主题于2023年开展题为"党建+学科建设"的专题研讨会。

二要推动党建与人才培养相结合。以党建促人才培养,就是要强化人才培养的政治引领,促进人才培养与国家需求相衔接。党建与人才培养的结合点在于三方面。一是培养党的接班人,将专业教育与思想政治教育相结合,推动党员队伍建设和专业人才培养同向同行,形成队伍建设合力。

厦门大学新闻传播学院为创新党建工作,提出"马新班"全新概念。其具体措施是每年在新生中选拔一批学生,进行重点培养,目的是将其塑造成兼具政治信仰和专业素养、一颗红心跟党走的新闻传播高级人才。"马新班"以

---

① 李阳子.以党建引领学科发展 扎实推进"新文科"建设[EB/OL].(2020-11-05)[2024-12-30].
https://yuren hao.sizhengwang.cn/a/tjcjdxjjxyzzjjxxkdzb/201105/634205.shtml.

党建工作为引领，教育引导学生用"四个意识"导航，"四个自信"强基，"两个维护"铸魂，建设组织力过硬的战斗堡垒。与此同时，其先锋党支部以学生为中心，创新党建工作形式，用"互联网+党建"思维做好思想政治工作，开展富有感召力的党建活动。贯彻落实抓好"关键少数"的理念，全面提升全院学生政治理论学习的热情，打造引领力十足的"尖刀连"。①

哈尔滨工程大学外国语学院在教研部开展"融合三讲"活动，具体以讲政治、讲精神和讲规矩为引导，立体推进党建与外语人才培养队伍有机融合。政治功能作为支部促进队伍建设的第一功能，正逐渐从以往单一的思想政治建设领域拓展到学科队伍建设领域。该学院致力于探索价值引领、能力培养、知识传授三位一体的育人方式，并结合英语教育教学特点，重点突出提升学生文化自信与"了解中国、沟通世界"的责任担当与胜任力。结合《新文科建设宣言》要求、学校"三海一核"办学优势，探索强化"三海一核"特色科技英语方向课程建设。特别在相关课程本研育人中，突出培养能够胜任服务国家科技强国战略要求的"懂专业、能实践、肩使命"的复合型英语人才。②

三要推动党建与专业建设相结合。专业建设意在强调从党的立场和觉悟出发，思考专业内涵，构建专业未来架构。我国高校一直以来非常重视专业建设，专业是人才培养的载体，甚至一定程度上也是人才培养的生态。以党建促专业建设将是优化人才培养生态，从源头引领学生，夯实立德树人效果的基础工程。

党建促专业建设已有多方面探索。如推进专业课程改革，将课程的设计与乡村振兴、红色文化资源和国家需求等高度融合。浙江万里学院设计艺术与建筑学院通过"专业核心课程求精求新""平台模块课程共建共享""实习实

① 红专并进育"新"人——厦门大学新闻传播学院"马新班"先锋党支部[EB/OL].(2023-06-09) [2024-12-30].https://www.sizhengwang.cn/a/zyfwpt_gxdjzyk_zbgzal/230609/1543579.shtml.
② 哈尔滨工程大学外国语学院.助力"新工科"建设、"融合三讲"做实功[EB/OL].(2022-05-31) [2024-12-30].https://fld.hrbeu.edu.cn/2022/0531/c4719a293224/page.htm#:~:text=.

践课程做优做特"的建设举措,探索改革设计类专业新文科课程体系,打造
"党建+乡建"品牌。此外,该学院还通过开展校地支部联动、派送乡村科技特
派员、派送乡镇挂职锻炼、师生乡村社区设计实践等举措和活动,将课程设计
与乡村紧密结合在一起,助力乡村振兴发展。又如,推进党建与专业支部或
基层教研相衔接。武汉大学政治与公共管理学院围绕劳动与社会保障专业
师资队伍、专业发展、学生就业和实习实践、人才培养等方面,构建了本科生
"班级导师+职业导师"双导师培养模式,通过鼓励学生积极参与劳动实践、加
强社会调查,有效推动专业建设与党史党建工作的高度融合。

(二)西南大学教育学党建引领新文科建设的路径探索

西南大学教育学科作为学校历史最悠久的学科之一,有着优良的学科文
化和学科精神,高度重视学科队伍建设。新文科理念提出以来,教育学以新
文科思想为引领,深化学科建设改革,优化学科建设和事业发展规划,持续以
党的建设为基础,激发学科团队战斗力、凝聚力,不断提升学科育人与服务国
家需求的能力。

整体而言,西南大学教育学科主要在如下三方面推进了党建与教育学新
文科建设融合。

一是构建党建+学科+社会服务三位一体机制。新文科高度重视学科的
实践性,学科对国家需求的满足,当前西南大学教育学加快推进学科功能转
型与建设机制创新。新文科注重学科的实践性,强调在实践和服务中履行学
科功能,实现学科人才的培养。围绕这一学科特点,西南大学教育学持续强
化学科的社会服务功能,以党建引领学科社会服务工作,以社会服务倒逼学
科内涵建设和功能转换。教育学科在基础教育领域,职业教育领域和高等教
育领域开展了全方位学科实践,有效推动了基础教育、职业教育和高等教育
的发展和进步。

西南大学教育学部联合三峡职业学院在人才培养端改革，践行"村校共生、产教融合"的教学理念，探索创建"田间学院"，为乡村振兴蓄势赋能。朱德全教授提出，要形成"田间树人"理念，把人才培养、科学研究、社会服务三大职能融为一体，鼓励三峡职业学院冲破校园"围墙"创办"田间学院"，通过送教助产，推动脱贫攻坚，赋能乡村振兴。随即，一个从教育链到产业链的战略设计出炉：以"田间学院"为平台，探索了"五融合·五重构·五联动"的"三农"人才育人模式。[①]

西南大学教育学部博士生第一党支部开展"教育致行·科研助力乡村教育高质量发展"行动，为了发挥基层党支部战斗堡垒作用，实现党建与科研同向同行，持续助力乡村教育振兴。西南大学教育学部博士生第一党支部在静观镇中心小学校开展了"教育致行·科研助力乡村教育高质量发展"特色党建活动。双方前期的深度合作，成功帮助静观小学申报了四项区级课题，并希望继续推进课题研究，将静观小学"科研兴校，科研兴教"的发展思想持续贯彻下去。科研帮扶暖心怀，党建引领促成长。党员同志们纷纷表示，要走出"书斋"，走进乡村一线，积极探索科研助力乡村教育高质量发展，把论文写在祖国大地上。[②]

二是以党建引领和整合学科资源，凝聚发展动力。西南大学教育学科分散于学校多个机构，力量分散，为更好凝聚力量，教育学科各机构同在一个支部下开展活动。西南大学教育学部党委既包括教育学部，也包括教育学部西南民族教育与心理研究中心，还包括乡村振兴战略研究院等机构，在党委组织引领下教育学部党建促进新文科建设的力量更易得到释放。近年来，教育学科在科研、人才培养和社会服务等领域取得了诸多成果，其中多数成果面

① 吴雅娇.完善教育、链做强产业链，三峡职业学院牵手西南大学创办"田间学院"[N/OL].三峡都市报，(2024-07-03)[2024-12-30].http://www.sxcm.net/education/2024-07/034/content_52107742.htm.
② 西南大学教育学部."教育致行·科研助力乡村教育高质量发展"行动[EB/OL].(2023-04-19)[2024-12-30].http://jyxb.swu.edu.cn/info/1245/7836.htm.

向民族地区发展,面向乡村振兴等领域。如"三区三州"教育扶贫阻断贫困代际传递、"西藏教学改革支持计划"援助行动,以及乡村学校美育改革活动等。

教育学科专家学者李玲、张学敏、么加利教授带领学科团队,以促进教育公平、发展民族教育、提升教育质量为目标,对接国家急需解决的重大教育战略问题,围绕"体制改革与城乡教育治理、人口变动与教育发展、民族教育与反贫困"三个方向,建设"田野自然追踪、追踪案例、决策支持系统、政策仿真模拟"四大平台,对西部107个县(旗)、203个村寨及385所学校进行追踪研究后提出解决方案。围绕"三区三州"深度贫困地区的教育扶贫成效评估问题,27名教师先后200人次在327个乡镇开展实地调研,形成《"三区三州"教育扶贫成效评估办法》等系列报告,获教育部相关领导高度肯定和重要批示。

学科专家宋乃庆、陈婷教授带领学科团队受教育部委托承担"西藏教学改革支持计划"专项任务。以习近平总书记提出的"教育是争夺下一代的灵魂工程"为指导,秉承"缺氧不缺精神,海拔高追求更高"的精神,15次进西藏七市(地)工作,通过大规模调研,以基地学校建设、名师培养、教学成果培育、教育信息化为抓手,促进了西藏教育质量提升和教育公平。

不仅如此,教育学科近年获批的国家社科基金以及其他重点重大项目等大多瞄准类似主题开展研究,从某种意义上说,科研和人才培养的聚焦方向和力量生成与党建工作的开展有重要深层关联。

三是以党建引领重大工程和学科团队建设。如前所述,党建是战斗力生成的重要保障,在关涉学科建设的重要事项上,教育学科均注重发挥党建功能,确保发展方向和发展动力。西南大学教育学科在新文科建设过程中,注重体现新文科的中国性,强化本土人才培养,高层次拔尖创新人才的自主培养以及科研成果的时代性与国家性等。

在一流学科建设进程中,持续推动党建与学科建设的融合,确保学科建设与人才培养体现文科的当代使命与价值。西南大学教育学部自2011年组建至今,坚持和强化党的建设是"先手棋""决胜招",党旗始终举旗定向,党性始终深抵人心。西南大学教育学部各支部通过抓牢、抓实支部标准化、规范化建设,充分发挥支部和党员的优势力量和示范作用,推进教育学"一流学科"建设,基层党组织和党员弘扬科学精神,心怀中国共产党人的信仰,树立坚定的理想信念。在新征程的路上,西南大学教育学部党委持续加强组织力建设,以高质量党建为教育学"一流学科"建设赋能增效。

在教师团队建设中,同样强调党建的引领。2023年,西南大学教育学部部长朱德全教授领衔的教育学领域"职业教育融通与课程教学统整"教师团队成功入围全国黄大年式团队,为进一步加强教育学"一流学科"建设,发挥高校黄大年式教师团队的示范作用,推动团队党建工作与科研工作的深度融合,在西南大学组织部和学部党委的大力推动下,教育学部成立"融通职教"黄大年式团队党支部。黄大年式团队党支部秉持"以党建带学术,以学术促党建"的行动逻辑,一是要以党的先进理论为指导,组织支部成员认真学习掌握习近平新时代中国特色社会主义思想,全面贯彻落实党的各项教育方针、政策;二是要以制度建设为抓手,完善支部的"三会一课"制度、民主生活会制度、民主评议制度等,全面提升党支部的组织力;三是要以支部活动为依托,通过开展"去乡村了解民生民情""去学术高地提升科研能力"等多项支部活动,融通理论与实践、校内与校外、党建与学术,最终将西南大学教育学部黄大年式团队党支部打造成有理论高度、有实践宽度、有情感温度的鲜活党支部。①

二、立德树人引领新文科建设的实践探索

立德树人是新文科建设的内在要义及价值旨归。新文科建设的任务包

---

① 西南大学.教育学部党委成立"融通职教"黄大年式团队党支部[EB/OL].(2022-10-14)[2024-12-30].http://zzb.swu.edu.cn/info/1003/1812.htm.

括推动形成哲学社会科学中国派及其人才培养,重点解决"为谁培养人""如何培养人"以及"培养什么人"的关键问题。在高校新文科建设实践中,立德树人是重大主线,是学科建设的逻辑起点。当前,我国高校在新文科建设中开展了诸多探索,创建了行之有效的立德树人引领机制和路径。

(一)国内高校立德树人引领新文科建设的路径探索

立德树人引领新文科建设,就是将人才培养作为学科建设的重要任务,如推进课程思政融入新文科建设,推进审美教育与文科的结合等,国内高校在新文科立德树人上有较为多元的探索,为新时代高校文科教育添色。

以美育为引领。美育是审美教育、情操教育、心灵教育,也是丰富想象力和培养创新意识的教育,能提升审美素养、陶冶情操、温润心灵、激发创新创造活力。深化文理交叉,加强审美教育,提高学生审美和人文素养。学者认为,美育为新文科人才培养建立精神追求,提供艺术指导,创造社会价值。[①]在新文科建设的背景下,美育即将面对的是一种文理、情理深度互嵌的学科教育体系,使各个学科在自身专业基础上指导学生进行审美活动的教育,由此联结人的感性能力和理性能力。

常州大学人文社会科学专业在建设新文科进程中,突出美育引导,以美育人。该校艺术类专业以场景感受和艺术展演方式学党史、悟思想,挖掘美育新模式以美育人,探索"美育+思想政治教育"的新途径。相关专业通过开展红色写生教学、举办红色写生周展览、创作红色文化作品,力图做好学生价值导向,从而达到学党史、体文化、悟大爱、练专业"四位一体"有机结合。此外还通过组织策划原创红剧,以当代青年的人生追求为主线,展现当代青年为创造美好生活而努力拼搏的人生选择。

华中师范大学深入学习贯彻习近平总书记关于教育的重要论述,紧紧围

---

① 李佩恒,储小妹.将美育教育融入新文科人才培养全过程[EB/OL].(2023-05-05)[2024-12-30].
https://www.jsthink tank.com/xhrbzkzk/202305/t20230505_7926751.shtml.

绕立德树人根本任务,以社会主义核心价值观为引领,坚持以美育人、以文化人,构建以美育为先导的德育体系,着重打造"以人民为中心的主题创作课""笔尖上的思政课""行走的思政课",形成同向同行、互融互通、共建共享的"思政+美育"协同育人模式,着力增强育人实效。

山东工艺美术学院贯彻"坚持以人民为中心的创作导向,推出更多增强人民精神力量的优秀作品"[①]的要求,坚持"为人民而设计"的办学理念,把艺术之美融入思政教学。通过挖掘生活之美、艺术之美、文化之美,涵养学生的家国情怀、把准时代脉搏、引领社会风尚,有效激活了学校特色育人基因,打造了具有自己特色的思政工作品牌。

福建师范大学则试图通过聚焦特色实践,提升新文科文化浸润力,深化美育教学实践。该校依托艺术学科的优势资源,坚持以美育人、以文化人,构建多学科美育教学、专业化美育实践、多平台美育活动、普及化美育服务"四位一体"的美育工作机制,提高学生审美能力和人文素养。

以课程思政为支柱。新文科是注重课程思政的,强调学科的人民性、国家性和民族性等重要指向。新文科建设是立足于提升国家综合实力、展现文化自信、培养担当民族复兴大任的时代新人角度上提出的全新战略。因为新文科建设与课程思政建设的理念是一脉相通的,所以以新文科思维推动课程思政建设,不仅可以发挥好文科教育特有的价值塑造和道德培育功能,还可以深化课程思政建设,从而不断完善人才培养体系和提升人才培养的能力。

陕西科技大学将以学科思政为引导,以专业思政为纽带,凝练专业学科的学术特色,整合提升课程思想与政策,与价值塑造、知识传授、能力培养相互促进,为新文科背景下的人才培养指明路径和方向。该校经济与管理学院按照新文科理念,积极探索课程思政教育的创新方法,建立了"一线三阶三融合"的思政教育模式,通过教学内容的创新整合、学习共同体的形成和学习情

---

① 铁凝.推出更多优秀作品增强人民精神力量[J].求是,2023(1):58-62.

境的创设,实现学生价值塑造与能力发展的深度融合。特别是以"讲好中国政策故事"为主线,融入"认知—认可—认同"三个层次的思维方式,将"政策—问题—思政"融入其中。得益于思政模式在课程中的创新,学校德育工作取得了显著成效,学生的学习效率、专业素养、高阶思维能力和解决复杂问题的能力不断提升。

北京第二外国语学院作为新文科研究与改革实践项目的首批单位之一,正在积极贯彻落实国家、北京市委的相关政策精神,不断探索思政文化育人的办学特色,构建具有中国特色的文科人才培养体系,提高人才培养质量,主要包括以下几个方面。一是制定学校层面的制度,优化培养设置,支持教师建设思政课程。二是挖掘课程思政元素,融入课程教学,强化示范引领。三是坚持评建挂钩,完善课程思政建设体系,教育学生成为德智体美劳全面发展的社会主义建设者和接班人。

(二)西南大学教育学立德树人引领新文科建设的实践

西南大学教育学科在新文科建设进程中高度重视立德树人这一根本任务,持续致力于学科育人功能的释放,力图在三个维度夯实本学科立德树人成效。

第一,强化教育学课程思政建设。教育学科以课程思政重点课程建设为"点",以课程大纲修订工作为"面",构建从"一枝独秀"到"百花齐放"的课程思政建设生态体系。课程建设着重强化价值观教育的引领地位,将担当精神、社会责任感等作为课程育人的必备品格,示范引领其他课程回归育人本质。2022年,教育学部各本科专业课程大纲全部修订,此次修订的特色之一即是在大纲构建体系中增设课程思政模块,对于每门课程的实施均要理清其与课程思政之间的关系,并阐明具体实施路径等。本次大纲修订探索构建专业课程"一体化育人格局",建立课程目标与毕业要求、课程内容、教学方法、考核方式之间的"矩阵"关系,实现每门课程的育人目标环环相扣、层层递进、共同支撑学生毕业要求的达成。各环节"联动互治",将课程思政建设理念贯穿于人才培养和课程建设的全环节和全链条。通过课程大纲建设推进课程负责人思考课程思政建设是教育学科立德树人的重要抓手,取得了良好成效,抓住了课程建设"主战场"和课堂教学"主渠道",课程思政实效显著提升,涌现出重庆市"向上向善好青年"等先进典型。深度影响少数民族学生思想发展,超过70%的少数民族学生递交了入党申请。年均100余名少数民族学生投身实践服务,服务时长上万小时,受到社会广泛赞誉。

第二,强化美育与学科建设相融合。为更好促进学科人才培养,教育学科教师赵伶俐教授成立了伶俐美育基金,迄今为止已开展四期,共评选各类奖助者近40人,优秀机构近10个,对扩大美育研究影响力,以及促进教育学科建设,强化学科研究,学科人才与一线实践互动搭建了优质平台。赵伶俐教授认为:"美育是审美教育、情操教育、心灵教育,也是丰富想象力和培养创新意识的教育,能提升审美素养、陶冶情操、温润心灵、激发创新创造活力。"美实质上就是人按照美的规律进行实践的智慧,是创造性和自我净化等本质力量的显现。而美育则是按照美的规律提高自身和社会生活精神内涵的教育。在建设新文科的过程中,要以美育引领学科建设,提升美育对大学生综合素质的影响力,推动大学生德智体美劳全面发展。

立足学科知识体系和学科属性,大力推进在学科实践中育美。西南大学教育学科为更好践行教育赋能乡村振兴战略,将教育学术研究与实践写在祖国大地上,培养反哺乡村教育的时代教育学人。2022年7月3日至7月15日,西南大学教育学部联合中国滋根乡村教育发展与促进会、西南大学乡村振兴战略研究院(中国乡村建设学院)、重庆市委政法委乡村振兴帮扶集团驻沧沟乡工作队、重庆巴渝农耕文化陈列馆、北碚区兼善文化课堂等单位,开展了为期13天的农耕文化与乡村美育社会实践活动。通过乡土文化调研,走进乡村儿童美育学堂等,引导青年学子关注乡村,理解乡村,积极挖掘乡土文化并探索其美育价值。

为更好弘扬乡村美育价值,促进乡村美育事业发展,西南大学美育研究院和四川美术学院艺术教育学院,会同清华大学、中央戏剧学院、国家话剧院、巴黎第八大学等高校的美育学者们到北碚开展新时代美育工作交流指导活动,实现"各美其美,美美与共",共促新时代大美育视域下学校美育新发展。

第三,强化制度引领立德树人。制度引导立德树人是教育学科育人的重要路径,通过人性化构建有教育性的制度体系,潜移默化促进人才培养质量,夯实人才培养立场与价值根基。教育学科根据人才培养过程设计构建了多元化、立体引导制度。一是形成党建育人制度。西南大学教师党支部形成了"如何用党建和思想政治工作引领'双一流'建设""如何把立德树人落实到教书育人各环节"讨论制度,学生党支部形成了"如何成长为担当民族复兴大任的时代新人"的讨论制度,并从党建与思想政治工作、教师队伍、教育教学、管理体制、保障机制等方面,为推进学校落实立德树人根本任务提出了共计100余条建议。二是建立了高质量专业教育制度。如成渝地区双城经济圈虚拟教研室制度,有效凝聚了西部地区教育学科力量,为更高质量育人奠定了基础。如建立了教育学文科实验教学制度。着眼未来技术发展和学科交叉需求,西南大学教育学部日益重视实验教学,建立了教育机器人、steam教育和人工智能教育等实验室,形成了完备的实验教学体系,同时建立了完善的实验教学制度,通过制度引导学生培养科学精神,致力于教育实践问题的有效解决、科学解决。三是建立了教育学学生素质发展管理制度。连续十四年举办"学生素质拓展节""本博牵手计划"等活动,致力于形成传承发展"乐学、善学、博学"的优良学风,鼓舞学部学子奋发向上、知信行统一。

三、党建与立德树人引领新文科建设的反思

事实上，党建与新文科建设相融合的探索在国内高校已日益普遍，西南大学教育学科进行了多维实践，有一定的经验积累，但同样存在很大的创新空间。总体审视国内高校和西南大学教育学科的实践探索，笔者认为有三方面显著特征。第一方面，党建引领将是文科发展的新常态。文科关乎人文和社会科学发展，是影响国家治理、文化繁荣和科技进步的重要内在力量，也是文化自信和道路自信的重要表现，党建与新文科发展在不同层次和要素上耦合，是新文科人才培养和文科功能发挥的保证，也是立德树人能否取得实效的基础。第二方面，将课程思政作为新文科立德树人的关键支柱。各高校在新文科建设过程中，多强调课程思政的实施与创新，将其作为立德树人成效检验的重要基础，这是新文科的重要特征和内在要求。第三方面在新文科立德树人上强化美育的引领功能，尤其是教育学学科人才培养与美育的耦合探索有较为丰富的经验，取得了较好的成效。

当今社会，各种思潮相互激荡交汇，新科技革命和产业革命既带来机遇也裹挟风险而至，面对社会和个人面临的各类信念问题、治理问题等，加快文科人才培养改革和创新，推进孕育立足中国语境和本土化的知识生产方式和创新成果是重要改革和努力方向。新文科建设是我国文科创新发展以及培养适应时代需求人才的重要举措，是形塑软实力、关键巧实力、硬实力和锐实力的支撑，以党建和立德树人引领新文科建设是为党育才和为国育人的高度统一。

第四章

课程设置与教学方式改革

党的二十大报告明确提出，坚持教育优先发展、科技自立自强、人才引领驱动，加快建设教育强国、科技强国、人才强国，坚持为党育人、为国育才，全面提高人才自主培养质量，着力造就拔尖创新人才。[①]高校在国家科技自立自强、人才自主培养质量提升和拔尖创新人才造就方面肩负着重要使命，也必将发挥重要作用。而高校这种使命的践履和作用的发挥离不开学科的创新发展，特别是文科的振兴和发展。其实《新文科建设宣言》已经对新时代文科教育的价值定位、基本遵循和发力方向进行了精准研判，旗帜鲜明提出新时代新使命，要求文科教育必须加快创新发展。具体来看，提升综合国力、坚定文化自信、培养时代新人、建设高等教育强国、文科教育融合发展都需要新文科建设。据此要坚持走尊重规律、立足国情、守正创新和分类推进的中国特色的文科教育发展之路。在这些共识和遵循的基础上，《新文科建设宣言》谋划了文科教育发展的主要任务：构建世界水平、中国特色的文科人才培养体系，具体包括明确总体目标、强化价值引领、促进专业优化、夯实课程体系、推动模式创新和打造质量文化六个方面。[②]这是新时代新征程文科教育内涵式发展的重要指引，也是文科教育何以更好为党育人、为国育才的行动方向。

在这样的时代诉求中，推进新文科建设已然成为大势所趋。而新文科建设的重要遵循之一便是"坚持分类推进"，这意味着，探索分学科门类的建设之路是新文科建设走向深化的基本方略。就教育学科而言，应该着力于"培元育才"实现新发展，回应新文科的内在要求。新文科建设的重点任务就在于"新专业或新方向、新模式、新课程、新理论等方面的探索与实践"，如开发新课程、编写新教材、运用新手段，开发新思维。[③]这就是说，教育学新文科建设要基于对"培元育才"这一核心任务的把握，"紧紧抓住课程这一最基础、最关键的要素，持续推动教育教学内容更新"，[④]在课程设置和教学方式改革上探索新理念、新思路和新方法，不断促进教育学领域新文科建设深化发展。

① 习近平.高举中国特色社会主义伟大旗帜 为全面建设社会主义现代化国家而团结奋斗——在中国共产党第二十次全国代表大会上的报告[N].人民日报,2022-10-26.

② 教育部.《新文科建设宣言》正式发布[EB/OL].(2020-11-03)[2022-10-11]. https://news.eol.cn/yaowen/202011/t20201103_2029763.shtml.

③ 樊丽明."新文科"：时代需求与建设重点[J].中国大学教学,2020(5):4-8.

④ 教育部.《新文科建设宣言》正式发布[EB/OL].(2020-11-03)[2022-10-11]. https://news.eol.cn/yaowen/202011/t20201103_2029763.shtml.

第一节
课程与教学改革的背景勾画

课程是育人的重要抓手,教学是育人的基本方式。培养什么人、怎样培养人和为谁培养人是教育的根本问题,这一问题的求解在实践层面离不开课程与教学。新文科建设指明了人才培养的新方向,提出了人才培养的新要求,这是新文科建设进程中课程与教学改革的现实遵循。因此,探讨教育学课程与教学改革的背景,就是要定位指向新文科建设的课程与教学的坐标,进而为课程与教学的持续深度改革廓清出发点。

一、课程与教学改革的宏观背景

教育是社会的重要子系统之一。教育的发展离不开社会经济、社会需求和科学技术等方面的制约。新一轮的科技革命和产业变革带来了一系列的全方位的变革,对人类的价值观念、生产方式、生活方式产生着深刻的影响。知识的爆炸性增长与技术的爆发式突破,不断催生着新产业、新业态。这些新产业、新业态的出现加大了社会对复合型人才、创新型人才的需求,让高校课程与教学改革面临着新机遇和新挑战。教育学在新文科建设中担负着"培元育才"的使命,其课程设置与教学方式改革离不开以下宏观背景。

第一,社会经济发展推动教育学课程与教学改革。在经济全球化的时代浪潮中,人类逐渐走进一个充满不确定性、不断变化、复杂性与模糊性并存的世界。这样的时代更加需要人类以开放性的共同体思维、团结互助的合作方式共同面对挑战,共同创造未来。21世纪以来,创新发展战略逐渐成为各国的共同需求。教育学专业建设与发展在这一浪潮中获得了新的历史机遇,其课程与教学改革应顺应经济发展的潮流。社会经济发展改变了教育学专业的知识生产模式。由英国学者迈克尔·吉本斯(Michael Gibbons)等人提出的知识生产模式1以单一性、标准化、结构层级化、科学化为特点,是社会在传统的专业分工体系之下的产物;知识生产模式2作为一种跨学科模式,具有动态性、应用型、多样性等特征。由埃利亚斯·G.卡拉雅尼斯(Elias G. Carayannis)提出的知识生产模式3具有多形态、多层次、多节点、多主体以及多边互动等特点。教育学不仅仅是知识生产模式1所代表的传统的单一性标准化专业,也不仅仅是知识生产模式2所代表的跨学科交叉性专业,而是一种开放性、协同性、复杂性、创新性的新型知识生产模式3。这种新型知识生产模式对教育学提出了新的要求,需要突破传统的人才培养方式的独立性,"从知识增长到问题解决、从线性发展到螺旋上升、从学者推动到多元协同、从理论创新到应用创新"。①

第二,社会人才需求拉动教育学专业培养复合型、创新型人才,亟待教育学课程与教学改革作出回应。新文科非常重视国家的建设与社会的发展对人才的需求。自20世纪50年代美国产生威斯康星思想以来,高校的社会服务功能日益凸显,培养社会所需要的人才是高等教育的职责所在。新文科建设的一个使命就在于为人文社会科学研究、公共文化服务、社会治理实践等培养具有创新创业能力、跨界整合能力的高素质人才。②这样的背景对教育学专业人才培养提出了新要求,主要体现在对复合型、创新型人才的需求。传统的教育学专业主要是以传承为主,新文科对教育学专业的要求是以创新为主。有研究表明,不断追求更高质量的教育全面现代化进程要求教育实践工作更专业、更智慧、更有研究基础,在这个背景中教育学本科专业因不能满

---

① 白强.知识生产模式变革下一流学科建设的逻辑转向与机制建构[J].大学教育科学,2022(5):14-22.

② 周毅,李卓卓.新文科建设的理路与设计[J].中国大学教学,2019(6):52-59.

足这些主流趋势而面临着更内在的价值危机。[①]因此,教育学要培养复合型、创新型人才,必须调整人才培养模式,优化专业设置结构,通过多学科专业的交叉融合,探索教育学专业课程与教学改革路径。

第三,科技进步使得教育学课程设置与教学方式呈现新面貌。"新文科"之新首先在于新科技发展与文科融合引致的文科新增长点,[②]传统的文科专业人才培养模式、课程设置面临新的挑战,科学技术的进步催生着新的学习方式、教学方式,带来新的课程形态。首先,科技进步带来新的学习方式与思维方式。互联网、大数据、人工智能、虚拟现实技术使得学习者告别传统的以记忆为主的学习方式,转向了以理解、运用、分析、综合、创造等为主的个性化学习。丰富的学习资源,跨时空的学习场景,为学习者创造了大量的学习机会,逐渐形成一个学习型社会。其次,科技进步带来新的教学方式。由于教学资源的丰富性、教学空间的多样性、教学时间的灵活性,使得教学方式从传统的以教为中心的逻辑转化为以学为中心的逻辑。在大数据、人工智能等科技的推动下,因材施教、个性化教学成为主要的教学方式,实现促进每个人个性自由发展。最后,科技进步带来新的课程形态。随着学习方式与教学方式的变革,逐渐产生了一些非正式性、非连续性的课程形态。此外,高质量教育支撑体系的建设将为教育学课程与教学改革提供物质保障。《教育部等六部门关于推进教育新型基础设施建设构建高质量教育支撑体系的指导意见》(教科信〔2021〕2号)指出,要深入应用5G、人工智能、大数据、云计算、区块链等新一代信息技术,充分发挥数据作为新型生产要素的作用,推动教育数字转型,建设信息网络、平台体系、数字资源、智慧校园、创新应用和可信安全新型基础设施。这些新型基础设施为教育学专业数字化、信息化改革与建设提供了物质基础。

① 余清臣.教育学为何能是当代本科专业?——面向教育全面现代化的教育学本科专业变革与建设[J].国家教育行政学院学报,2022(3):36-45.
② 樊丽明.新文科建设:走深走实 行稳致远[N].中国教育报,2021-05-10(5).

第四,新文科建设要求教育学课程与教学作出时代回应。新文科建设的一个基本理念就在于"用拓展的方式组织人文学科的知识管理,极大程度地把新知识的探索加载到已经走向失效的现有人文学科,让其获得新的生命"。①新文科建设不仅要求实现人文科学与社会科学的交叉融合,更倡导文科与理科的交叉融合,还要求结合社会发展新需求、科学研究新成果以及学科交叉融合新趋势,共同推动课堂革命,将线上与线下相结合、虚拟与现实相结合、社会实践与理论学习相结合。在这样的背景下,教育学课程与教学急需予以回应。总之,教育学课程与教学改革是新文科建设的历史使命。2016年5月17日,习近平总书记在哲学社会科学工作座谈会上的讲话指出:要按照立足中国、借鉴国外,挖掘历史、把握当代,关怀人类、面向未来的思路,着力构建中国特色哲学社会科学,在指导思想、学科体系、学术体系、话语体系等方面充分体现中国特色、中国风格、中国气派。体现中国特色哲学社会科学的继承性、民族性、原创性、时代性、系统性、专业性。②教育学作为新文科建设的重要组成部分,其课程设置与教学方式改革既要立足中国国情,也要借鉴国外先进经验模式,在传承中华优秀传统文化的过程中守正创新,把握时代要求。

二、课程与教学改革的价值诉求

教育学课程与教学改革的价值诉求须回应新文科建设的内涵与要求。有学者指出,新文科的内涵包括两个方面:一是在现有文科基础上,更新教学内容、改革教学模式,为基础性改革;二是实现跨学科专业人才培养模式,对

---

① 吴岩.“守城”到“攻城”:新文科建设的时代转向[J].探索与争鸣,2020(1):26-28.
② 习近平.在哲学社会科学工作座谈会上的讲话[EB/OL].(2016-05-19)[2022-10-19].http://www.scio.gov.cn/31773/31774/31783/Document/1478145/1478145_1.htm.

人才培养基本理念、目标定位、课程体系等进行结构重塑,为深化性改革。①
新文科建设在于"推动文科教育创新发展,构建以育人、育才为中心的哲学社
会科学发展新格局,建立健全学生、学术、学科一体的综合发展体系",②以励
志维新为目标,以温故知新为原则,以融通致新为方法,以优评促新为保
障。③由于教育学专业的内容构成具有多元性、价值性的特征。课程与教学
改革应促进教育学专业结构优化,提升专业建设整体水平,夯实教育学专业
课程体系,创新优质课程资源,推动教育学专业教学模式创新。

在改革的价值取向上,"统筹推进'五位一体'总体布局和协调推进'四个
全面'战略布局,建成社会主义现代化强国,实现中华民族伟大复兴,对高等
教育的需要,对科学知识和优秀人才的需要,比以往任何时候都更为迫
切"。④因此,新文科建设背景下的教育学课程与教学改革应体现中国价值。
"中国价值"是一种"具有中国特色的公共性价值信念"。⑤新文科背景下教育
学课程与教学改革必须能够准确、及时回应时代要求、国家战略的重大问题、
迫切问题。强化教育学专业的价值导向性,坚持落实立德树人根本任务。

在人才培养目标上,"坚持把立德树人成效作为检验高校一切工作的根
本标准,用习近平新时代中国特色社会主义思想铸魂育人,加快构建高校思
想政治工作体系,推动形成'三全育人'工作格局。"⑥"培养大批有理想、有本
领、有担当的高素质专门人才,为全面建成小康社会、基本实现社会主义现代

---

① 周毅,李卓卓.新文科建设的理路与设计[J].中国大学教学,2019(6):52-59.

② 教育部.《新文科建设宣言》正式发布[EB/OL].(2020-11-03)[2022-10-11]. https://news.eol.cn/
yaowen/202011/t20201103_2029763.shtml.

③ 龚旗煌.新文科建设的四个"新"维度[J].中国高等教育,2021(1):15-17.

④ 教育部.教育部关于加快建设高水平本科教育全面提高人才培养能力的意见[EB/OL].(2018-10-
08)[2022-11-12].http://www.moe.gov.cn/srcsite/A08/s7056/201810/t20181017_351887.html.

⑤ 袁祖社."中国价值"的文化发现及其实践意义[J].中国社会科学,2017(8):24-42,203-204.

⑥ 教育部.教育部关于深化本科教育教学改革全面提高人才培养质量的意见[EB/OL].(2019-10-08)
[2022-11-12].http://www.moe.gov.cn/srcsite/A08/s7056/201910/t20191011_402759.html.

化、建成社会主义现代化强国提供强大的人才支撑和智力支持"。①新文科建设背景下的教育学课程与教学改革应致力于培养时代新人，落实立德树人根本任务，促进学生树立正确的世界观、人生观、价值观，培育高素质复合型创新人才，使学生成为德智体美劳全面发展的建设者和接班人。

在课程的功能定位上，新文科建设背景下的教育学课程与教学改革应服务社会。原有的教育学课程设置以学科为中心，主要助推高校发挥其人才培养、科学研究的功能。高校的社会服务功能与课程设置相对疏离，然而随着社会问题的复杂化、跨界化，社会对教育学专业人才的需求逐渐突破原有的界限。教育学课程设置离不开自身学科内在规律，也逐渐离不开与其他人文或自然学科之间的渗透、融合与拓展，亟待形成多个"教育学+"等新型课程形态。这要求教育学专业需要尝试探索开设跨院系的课程，优化课程结构、平台资源、师资力量等，加强教育学专业与其他人文学科，甚至自然学科的有机结合，从课程层面推动高校提升自身的社会服务水平。

在课程结构设置上，"立足经济社会发展需求和人才培养目标，优化公共课、专业基础课和专业课比例结构，加强课程体系整体设计，提高课程建设规划性、系统性，避免随意化、碎片化"。②在这一诉求下，新文科建设背景下的教育学课程与教学改革应注意交叉融合，突破传统文科的学科壁垒。新文科作为一种"超学科"，不仅意味着学科之间的交叉融合，打破学科与非学科界限；更意味着打破种族、文化、制度、国家地区等隔阂，以共同体思维面向生活世界复杂问题解决的创新性研究与教育。③

在课程与教学内容设计上，"将中国特色社会主义建设的最新理论成果

①　教育部.教育部关于加快建设高水平本科教育全面提高人才培养能力的意见[EB/OL].(2018-10-08)[2022-11-12].http://www.moe.gov.cn/srcsite/A08/s7056/201810/t20181017_351887.html.

②　教育部.教育部关于深化本科教育教学改革全面提高人才培养质量的意见[EB/OL].(2019-10-08)[2022-11-12].http://www.moe.gov.cn/srcsite/A08/s7056/201910/t20191011_402759.html.

③　赵奎英."新文科""超学科"与"共同体"——面向解决生活世界复杂问题的研究与教育[J].南京社会科学,2020(7):130-135.

和实践经验引入课堂、写入教材,转化为优质教学资源。鼓励支持高校开设跨学科跨专业新兴交叉课程、实践教学课程"。①故而,新文科建设背景下的教育学课程与教学改革应该具有鲜明的时代品性和创新意识。而这依赖教育学研究本身的创新,具体来看,"在新文科建设的时代背景下,教育学研究要通过创新研究思维来积极开展跨领域、跨学科和跨专业研究,以自身的变革来提升国际影响力,以教育质量的改善彰显教育学理论的学术品质和实践服务功能,着力于解决当下人民向往美好生活与教育发展不平衡、不充分之间的矛盾"。②如此一来,教育学研究本身的创新成为教育学领域课程与教学内容创新的源头活水。

第二节
课程与教学改革的实践行动

改革的指导思想和价值理念只有通过具体生动的实践才能体现和落实,课程与教学作为育人的关键环节,改革总是处于"在路上"的状态,而新文科无论作为一种理念还是实践,都是在一定的基础上不断发展的,这个基础就是过往实践。从这个意义上讲,在推进新文科建设的进程中,回视自我课程与教学改革的"历程",同时放眼同行正在进行的探索,是课程与教学在新发展阶段何以与新文科建设同向同行的必然之思。

---

① 教育部.《新文科建设宣言》正式发布[EB/OL].(2020-11-03)[2022-10-11]. https://news.eol.cn/yaowen/202011/t20201103_2029763.shtml.

② 王兆璟.新文科建设与教育学的时代变革[J].西北师范大学学报(社会科学版),2019,56(5):31-35.

一、课程与教学改革的自我探索

西南大学教育学部的教育学专业坚持"国际化、精英化、综合化"的办学理念,以拔尖创新人才培养为目标、以高水平教师团队建设为基础、以优质课程教材建设为支撑、以扎实实践能力培养为突破,着力为社会培养"厚基础、宽口径、强能力、高素质"的复合型教育专门人才,致力于建成国内一流、国际有一定影响力的教育学本科特色专业。

一是精英化。通过小班化教学、本科生导师制、本博牵手、项目资助等方式,培养教研型教师、学术型教研员、专家型管理者和教育学术研究人才,重点为国内外著名高校培养攻读教育学博士、硕士学位的后备人才。

二是综合化。以"4+x"为基础,通过"重合式4+x"的教师教育、"叠加式4+x"教师专业教育、"4+x+x硕博式"研究生教育等多种模式,依托搭配合理的综合化课程体系和实践导向的过程性培养,借助演讲比赛、课堂教学大赛、学术作品竞赛等十项全能比赛活动,着力培养具有跨学科优势和素质全面的综合化人才。

三是国际化。在立足西南、辐射全国、走向全球的理念引领下,通过人才交流与队伍建设、海外专家授课、双语教学与研究、项目合作与成果推广,培养具有国际视野、创新精神的前沿人才,建设具有国际影响的教育学本科专业。2015年3月以来,西南大学教育学部积极推进"国际化教育人才实验班"工作,打造教育学特色专业的新高点。

在课程体系改革方面,根据国际国内教育改革的动向和需求以及学校的办学定位和专业建设目标,以"宽基础、强能力"的课程建设为总体指导思想,在课程体系上突出强化外语能力、夯实专业基础、突出方法素养、体现研究品位的特色,确定了通识教育课程、学科基础课程、专业发展课程、实践教学以及自主创新学习融合一体的凸显基础课程与专业课程、必修课程与选修课程、理论教学与实践课程搭配合理、特色鲜明的课程体系。

一是全面推进全英文课程计划。聘请英国伦敦大学大卫·哈尔平（David Halpin）等知名教授为学生主讲1—2门全英文课程,在学部内部充分利用留洋归国博士以及具有良好外语能力以及具有海外访学经历的教师资源开发5—8门全英文课程,并开设高级英语。2011年以来,以推进全英文专业建设为契机,西南大学教育学部规划了20余门全英文课程的建设。2016年12月,教育研究理论与实践课程成功入选全国"第二期来华留学英文授课品牌课程"名单。

二是强化各方向的基础课程,设立满足各个方向需要的专业特色课程。基础课程方面,确立了教育原理、中外教育史、课程论、教学论、教育科学研究方法、普通心理学、发展心理学、教育心理学、教育管理学、德育原理等课程作为专业核心基础课程,夯实学生的专业根基。在专业发展课程方面,设置体现各方向培养目标定位与特色的专业方向课程。

三是强化实践性课程,开设社会实践、专业实习、小课题研究、毕业论文设计、教育观察、读书汇报会等实践课程。各方向均实施实验学校扎根计划,如教育学方向的晏阳初创新人才实验班,在北碚晏阳初中学设立"教学实验基地",为晏阳初创新人才实验班学生每学期提供十周(每周1次,每次时间为半天,每年级安排2学期)的教育教学观摩和实践锻炼的机会,让学生扎根实验学校,深入班级与课堂,开展"助教""助管""助研"活动。

四是强化选修课程。设置跨专业选修课程。设置专业发展选修课程,包括通识教育拓展模块,学术强基课程模块、学术发展方向课程模块和拔尖人才培养课程模块。其中,拔尖人才培养课程模块包括创客教育、人工智能教育应用、创新思维训练、学习科学与教学创新、教师发展与教学研究等,力图通过跨学科、跨领域知识与技能培养本科拔尖创新人才,回应新文科建设的价值诉求。

五是推进教学方法的改革。西南大学教育学各专业在保证实现培养目标的前提下,实施小班式探究性教学,采用启发式、研讨式、探究式、参与式的研究性教学以及基于网络的创新性自主学习。大力倡导突破以知识传授为中心的传统教学模式,探索以能力培养为主的教学模式,推广使用现代信息工具的教学方法,推进启发式教学,采用探究式、研究性教学等新的教学方法。在教学评价方面,致力于建立柔性评估与奖励优秀的考核机制,强调评价和考核重视过程和个性化,在课程考核中采用基于课程研究成果和项目报告等形式代替传统的课程考核。重在考核和评价学生的创新性与发展潜力。

六是推进教材建设。本专业力求反映教学内容改革的成果,积极推进教材、教学参考资料和教学课件三位一体的立体化教材建设,选用高质量教材,编写新教材。为了适应特色专业建设工作的需要,西南大学教育学部一方面积极引进、消化和使用国际优秀教材,努力与国际主流教材建设保持同步,拓宽学生国际视野,增强学生国际竞争力。另一方面,在积极选用国内外精品教材的基础上,2009年启动自编教材的建设工作,第一批教材有《教育学原理》《课程与教学论》《中国教育史》《学校管理学》《教育研究方法》《特殊教育学》《学前教育学》《教育法学》《比较教育学》等10余部。自2013年西南大学教育学专业获准重庆市特色专业建设以来,先后在人民教育出版社、中华书局、商务印书馆、高等教育出版社、西南大学出版社等出版社出版了《德育原理》《数学课程导论》《职业教育课程与教学论》《教育公平》《参与式教学》等近120部教材、参考教材及专业辅助读物,极大满足了专业建设发展的需要。

七是推动教学内容改革。通过深入研究社会对教育研究人才知识、能力、素质结构的要求以及教育行业、学科发展的需要,本专业在积极开发反映社会需求和学科发展的新课程的同时,积极将教育学科形成的新知识、新成果、新技术引入教学内容,着力减少课程之间教学内容简单重复等问题。具体言之,在教学内容方面,各门课程均注重拓展深度,延伸广度,注意吸收学术界研究的最新成果,推动学术研究成果向教学内容转化,与此同时,及时总结教育实践界的最新经验和内容。如专业核心基础课程中国教育史、外国教育史,教学内容做了纵向扩展,中国教育史课程教学内容由原本只讲到新中国成立前夕拓展至新中国成立之后,增加了新中国教育史部分;外国教育史课程则增加了二战以来国际教育改革与思潮等重要内容,有助于学生获得完整的历史概貌。教育原理课程吸收了学术界的最新研究成果,使教学内容富有时代气息。教育学专业学前教育方向和特殊教育方向的方向性实践能力提高课程均注重总结学前教育和特殊教育实践领域的最新经验,以充实教学内容。

八是丰富课程教学资源。课程教学资源库是专业资源库建设的核心。西南大学教育学专业为了适应专业建设的需要,以课程与教学论、比较教育学、课堂教学的技术与艺术、比较教育的理论与方法等国家精品课程,近10门重庆市精品课程,近10门学校精品课程建设为契机和突破口,大力推进每一门课程的课程资源建设,在每门课程中为学生提供系统化教学资源,满足学生自主学习需求。每门课程有媒体素材(包括文本类素材,图形图像类素材,音频、视频类素材等)、相关软件(对一个或几个知识点实施相对完整教学的用于教育、教学的软件)、课件(针对学习中的某些重点、难点以及教学过程中需要阐明的某些现象、实验和理论,而制作的小型课件)、案例(由各种媒体元素组合表现的有现实指导意义和教学意义的代表性事件或现象)、例题库(精选与所学内容紧密联系、有代表性的题目进行讲解,以帮助学习者理解所学的内容)、试题库、常见问题解答库,以满足学生个性化的自主学习需要。为了扩展课程学习资源,学前教育、特殊教育方向还遴选了丰富的案例,建设案例库。

此外,在课程与教学管理改革方面,西南大学教育学部建立了完整的教学管理规章制度,并适时修订。为了保障专业教育的质量,近年来,其不断建立、健全教学管理制度,这些制度主要包括如下内容。

①教学督导制。成立本科教学指导委员会,负责本科教学的督导、检查与评估等工作,与此同时,本科教学指导委员会亦要负责青年教师指导、教学工作研讨等多方面工作。

②首席专家制。为增强管理决策的科学性,体现教学管理的研究性,专门设立本科教学首席专家,设立专项研究经费,具体负责本科教学管理工作的理论研究与顶层设计。

③三级导师制。遴选教授、优秀博士生和一线名师给学生担任导师,对学生学业、实践技能、科研能力、生涯设计进行全程全方位指导。

④院长负责制。本科人才培养由教育学部顶层设计、规划与管理统筹,由三个专业所在学院院长具体负责专业的培养方案组织执行。

⑤过程管理制。西南大学教育学部对教育学各专业的人才培养全环节实施全息精细化管理。

⑥教授上课制。严格规定每个教授、研究员必须给本科学生开设一门课程并举办学术讲座。

⑦教学信息全息反馈制。教育学部定期组织"学部教学师生面对面"的制度化交流活动、组建"学部教学信息反馈群"等掌握专业教学信息,同时教育学部领导和各学院专业负责人以及教学指导委员会专家不定期听课,进行常规检查,了解教师的教学情况,对于存在的问题进行及时反馈。教育学部注重定期收集教学意见和建议,收集教学反馈信息,以精确把握教学动态。

⑧教学团队授课制。围绕专业核心课程群,建立以知名教授为带头人,建设热爱本科教学、改革意识强、结构合理、教学质量高的优秀教学团队,充分整合团队教学资源,释放"育人"合力效应。西南大学教育学部先后组织了课程与教学论、教育与人生、德育原理、中国教育史、教师教育课程、比较教育学、教育政策、教育研究方法、心理学等十余个国家级、市级和校级专业教学

团队(课程与教学论为国家级教学团队;教师教育课程教学团队、教育学教学团队、教育政策学科领军教学团队为市级教学团队),教学团队进行团队备课、团队授课,开展定期教学研讨,提高课程教学质量。课程负责人具体负责该门课程建设的策划、组织和实施工作。

⑨老—青教学帮扶制。给青年教师配备富有经验的教授进行老—青配对,结对子,帮扶青年教师的教学成长。

⑩教学一票否决制。对出现教学事故的教师考核实行一票否决,真正体现西南大学教育学部将专业教学视为"良心工程"的意识定位。

⑪青年教师赛课制。积极配合学校的青年教师课堂教学技能比赛,尤其是为了提高青年教师的教学技能水平,西南大学教育学部从2007年起每年举行青年教师课堂教学技能比赛(每年3月下旬—5月初进行,教育学部所有40岁以下教师均参加),极大促进了青年教师教学水平的提高。

⑫部—校(园)联动培养制。西南大学教育学专业在人才培养、专业教学上与重庆市30多所知名中小学、幼儿园协同联动,在专业教学、人才培养上推动深度协同培养,以不断提高专业教学、人才培养的质量。

总体而言,西南大学教育学部通过坚持"国际化、精英化、综合化"的办学理念,实施了一系列课程与教学改革措施,这是其曾经走过的改革之路,也是新文科建设背景下其继续推进改革的起点。

二、课程与教学改革的同行实践

课程与教学的改革是个复杂的系统工程,不同学校在改革过程中形成了不同的特色,积累了不少有益的经验,为了更好学习借鉴同类院校教育学专业课程与教学改革的做法和经验,笔者选择了北京师范大学、东北师范大学、华南师范大学等学校,结合其人才培养方案,就课程与教学改革的状况进行分析。旨在通过对比分析,及时把握各院校教育学专业课程与教学改革的新动向与新特点,进而析出新文科背景下教育学课程与教学改革的共识,为持续推进改革深化提供参依。

(一)着眼全球化和国家需要的目标定位

新文科背景下,教育学专业人才培育向何处去,即教育学人才培养的目标定位,这是教育学科新文科建设必须思考的前提性问题。诚然,国际社会正在发生深刻变革,国内经济社会发展的主要矛盾也发生了根本改变,如何培养既能担负民族复兴大任又能在未来国际社会积极作为的人才,是教育学面临的新挑战。而就人才培养的具体实践而言,培养目标具有指引和定向作用,是课程与教学等一系列改革的航标。因此,新文科建设在国际国内形势驱动下,各高校都在进行培养目标的重新定位。深入解析不同高校教育学专业人才培养目标,有助于更好把握新境遇中教育学"培元育才"的价值定位,也有助于更好体认教育学专业课程与教学改革的真正动因。

基于这样的思考,笔者重点考察了三所目标院校的人才培养目标。比如北京师范大学的教育学专业人才培养目标指出,为适应全球化挑战和国家教育改革与发展需要,教育学(大类)本科专业培养具有扎实的学术基础、丰富的实践能力、赤诚的教育之爱、宽阔的国际视野和不竭的创新精神的各类教育人才。为学生未来成长为各类高素质教师、教育研究人员、教育技术人员、教育管理人员、国际教育事务专门人才(教育外事人才)以及教育产品研发和教育传媒服务等方面的专业人才打下坚实的基础,帮助和激励学生成长为热爱祖国和人民教育事业、长期从事教育工作并在教育决策、管理、实践、研究、技术与市场开发、国际交流等众多教育领域作出突出贡献的未来教育家、教育学家、教育发展专家、教育企业家等,成长为中国社会未来教育改革与发展的积极参与者和卓越领导者。东北师范大学的教育学专业人才培养目标指出,培养具有高尚的思想品德、强烈的社会责任感、宽广的国际视野、扎实的教育学理论功底、良好的教育科研能力,富有终身学习能力、实践能力与创新精神的研究型预备人才。其主要目标包括理想信念与家国情怀、专业素养、研究能力、国际视野与交流合作、人文精神与终身学习。华南师范大学教育学专业人才培养目标指出,面向新时代基础教育改革创新发展需求,遵循"立德树人,自主发展,追求卓越"教育理念,秉承师德高尚、理想远大、信念坚定、情感深厚、业务精湛、意志坚强的专家型骨干教师目标追求,着力培养具有开阔的国际视野,宽厚的科学人文底蕴,良好的教育理论素养、较强的教育研究能力的教育学专门人才,以造就以攻读教育学及相关学科领域的硕士、博士研究生的高素质人才为主,同时培养从事教育科研、教育管理与培训、编辑出版等方面的专业人员或文化事务工作者,以及具有浓厚的教育意识和突出的教育能力的创新型中小学教师。

三所学校本身的发展基础和未来发展定位存在差异,但在教育学人才培养定位上,有三个共同特点。一是强化专业性。教育学专业的专业性不够是长期被诟病的问题,在新文科建设背景下,如何体现教育学专业的不可替代性,使其真正成为铸魂育人、培元育才的奠基性学科,亟待从人才培养目标进行重构。从三所高校的培养目标可以看出,对研究型、专家型等的强调,实际上就是强化了教育学专业人才培养的专业共识。二是突出思想性。"学高为师、身正为范",教育学专业以培养未来教育者为己任,如何让现在的教育学专业学生真正具备既是经师又是人师的素养,是关乎教育高质量发展的紧迫问题,也是关乎中华民族伟大复兴的重大命题。三所学校的人才培养目标旗帜鲜明地提出了师德、信念、情怀等关键词,这是新文科教育启智增慧、价值引领的题中之义。三是体现未来性。国际国内形势发生的深刻变革给高校人才培养提出了新机遇和新挑战,教育学专业人才培养过程中如何抓机遇、迎挑战既是时代发展的客观要求,也是学科发展的内在自觉。三所学校的人才培养目标都着眼全球性、国际化,旨在培养具有宽广视野和创新意识的未来教育者,这与新文科建设的内涵不谋而合。总之,三所学校的教育学专业发展存在差异,但在人才培养目标上体现出的这些共识,与新文科建设的理念高度吻合,可视为教育学新文科建设的有益实践。

(二)理实通专结合的课程设置

课程作为最重要的育人载体,在很大程度上,有什么样的课程,就可能有什么样的育人实践,而最终影响人才培养目标的达成。新文科建设的重要任务之一就是重构课程体系,使得经济社会发展的新特征、未来人才需求的新趋向、学科建设的新诉求等通过一系列课程设置的变革得到体现。但由于高校课程建设本身的复杂性,加之经济社会高速发展带来的不确定性,使得高校课程设置的变革在一定程度上显得迟滞,这不仅阻碍了学科建设发展的进程,也在根本上矮化了高校的育人品格和服务经济社会发展的实践价值。由此而论,如何在新文科建设背景下推进教育学专业课程设置变革,成为教育学科本身建设并以此助力经济社会发展的重要议题。

三所目标院校在新文科建设背景下,对教育学专业课程进行了系统改革探索。比如北京师范大学教育学专业的课程分为通识教育课程和专业教育课程两大类别。其中,通识教育课程由家国情怀与价值理想(如中国近现代史纲要等课程)、国际视野与文明对话(如实用英语表达等课程)、经典研读与文化传承(如哲学概论等课程)、数理基础与科学素养(如应用概率统计等课程)、艺术鉴赏与审美体验(如创意写作等课程)、社会发展与公民责任(如社会学等课程)六大模块构成;专业教育课程由学科基础课程、专业选修课程、专业前置课程和实践与创新四大模块构成。东北师范大学教育学专业的课程设置也包括通识教育课程和专业教育课程两大类别,都有必修和选修两种方式。具体来看,必修的通识教育课程包括思想政治教育、体育与国防教育、劳动教育、心理健康教育、交流表达与信息素养、数学与逻辑等,选修的通识教育课程包括思想政治与社会科学、人文与艺术、自然科学等。必修的专业教育课程包括学科基础课程、专业主干课程、综合实践课程等,选修的专业教育课程包括专业系列课程。此外,还有发展方向课程设置。华南师范大学教育学专业的课程设置包括正式课程和非正式课程两大类别。其中,正式课程包括通识教育、大类教育、专业教育、自由选修、毕业论文、师范教育课程等类型,非正式课程包括实践研习等。在这之中,有哲学史、逻辑学、高等数学等核心课程。

从三所高校教育学专业课程设置来看,体现出以下两方面的典型特点。一方面,理论与实践的一体化设计。教育学是兼具理论品性和实践品质的学科,长期以来,教育学的理论高悬和实践指导性不强广受诟病,如何培养教育学专业学生既具备过硬的理论素养又有出色的实践能力,这是课程改革必须回应的现实问题,也是新文科建设的题中之义。三所高校的课程设置不仅深化了学科理论品质,比如开设哲学、逻辑学等课程,而且注重实践类课程设置,比如写作等,这体现出教育学专业课程设置的理实一体化取向。另一方面,通识教育和专业教育的相互补益。教育学专业新文科建设的核心目标是"培元育人",实现这一目标仅仅依靠教育学本专业的课程是难以支撑的,特别是时代发展给未来教育者提出更高要求,这都需要通过课程设置进行有效回应。三所高校教育学专业的课程设置都包括了通识教育课程和专业课程,而且通识课程更加广博,涵盖了文史哲等多学科,有助于增强教育学专业的厚度;专业课程中突出了数理等课程的重要性,这也是学科交叉融合的体现。总之,三所高校课程设置的具体改革行动勾画了新文科建设背景下教育学专业发展的趋向,推进了教育学新文科建设的具体实践。

(三)与课程同向同行的教学改革

课程设置改革的价值实现离不开教育改革的同步推进,如果仅有课程设置变革，没有必要的教学改革跟进，课程改革的愿景只会落空。因此，教学作为育人方式改革链条上的重要一环，一方面具体落实着课程改革的理念，另一方面保障着人才培养的实践朝着预期方向发展。因此，教学改革在高等教育研究领域受到持续关注，特别是近些年随着高等教育改革的深化，高等教育教学改革备受关注。实际上，新文科建设无论从哪个意义上讲，教学改革的协同都不可或缺。

从三所高校教育学专业人才培养方案探析教学改革的主要举措，主要有以下几点。一是突出以学生学习为中心的教学模式建构。在教学改革中，以学生为中心具有广泛的共识，但其存在"空心病"，即究竟是以学生的什么为中心，对这个问题回答得模棱两可直接导致教学改革实践中处处为了学生、处处想着学生，但又难以说真正有益于学生发展，长此以往，大学教学的实效难以判定，以至于学生感觉学不学似乎没什么显著差别。以学生学习为中心，就是要在教学改革过程中不仅重视教师如何去教，而且更要关注学生究竟如何去学，从而解开学生学习的密码，让教学改革的效果真正通过学生的学习可见。二是主动借力信息技术为教学改革赋能。信息技术对教学的影响已经无处不在，如何恰到好处地发挥信息技术对于教学改革的积极作用，真正实现教学改革的技术赋能，这是亟待探究的问题。三所高校在教育学专业教学改革过程中都重视了信息技术作用的发挥。三是注重教学改革的实践性和国际化。教学改革尤其不能坐而论道，特别要通过实实在在的举措保证改革有抓手，三所高校的教育学专业教学改革，以实验室、实践基地为依托，突出了改革的实践性，以全英文教学、交流访学等方式，突出了改革的国际化。无论是强调实践能力还是与国际接轨，都是新文科建设的重要旨趣，从这个意义上讲，三所高校的教育学专业教学改革无疑与新文科建设的理念相一致。总之，三所高校教育学专业教学改革的实践探索在深层次上遵循了新文科建设的理念，是教育学专业新文科建设的生动实践，对国内高校继续推进新文科建设背景下的教育学专业课程与教学改革大有裨益。

第三节
课程与教学改革的未来路向

教育学担负着为中华民族伟大复兴培育经师人师的神圣使命,培元育人是教育学新文科建设的核心要义,无论是培育经师人师,还是培元育人,都要通过具体的课程与教学落实。而近些年高等教育高质量发展的迫切要求,交叉学科、新兴学科建设的内在驱动,拔尖创新人才培养的时代诉求等协同发力,给高校内涵式发展和改革提供了新动能,教育学新文科建设亟待在这样的改革境遇中顺势而上,推进课程与教学的深度改革,一方面是为了回应高等教育发展的时代诉求,另一方面是为新文科建设背景下的教育学创新发展探寻进路。

一、把握高质量课程与教学建设的价值意蕴

在新时代高等教育高质量发展和新文科建设的双重驱动下,课程与教学作为整个高等教育体系中的关键环节,备受关注。无须赘言,高校课程与教学的根本目的就是为党育人为国育才,这也是高校课程与教学高质量发展的根本价值遵循。然而,高校课程与教学本身经历着不同的发展阶段,且不同时空境遇中高质量的水平层次也存在差异,这就是说,高校课程与教学的高质量是一个不断变化发展的动态的过程性指称,解析高校课程与教学高质量发展的价值追求应该准确定位价值坐标。在新文科建设背景下,高校课程与教学高质量发展特别需要明确价值立场、把脉价值基调、预判价值导向。具体到教育学新文科建设,其课程与教学改革应该以高质量为根本价值遵循,具体从以下三个方面进行系统考量。

(一)秉持立德树人的价值立场

纵观古今中外教育发展史,对人的德行的培育成为几乎所有教育共同关心的议题,也因此引发了持续不断关于德行教育的价值论争。但无论这些论争如何发酵、形成和发展,德国教育家赫尔巴特的观点就是在今天看来也充满智慧、极富价值,他指出,教育的唯一工作和全部工作可以总结在道德这一概念中,"道德普遍地被认为是人类的最高目的,因此也是教育的最高目的"。①可以说,对德行的追求既是教育的内在规定,也是教育的发展方向。习近平总书记高度重视学校德育工作,他曾明确指出:高校立身之本在于立德树人。②要把立德树人的成效作为检验学校一切工作的根本标准。③这是新时代高校何以要立德树人的精辟论断和鲜明要求。立德树人在根本上回答的是新时代教育培养什么人的全局性、根本性、战略性问题,而课程与教学是立德树人教育根本任务落实的主渠道。从某种意义上说,正是课程与教学直接决定着把受教育者培养成为什么人的问题,也直接决定着立德树人的方向、程度和水平问题。大学阶段是学生价值观形成和发展的关键阶段,"用专业知识教育人是不够的,通过专业教育,他可以成为一个有用的机器,但是不能成为一个和谐发展的人",④唯有把知识传授和德行塑造结合起来,才是培养社会主义建设者和担当中华民族伟大复兴重任的时代新人的正确选择,也才是课程与教学向着高质量发展的正确价值方向,这要求教师在课程建设和教学改革中提升立什么德、树什么人的认识,把立德树人作为一切课程与教学工作的出发点和落脚点,摒弃单纯知识传授的偏狭认知,确立教学育人的

---

① 张焕庭.西方资产阶级教育论著选[M].北京:人民教育出版社,1979:260.
② 习近平在全国高校思想政治工作会议上强调:把思想政治工作贯穿教育教学全过程开创我国高等教育事业发展新局面[N].人民日报,2016-12-09(1).
③ 习近平.在北京大学师生座谈会上的讲话[N].人民日报,2018-05-03(2).
④ 爱因斯坦.爱因斯坦文集(第3卷)[M].北京:商务印书馆,1979:310.

初心使命,"提高课程思政内涵融入课堂教学的水平"。①一言以蔽之,高校课程与教学高质量发展的价值立场是立德树人,只有牢牢把握这一价值立场,才能保证高校课程与教学在正确的轨道上行稳致远,也才能保证高质量发展的起点厚实牢靠。教育学不仅自身要承担立德树人的神圣使命,而且要为立德树人实践的长远发展培育源源不断的人才,在这个意义上,在教育学课程与教学改革进程中秉持立德树人的价值立场,既是着眼当下的必然选择,也是面向未来的战略谋划。简言之,新文科建设诉求下,教育学领域的课程与教学改革就是要着眼于把学生自己的命运与祖国的命运紧密相连,通过课程与教学厚植爱国主义情怀,锻造过硬本领,勇担时代使命。

(二)着眼时代变局的价值基调

"离开了社会需要,失去了社会支撑,大学的发生和发展将无从谈起,大学就会成为无源之水、无本之木、无基之塔"。②从教育的发展层级来看,高等教育与当今时代、社会的关系最为直接也最为密切,因为高等教育培养的人才将直接面向当今时代、融入当下社会,在这个意义上,高等教育的改革发展必须研判时代境遇。换言之,高等教育改革发展必须弄清楚当前所处的时代和社会方位,必须尽可能预判好未来将面临的时代和社会局势,并在这样的境遇把脉中找路子、开新局。习近平总书记曾这样深刻地分析指出:当前,我国高等教育办学规模和年毕业人数已居世界首位,但规模扩张并不意味着质量和效益增长,走内涵式发展道路是我国高等教育发展的必由之路。③这是当前高等教育必须正视的现实和必须做出的选择。此外,面对国际国内深刻变局可能给高等教育发展带来的新挑战,我们必须"统筹中华民族伟大复兴

---

① 教育部.高等学校课程思政建设指导纲要[EB/OL].(2021-07-19)[2022-10-11].http://www.gov.cn/zhengce/zhengceku/2020-06/06/content_5517606.htm.

② 眭依凡.论大学的观念理性[J].高等教育研究,2013(1):1-10.

③ 习近平.在北京大学师生座谈会上的讲话[N].人民日报,2018-05-03(2).

战略全局和世界百年未有之大变局,深刻认识我国社会主要矛盾变化带来的新特征新要求,深刻认识错综复杂的国际环境带来的新矛盾新挑战"。①为了让青年一代深刻认识这种新变局、新要求和新挑战,必须激活并发挥好教学的应变功能。实际上,高校课程与教学一方面是传导这种时代境遇的关键通道,要让学生知道他们处于怎样的时代;另一方面是应对这种境遇的潜在力量,要培育学生能够从容应对当下乃至未来境遇的素养。因此,高校课程与教学既不能仅是"一心只教圣贤书",也不能在旧调重弹中自我迷恋,而要"两耳时闻窗外事",把新思想、新理念、新要求、新挑战、新趋势等融入高校课程与教学中,赋予课程与教学时代的节律和诉求,这是高校课程与教学高质量发展的价值基调,也是高校课程与教学如何于变局中开新局进而高质量发展的必然要求。教育学与时代的发展密切相关,今天接受教育的学生就是明天的经师人师,他们如何体认这个时代,在很大程度上会影响他们明天如何刻画这个时代,而且这一刻画会影响一代又一代年轻人。从这个意义上讲,在新文科建设的背景下,教育学课程与教学改革应着眼于时代变局中的核心价值诉求,着力搭建课程教学与时代变局的桥梁,使课程设置与教学方式更加多元化、开放化、立体化。

(三)面向未来生活的价值牵引

"教育教学活动的最主要目标就是教给学生改造现实生活的能力,从而提高当下的生活质量,营造幸福生活。教学活动是个体生长与发展中不可缺少的动力,它直接或间接地影响着个体的生活方式和生存状态"。②这意味着,教学就是一种为了学生更好生活而存在的价值性活动,这是关于教学与生活关系的基本认识。现在的难题在于,不管我们是不是认同,是不是接受,是不是已经做好准备,充满变革和不确定性的未来社会正在到来或者说已经

---

① 习近平.在庆祝中国共产党成立100周年大会上的讲话[N].人民日报,2021-07-02(2).
② 和学新,陈晖.教学的生活逻辑[J].中国教育科学,2013(3):113-137.

到来。每一个身处当下高等教育场域的学生,都是未来社会的一员,他们既要具备应对未来社会发展的能力,也理应担负起推进未来社会更好发展的使命,也只有这样,他们才可能享受更美好的未来生活。因此,通过课程与教学着力"增强学生表达沟通、团队合作、组织协调、实践操作、敢闯会创的能力",[①]这是学生如何应对未来社会生活的基本要求,也是高校课程与教学应该重点培育的学生核心素养。再通俗一点讲,高校课程与教学不仅要为学生的谋生培养过硬本领,而且要为学生对"诗与远方"的探求培植足够信心。与其说这是一种要求或境界,不如说这是对学生未来生活的一份责任,原因就像帕斯卡尔所批判的那样,"现在永远也不是我们的目的:过去和现在都是我们的手段,唯有未来才是我们的。因而我们永远也没有生活着,我们只是在希望着生活"。[②]而是不是能够让学生真正保有对未来生活的无限憧憬与期待,这恐怕也是高校课程与教学高质量发展的应有自觉。当然,高校课程与教学究竟会如何或者在何种程度上引领学生未来生活的发展,这是一个涉及多重因素的复杂问题,何况学生未来究竟会面对什么样的生活境遇也充满变数,只是说高质量的课程与教学应该致力于促成学生对未来美好生活的向往及其实现。在新文科建设的背景下,教育学课程与教学改革不仅要着眼于自身学科体系的不断完善和进行内容创新,让受教者更好地生活在当下,而且要着眼对未来发展的预判,让学生更从容地面对未来,增加对未来确定性的把握。这些都需要课程与教学做出与时俱进甚至超前式的改革。

二、持续推进课程系统变革

课程变革是"双一流"建设的内在诉求和重要抓手,也是新文科建设的题

中之义,"双一流"建设和新文科建设背景下的课程既需要在变革中推陈出新,也需要在变革中发挥作用。在具体层面,应该着力于回应"双一流"建设和新文科建设过程中课程变革如何变的问题。在根本上,课程变革是一项系统工程,变革意义的显现和价值的实现需要以系统思维为引领,任何局部式、片段式的变革都将消解课程变革的真正含义。就课程变革的基本逻辑而言,课程目标指引着课程发展的方向,课程内容表征着课程目标的要求,课程实施保障着课程目标的达成,课程评价诊断着课程实践的效能,课程运作实践着课程的旨趣,由这些主要环节串联而成的课程变革链条具有顺序性和循环性,从课程目标到课程运作形成一个完整的环路。这意味着课程变革一方面要摒弃只从目标或内容等单一环节进行的偏狭认知,另一方面要检视从目标到运作一次性作为的线性思维,而要进行整体、循环思考。基于这样的理解,研判"双一流"和新文科背景下的课程变革如何变的问题,势必要以系统循环思维突破单一线性思维的桎梏,进而从课程目标、课程内容、课程实施、课程评价和课程运作等环节进行统筹设计。具体到教育学专业的课程建设,弹性丰富的课程目标、通识贯穿的课程内容、开放场域的课程实施、多元立体的课程评价和联动组合的课程运作是"双一流"和新文科建设背景下课程变革的向度所在。

(一)课程目标:弹性丰富

在具体的课程实践中,课程目标是课程发展的指南,对课程具有整体定向的作用。"双一流"和新文科建设背景下的课程建设首先要体现出课程目标的一流特性和新特点。这个"一流"或"新"可以从以下几个层面进行理解。其一,课程目标应体现卓越性。卓越意味着课程目标要破除传统目标的俗套和沉疴,面向未来社会对人才规格、素养的新要求确立目标。毕竟,"真正的高等学习应该是对那些被认为是理所当然的许多观念和信仰进行质疑的过程"。①此外,卓越也意味着学校底蕴和特色的凸显,一流学校和一流学科的课程目标应该有别于非一流学校和非一流学科中的相同课程。概言之,卓越意味着破除传统牵绊、面向未来,异于同类、体现个性。其二,课程目标应彰显弹性。僵化的课程目标往往会遮蔽课程的无限可能性,让课程变得干瘪、枯燥、暗淡,进而从根本上消解课程价值的实现。弹性的课程目标就是要把课程的刚性特征与学校、教师、学生等实际结合起来,增强课程的张力;不以一种目标丈量和评判所有学校、教师和学生,而以弹性的课程目标激活学校、教师和学生发展的无限可能。其三,课程目标应具有丰富性。丰富意味着多样,课程目标的丰富性就是对整齐划一的超越。长期以来,课程目标的固定、单一,既掩盖了课程的丰富内蕴,也矮化了课程的多重价值。丰富的课程目标旨在释放课程的活力,将多种具体目标按照一定的层次、逻辑进行组织以重构课程目标系统。而这种丰富的课程目标自然会唤起课程多方面价值的显现,进而更好地助力"双一流"和新文科建设实践。就教育学专业课程而言,课程目标应该着眼大国良师和未来教育家型教师的高远定位,通过目标的弹性化和丰富性提升育人的格局。

(二)课程内容:通识贯穿

课程内容是课程的核心,而课程内容确立一般要经过选择、组织、实践、评价等多个环节,一流课程或新文科建设背景下的课程建设需要课程内容在这几个方面进行系统变革。而且,"全球大学教改的一个重要趋势是淡化专业、强化课程",②比如,英国研究型大学的课程"博而专"且富有弹性,既突出

---

① 吴凡.我国研究型大学课程目标与课程评价问题研究——基于"985工程"高校大学生学习经验调查[J].中国高教研究,2017,290(10):98-102.

② 周光礼."双一流"建设中的学术突破——论大学学科、专业、课程一体化建设[J].教育研究,2016,37(5):72-76.

课程设置的专业化,也注重对学生学习兴趣的培养。①鉴于此,课程内容变革的焦点在于以通识性内容进行贯穿。这一变革主要着眼于以下具体考量:第一,社会发展愈加体现出对具有厚基础、宽口径的复合型人才的需求,通识内容有助于培养学生的复合型素养;第二,通识内容是以相近或相关的内容组成的内容网络,有助于学生多方面思维的发展;第三,通识内容丰富、灵活的特性,有助于学生更好地诊断自身兴趣特长,助推学生朝着拔尖创新人才的方向发展。因而,以通识内容为核心进行课程的统整是一流课程建设的主要方向。在这一过程中,特别需要注意以通识之名进行的混乱式、杂糅式和形式化统整,这既会折损课程本身的价值,又会误导学生的发展。依此而论,以通识内容统领课程内容就需要将通识的理念贯穿在课程内容确立的全过程。具体来说,就是要在课程内容选择中以通识内容为核心,在课程内容组织时以通识内容为主线,在课程内容实践中以通识内容为抓手,在课程内容评价中以通识内容为重点,如此,学校方能使得通识内容真正成为一流课程建设的内容核心。总而言之,"双一流"和新文科建设中的课程内容就是要以通识内容为核心,在课程内容确立的过程中紧紧围绕"通识"这一关键词,进而以一流的内容充实、表达、建构一流的课程。就教育学专业的课程内容而言,应该进一步强化通识性,特别是加强哲学、逻辑学、数理学等内容含量,以进一步厚实教育学新文科建设的根基。

(三)课程实施:开放场域

课程实施是课程由静态走向动态的过程,也是课程价值实现的核心环节。作为一项课程实践,课程实施受学校、教师、学生等多重因素的影响,而这些因素大多积弊已久,深刻制约着课程实施的效果。在"双一流"和新文科建设背景下,笔者认为有必要进一步破除传统因素对课程实施的影响,并在

---

① 靳玉乐,李红梅.英国研究型大学拔尖创新人才培养的经验及启示[J].高等教育研究,2017,38(6):98-104.

此基础上将探讨的重心转换至课程实施的场域这一新维度。一方面,传统的课程实施基本上局限于教室或者实验室等特定空间,这对于学生灵感和创造性的激发都有一定的阻碍作用;另一方面,传统的课程实施大多依赖于固定的时间和固定的教师,这容易让学生产生厌烦心理。倡导课程实施向开放场域的转换,就是要破除课程实施对固定时空的依赖,从而不断增强课程实施的灵活性和开放性。具体来说,课程实施走向开放场域具体应从以下方面着手。首先要树立课程开放的意识。课程由静态文本走向动态实践,由固定形态变为丰富载体,这是课程变革的鲜明特征。树立课程开放的意识就是要树立新的课程观,以开放的思维重新理解和认识课程。其次要拓宽课程实施的场域。走出教室和实验室,走向自然、走入社会、走进一线,寻找新的课程实施的场域,而且这样的场域更加鲜活、更加真实、更加有吸引力。最后要完善课程共享平台的建设。课程开放意味着对校本课程的超越,打破特定学校课程实施的模式,减少课程实施对时空的依赖,借助共享机制进行灵活的课程实施,这是信息时代课程实施的应然路向。就教育学新文科建设而言,特别要注重借助现代信息技术和科技创新的最新成果,使得课程在更广阔的时空中被学生更好体悟,从而激发学生的实践兴趣和创新意识。

(四)课程评价:多元立体

评价对于实践具有诊断、矫正、反推等意义,正因如此,课程评价在课程发展中具有重要地位。然而,由于课程评价本身的复杂性,实质意义上的课程评价一直在摸索中前行,以至于评价在改进过程中总会同时出现喝彩声和责难声。课程评价对"双一流"和新文科建设中的课程变革具有重要意义,能否建立科学的课程评价体系关乎课程发展的品质。"'双一流'建设成功与否从根本上说应看其能否反映社会需要。"[①]基于这一整体标准,"双一流"和新

---

① 王洪才."双一流"建设与传统路径依赖超越[J].高校教育管理,2017,11(6):1-7.

文科建设的课程评价特别需要关注评价的科学性、有效性和发展性。科学性意味着评价要准确，要符合课程发展的特点和逻辑；有效性意味着评价要着眼实际，要真正诊断出课程发展的问题所在；发展性意味着评价要着眼于改进，要指向未来而不是终结于当前。由此，建立多元立体的课程评价体系势在必行。这种多元立体的课程评价体系包含三层意思。其一，课程评价主体更加多元。超越课程专家、教师、学生对课程评价的局限，将相关社会人员，特别是经济社会发展尖端产业和新兴行业的人员引入课程评价，有助于课程建设在紧跟时代需要中更新换代、服务社会发展。其二，课程评价方式更加多样。改变传统的纸笔终结评价，将一些重要发现和鲜明创新、大胆设想和潜在成果纳入课程评价中，更好地发挥评价激活课程多方面价值的作用，努力促成以课程评价为杠杆，让拔尖创新人才脱颖而出。其三，课程评价目标更加丰富。该课程评价体系突破课程评价目标的僵化与单一，将阶段性目标、发展性目标、长远性目标统筹于课程评价的目标体系中，增强课程评价的弹性与张力，不断促成课程本身的发展完善，进而更好地实现课程在"双一流"和新文科建设中的重要作用。总而言之，多元立体的课程评价是对单一扁平的课程评价的改进和超越，这既符合课程发展的内在诉求，也符合"双一流"和新文科建设对课程变革提出的现实要求，是以课程评价促成一流课程发展和"双一流"以及新文科建设的重要动力。教育学新文科建设的课程评价特别需要突出评价的科学化和多样化，通过评价培植拔尖创新人才成长的沃土，也让这方沃土上成长起来的未来教育者影响更多的人。

（五）课程运作：联动组合

一般而言，课程运作包括课程决策、课程设计、课程实施和课程评价四个环节，[①]这种宏观意义上的课程运作贯穿课程发展的始终，是课程价值实现的

---

① 丁念金.课程论体系结构之探讨[J].课程.教材.教法,2005(9):7-11.

重要前提。微观意义上的课程运作特指课程的具体运行实践,包括运行理念、运行机制、运行方式等。"双一流"和新文科建设背景下的课程运作亟待从课程运作的微观层面破旧立新,以新的理念、思路、模式推进课程运作实践,这是一流课程建设的内在诉求,也是一流课程价值实现的必要保障。传统课程运作的独立、单向、分散格局既增加了课程运作中的成本,也不利于课程整合价值的实现,这已不符合共享的时代诉求。因而,"双一流"和新文科建设背景下的课程运作亟待以联动组合的思维和实践提升运作的实效。具体而言,这种课程运作应从如下方面进行重点突破。一是建立共建共享机制,发挥优势整合运作的价值。凝聚优势力量共建一批质量上乘的课程,并推进这些课程在尽可能宽广的范围内实现共享,这既可以确保课程本身的质量,也可以降低课程运作的成本。二是建立区域课程联盟,增进校际的合作和互助。破除区域间的壁垒,以课程联盟的方式进一步增进区域教育合作,不仅可以使彼此在比较中明确差距,也可以在借鉴中促成改进。最终以务实的合作提升区域课程运作的效能。三是推进跨校选课实践,以学分互认创新课程运作模式。跨校选课有利于进一步体现课程的丰富性,而学分互认不仅可以推动跨校选课的进程,而且会消解课程运作的校际区隔,这无疑是课程运作的具体良策。总之,在"双一流"和新文科建设过程中进行课程运作革新,就是要进一步凸显课程运作的开放性、合作性和共赢性,以此不断深化课程运作的实践,不断提升课程运作的效能,不断彰显课程运作的价值。最终,以优质、高效的课程运作推进一流课程的建设,进而推动"双一流"和教育学新文科的发展。就教育学新文科建设而言,不仅要注重向内打开,即丰富教育学自身的知识体系、话语体系等,而且要向外扩展,增强同行对话和校际优势互补,在这个意义上,应该主张课程运作的开放共享。

三、有效助力教学深化改革

教学改革发展是一项复杂的系统工程,需要通盘考虑,也理当循序渐进。这意味着,在当下语境中探讨教学改革并希冀以此推进教学高质量发展,特别要着眼教学系统的整体性,同时以教学关键环节为突破口进行一体化设计与实践。基于这样的思考,高校教学高质量发展就是以教学关键环节为基本着力点助推教学系统实现整体高质量飞跃。据此,如何推进教学系统关键环节的突破成为高校教学高质量发展的实践路向。

(一)以教学理念变革为先导

理念是行动先导,引领行动的方向,在这个意义上,有什么样的理念就可能有什么样的行动。在高等教育强国建设迈上新征程、高等教育改革发展面临新挑战、高等教育育人环境发生新变化等一系列新境遇中,如何推进高等教育教学向着人民更加满意、更加公平、更高质量的方向发展,首先需要明确的是认识或者理念问题。教学理念是人们对教学和学习活动内在规律的认识的集中体现,同时也是人们对教学活动的看法和持有的基本的态度和观念,是人们从事教学活动的信念、指导思想和行动指南,有什么样的教学理念就有什么样的教学行为。[①]就实践层面的教学而言,教学理念在整个教学实践系统中处于先导地位,引领甚至决定着教学的方向。结合新文科的价值遵循,可以确立如下理念。一是理论教学与实践指导相结合的理念。教育学专业知识以理论形态为主,传统的教学理念强调学生理论知识的习得与思辨能力的获得,忽视了学生的动手能力与实践操作。理论教学与实践指导相结合的理念有助于突破这种困境,将高深知识与实际生活情境相结合,不仅能够为学生提供知识学习的具身体验,促进理论知识与思辨能力的获得,而且也

---

① 孙亚玲,傅淳.教学理念辨析[J].云南师范大学学报(哲学社会科学版),2004(4):133-136.

促进学生提升问题解决能力、实践应用能力。二是守正与创新相结合的理念。教育学传统教学理念有其一定的合理性、适切性。在新文科建设的背景下，要求学科交叉融合、主动求新，用新范式代替旧范式，但需要在吸收原有经验的合理之处的基础上寻求创新，在守正中创造转化、创新生成。三是教学与科研相结合原则。无论是教师的教，还是学生的学，都离不开科学研究活动，这是高等教育的特色所在。教育学作为一门在教育教学实践中教授教育教学理论的特殊学科，师生均可以在教育教学过程中进行教育学科研活动，从而使得教育学的教学和科研能够彼此反哺、相辅相成，从而促进教育学高质量发展。

（二）以教学能力提升为关键

教学是教师的"教"与学生的"学"构成的双边互动活动，一般而言，教师的"教"直接影响学生的"学"，而教师如何教与其教学能力密切相关。"大学教师的教学能力是大学教师教学发展的主旨，是提高人才培养质量的着力点，是高质量课堂的根本保证"。[1]然而长期以来，高校教师的教学能力并没有受到足够的重视，"绝大多数大学教师毕业于高等学校和科研院所，基本没有经历过教师职业的职前教育；就入职教育而言，目前各高校主要采取青年教师岗前培训方式进行，由于学校和教师本人对岗前培训缺乏必要的重视，很难起到提高教师教学能力的效果；而职中的教育教学知识和能力训练现在基本上不存在了"。[2]也就是说，绝大多数高校教师经过短期集中岗前培训就走上讲台，他们大多是研有所长的优秀人员，但这并不意味着他们真正具备了一定的教学能力。高校教学的高质量发展必须把好教师教学能力这一关口，为此，可从以下方面着手提升教师教学能力。一是扎实推进新教师教学能力培训。在新教师岗前培训中加大教学实践模块的比重，帮助新教师形成关于高

---

① 黄元国，陈雪莹.大学教师教学能力：内涵、困境与实践路向[J].当代教育论坛，2019(6)：49-54.

② 张应强.大学教师的专业化与教学能力建设[J].现代大学教育，2010(4)：35-39.

校教学实践的系统认知和基本技能。二是建立教师教学能力的测评系统。摒弃以往只通过教育学、心理学等相关测查就可以为师的简单做法,以教学能力测评系统为依托,精准识别教师的教学能力现状和亟待改进的方面,帮助教师实现专业发展。三是不断完善教师的职后能力发展。教师能力的提升不是一劳永逸的,特别是对于高校教师而言,职后的教学能力发展显得更加适宜和必要,可通过助教制等方式帮助职后教师不断提升教学能力。

(三)以教学方式变革为支撑

教学方式的变革既是教学改革的题中之义和基本要求,也是教学改革的重要支撑和主要动力,教学改革的有效、深入程度与教学方式变革的科学性、合理性和可行性密切相关。作为教学活动的基本要素,教学方式"从整体上考量教学过程,对教学活动进行全局性的统筹规划,内在地规定着教学活动的质量和水平"。[①]一定程度上说,教学方式是不是适切、科学、有效直接决定教学的效果,这表明,教学方式变革是教学改革发展必然要考虑的重要方面。由于高校教学研究的屡弱,加上教学长期被科研"挤兑",关于高校教学方式的研究还很不足,这大大遮蔽了教学方式对高校教学高质量发展的应有价值和支撑作用。为此,可以考虑从以下两个方面加强教学方式的变革。一方面,从长期以"教"为中心转变为以"学"为中心,这里的"学"包括两层意思,即学生和学习。从学生层面而言,教学方式的转变就是要把课堂还给学生,以学生发展为中心,落实学生为主体的教学;从学习层面而言,"当代知识更新与共享速度加速的时代特征,预示着教师的'先知'权威地位逐渐被削弱,学会学习变得比掌握知识更为重要。因此,变革教学方式的核心,在于如何引导学生从学会向会学转变"。[②]在这个意义上,教学方式的转变要着力调动学生的积极性并提升教学的参与感,提升他们的学习体验及其持久获得感。另

---

① 李森,王天平.论教学方式及其变革的文化[J].教育研究,2010(12):66-69.
② 康淑敏.信息化背景下的教学方式变革研究[J].教育研究,2015(6):96-102.

一方面,有效运用现代信息技术,激活其助力教学方式转变的能量。《中国教育现代化2035》指出,开发适应不同师生需求的优质课件和学习辅助材料,实现规模化教育与个性化培养有机结合。充分利用虚拟现实和增强现实技术,建设智能学习空间和学习体验中心等,推行场景式、体验式、沉浸式学习。具体而言,就是要把混合式教学、翻转课堂、智能化教学等新的教学方式与具体的教学内容有机结合,重塑课堂新生态,发挥好新技术对教学方式转变的积极作用。如此,在教学与技术的"各安其位"与"各展其长"中,实现基于技术与教学深度融合、和谐共生的教学之"美的历程"。[①]

(四)以教学管理改进为保障

"大学教育在本质上是苏格拉底式的教育,但并非所有的教育都是如此。大学生在学校的自由气氛中,通过个人的自我教育可以获得内在的自由,这是大学教育的优越之处,假如实行的是一种像军校或某些修道院式的教育,以极严格的纪律来约束学生,那么这点优越之处就荡然无存了。"[②]雅斯贝尔斯的这一观点给长期以来控制为主、刚性过强的大学教学管理近乎颠覆式的挑战,也给现如今的大学教学管理如何增加弹性、提升活力留下深刻的反思空间。诚然,教学管理对教学起着协调、规范、整合的作用,有效的教学管理是教学质量的重要保障。而且,管理本身具有育人的价值,这与教学的价值不谋而合。实际上,任何教学都不可能离开管理,只是大家对管理的体认不同,那些潜在的、软性的管理通常被遗忘,而制度化的、硬性的管理又不健全,这导致高校教学管理长期处在"一管就死,一放就乱"的尴尬中。为此,笔者认为可以从以下两个维度考虑如何进行教学管理的优化。其一,建立健全高校教学管理制度体系。就管理制度本身而言,是不是具备科学的、完善的、成

---

① 张铭凯,廖婧茜,靳玉乐.技术与教学相遇:历程检视与进路选择[J].教育发展研究,2016(12):28—32.

② 雅斯贝尔斯.什么是教育[M].上海:三联书店,1991:166—167.

体系的管理制度是管理效能实现的前提,而教学本身具有复杂性和系统性,加之高校教学具有显著的开放性和自由性,如何建立与之相匹配的系列管理制度显得格外必要和重要。其二,规范教学管理的运行过程及其结果使用。教学管理是为了教学更加规范、更加有效、更加高质量,也就是说,管理的价值不在于一味纠错更不在于以管压人。"一种与人的行为表现相关的制度是否具有人文关怀精神,是否体现人的尊严至上,尊重人的价值,反映人的发展需要,保证人的权利,直接决定着这种制度能够对人发挥什么样的作用,以及能够在多大程度上对人起作用。"[1]在这个意义上,高校教学管理在具体运行中特别要弄清楚谁去管、去管谁、管什么、怎么管等基本问题,而所有这些问题的考量都必须把人视为真正的核心,体现管理的人性温度和人情味道,唯其如此,方可真正实现管理优化之于高校教学高质量发展的内在价值。

(五)以教学评价优化为动力

评价问题是教育领域中典型的"老大难"问题,由于其显性价值不断彰显和深层次矛盾逐渐暴露,近些年备受关注。"教育评价之所以必须受到重视,不仅在于教育评价对教育活动的后端问题具有调整改正的指导作用,而且对教育活动的前端设计发挥着价值引领的作用。进言之,教育评价对教育的运行、改革和发展均有引领性继而具有决定性,有什么样的教育评价必然导致什么样的教育选择及结果。"[2]对教学而言亦是如此,教学评价对教学改革发展的影响是显著的也是直接的。不知从几何起,高校教学跌落至不可能与科研相提并论的"卑微"地位,但凡科研有所长的教师完全可以借此在工作中如鱼得水,至于是不是愿教学、教学如何等似乎可以忽略不计。"高校教学盛行

---

① 秦小云,别敦荣.论我国大学教学管理制度的人文关怀诉求[J].高等教育研究,2005(9):84-87.

② 程天君,张铭凯,秦玉友,等.深化新时代教育评价改革的思考与方向[J].中国电化教育,2021,414(7):1-12,21.

'学术反哺教学'的观念,教师的研究能力俨然成为学术能力的唯一象征。"[①] 长久以来,高校的教学和科研出现了极为突出的"两张皮"现象,长年扎根教学场的教师可能不会过多关注科研前沿,而在科研一线的教师感觉教学之事与己无关或应付了事,这成为大学教学的深层隐忧。究其原因,最根本的恐怕还是评价的偏狭,特别是在追求绩效的快节奏环境下,科研相较于教学更容易量化,也更能体现某种实际价值。然而,教学无论在何种意义上,都应该是育人的最重要渠道,教学评价的指挥棒作用亟待重新转向和定位。具体而言,一是完善教学评价的相关制度,让教学评价有据可依;二是加强教学实绩在教师考评中的比重,以评促教;三是想方设法营造重教重学的氛围,让教师以教为乐,让学生学有所成。总之,高校教学评价的改进就是要以评价激励教师安心教学、光荣教学,以此为动能助推高校教学的高质量发展。

---

① 赵俊芳.高校教学评价——"学术人"与"行政人"的博弈[J].复旦教育论坛,2012(5):28-32.

第五章

发展科研与实践创新能力

　　《国家中长期教育改革和发展规划纲要（2010—2020年）》明确指出：努力培养造就数以亿计的高素质劳动者、数以千万计的专门人才和一大批拔尖创新人才。2019年，教育部等13个部门联合启动"六卓越一拔尖"计划2.0，全面推进包括"新文科"在内的"四新"建设，标志着我国"新文科"新时代的到来。新文科建设要求以世界新科技革命、新经济形态发展、中国特色社会主义新时代为背景，以现有传统学科为基础，通过各专业课程的重组，促进哲学、文学、语言、教育等传统人文学科与信息技术、理科、工科等学科的融合与交叉，从而实现文科知识的边界拓展与思维突破，继承创新与协同共享。由此可见，新文科的精髓和灵魂就在于创新，在于秉持新理念、适应新时代、确立新使命、赋予新内容、运用新方法。如何培养创新能力已成为近年来我国高校教育工作者积极探索的热点问题，而科研能力与实践能力又是创新能力的重要体现。

　　2017年，教育部印发《高校思想政治工作质量提升工程实施纲要》，强调构建科研育人和实践育人等十大育人体系，[①]明确要求高校切实发挥科研和实践育人的实效性。高校的科研活动在科研认识、科研情感、科研信仰、科研意志、科研行为等方面具有独特的育人意蕴，[②]还是一种具有研究性、开放性和创新性的实践活动，对于增强学生综合素质，提升高校人才培养质量大有裨益。[③]对此，作为哲学社会科学主要组成部分的教育学专业如何借力新文科建设的东风，驶入新文科建设航道，加强教育学专业人才科研与实践创新能力的培养，是推进教育学专业建设、提升专业人才培养质量亟须跟进的工作。

①　教育部.中共教育部党组关于印发《高校思想政治工作质量提升工程实施纲要》的通知［EB/OL］.（2017-12-05）［2024-12-30］.http://www.moe.gov.cn/srcsite/A12/s7060/201712/t20171206_320698.html.

②　杨兆强,瞿家慧.高校科研育人的内涵、特征及价值［J］.中国农业教育,2021,22(3):67-73.

③　吴静,程立涛.高校科研育人:现实依据·价值旨归·实践方略［J］.黑龙江工程学院学报,2022,36(6):75-79.

· 第一节 ·
科研与实践创新能力培养改革背景

近年来，随着"互联网+"、"双创+"、《中国制造2025》等强国战略的提出，以创新驱动发展为核心的新一轮科技革命正在孕育兴起，为我国经济增长注入了新动能，颠覆性技术不断涌现，新产业、新业态和新模式正在蓬勃发展，现代产业体系将加速重构，新科技产业革命逐渐走向高潮。在这一系列经济社会发展的行动中，单一文科知识背景的人才已无法满足现代产业体系的需求，各行各业对高校培养的人才的实践能力和科研能力提出了更高的要求，[①]创新型人才日益成为推动社会发展的先导力量。党和国家高度重视这一问题，教育部对新文科建设工作作出全面部署，致力于推动哲学社会科学与新一轮科技革命和产业变革交叉融合，形成新兴交叉学科与复合型专业，意在通过科研与实践这两条重要路径实现高校创新型人才培养的提质增效，加速推进专业理论知识与产业项目、岗位技能、实践工作等客观实际需求的深度整合，从而极大地激发学生的创新活力，促进学生形成创新思维的新增长点。

一、瞄准国家重大需求：明确科研与实践能力人才培养方向

习近平总书记在党的十九大报告中旗帜鲜明地指出：创新是引领发展的第一动力，是建设现代化经济体系的战略支撑。之后，习近平总书记又在党的二十大报告中继续突出坚持创新在我国现代化建设全局中的核心地位，强调要坚持教育优先发展、科技自立自强、人才引领驱动，加快建设教育强国、

---

① 朱宝忠,孙运兰,陈海飞,等.基于新工科背景的"学科竞赛"&"科研训练"双驱模式下学生工程实践能力和创新创业能力的培养[J].创新创业理论研究与实践,2022,12(23):76-78.

科技强国、人才强国,坚持为党育人、为国育才,全面提高人才自主培养质量,着力造就拔尖创新人才,聚天下英才而用之。教育、科技、人才三大战略要素被统筹在"实施科教兴国战略,强化现代化建设人才支撑"部分集中表达、专章部署,并且置于"全面建设社会主义现代化国家的首要任务"之后的突出位置,彰显了党和国家对教育、科技、人才"三位一体"科教事业的高度重视,也对如何"造就拔尖创新人才"有了更加深刻的认识和精准的把控。①总书记的重要论述,为新时代我国教育发展、高校人才培养、学科专业发展指明了前进方向,提供了根本遵循。

在全面建设社会主义现代化国家新征程上,必须坚持科技是第一生产力、人才是第一资源、创新是第一动力。而科技、人才、创新这三个关键词无疑指向科研能力和实践能力,具体表现为:科研是加速实现产业科技升级的重要手段,而科研能力和实践能力是人才将专业理论知识运用到实际、服务社会、价值实现的关键能力,并且科研与创新往往是相伴相生的关系,可谓科研的本质在于创新,缺乏创新的科研,犹如无阶梯而欲登高楼、无舟楫而欲渡江海,纵有百般努力,也难有作为。而实践是科研和创新的基础,马克思主义者认为"只有人们的社会实践,才是人们对于外界认识的真理性的标准",离开实践的科研,只能是片面的、主观的、浅显的,更谈不上创新的作为。因此,在当前技术更迭迅速、知识爆炸式增长的新经济时代,具有科研能力和实践能力的人才更符合高校人才培养的趋势,②能在我国社会经济发展上升阶段扮演着最重要的生力军的角色,为社会带来更多的机会和潜能,在国家快速发展的进程中具有关键的推动作用,创新型人才已成为驱动产业转型升级的核心要素。2021年4月,习近平总书记在清华大学考察时提出:我国开启了全面建设社会主义现代化国家新征程。党和国家事业发展对高等教育的需

---

① 周洪宇,李宇阳.新时代新征程实施科教兴国战略:新内涵、重大意义与推进路径[J].人民教育,2022(22):24-27.

② 赵戈.新工科建设背景下高校学生科研创新能力培养模式研究[J].化工管理,2022(35):14-16.

要,对科学知识和优秀人才的需要,比以往任何时候都更为迫切。①由此可见高校培养创新型人才,即培养学生创新能力的核心表达——科研能力和实践能力的重要性。尽管国家领导人和出台的相应政策不停地强调要培养人才的科研能力和实践能力,提升我国劳动力群体的创新素养,为我国建成现代化强国提速赋能,但我国在科技进步、创新发展等关键领域仍存在发展短板,相关创新行业也未在国际竞争中有一席之地,当前人才科研与实践能力不足的困局亟待解决。②

"十四五"时期,进入新发展阶段,高等教育也面临着适应国家迈向现代化强国、全面建设社会主义现代化国家新格局的挑战,服务国家重大发展需求既是高等教育的历史担当,也是其新时代使命。因此,高校必须深刻理解时代潮流和国家需要,把握新时代新征程培养创新型人才的新内涵与重大意义,明确科研与实践能力人才培养方向,积极改革人才培养模式,加入更多科研与实践创新能力培养的内容和要求,不断为学生的科研能力和实践能力开辟新赛道、塑造发展的新动能和新优势,将科研能力和实践能力放在人才培养的首要位置。

二、契合专业发展需求:优化科研与实践能力人才培养路径

新文科建设是新时代党和国家对教育发展的重大部署,大小学科和学科内外之间具有深度融通的趋势,③丰富了跨学科的概念,而跨学科的培养体系将会极大地拓展学生学科视野,为其创新能力的发展输送源源不断的跨领域

---

① 习近平在清华大学考察时强调坚持中国特色世界一流大学建设目标方向为服务国家富强民族复兴人民幸福贡献力量[J].思想政治工作研究,2021(5):14-16.
② 邱坤.新文科背景下高校文科创新型人才培养对策研究[J].牡丹江教育学院学报,2021(3):34-37.
③ 邓心强.新文科视野下中文学科的困境与变革[J].上海交通大学学报(哲学社会科学版),2022(3):122-133.

知识能源。我国高校的教育学专业也已进入全面深化改革的新阶段。[①]教育学专业发展亟须抓住新文科建设的契机，深刻把握时代精神、谋求自身发展的现实需要。教育学具有偏重理论建构和知识传承的基础学科特点，因而传统教育学人才培养模式对学生实践、技能、创新等方面的能力重视不够，教育学专业的本科生往往面临科研素养薄弱、实践技能欠缺、创新意识匮乏的三重困境。但当代社会对具有科研能力、实践能力的创新型人才需求激增，教育学专业对学生科研与实践创新能力培养的改革行动势在必行。

在新文科建设的时代背景下，教育学专业要以人才培养质量为核心，彰显其教育学理论的理论学术品质和实践服务功能。[②]各类科研与实践活动是大学育人体系的重要组成部分，也是教育学专业人才培养的关键环节，更是提升教育学专业学生科研素养、实际教学能力、创新思维的系统路径，与教育学专业知识具有相辅相成、相互促进、密不可分的关系。一方面，本科是绝大部分人才从事科研工作的启蒙阶段，通过尝试将所学的专业知识延展开进行科研活动，不仅可以让本科生巩固专业知识，还能熟悉科学研究的一般过程，增强团队协作意识及集体荣誉感，更能强化本科生分析及解决问题的能力。[③]最为重要的是，科研活动提升了本科生发现问题的能力，这种问题意识正是创新素养的认知基础。另一方面，现代社会对于人才的需求越来越倾向于实践型人才，高校要想为新时代的社会发展培养实用型人才，就必须践行实践育人的教育模式。[④]尤其是教育学专业培育的学生毕业后大部分在中小学、教育科学研究机构和各级教育行政部门等单位任职，承担着为国家和社会培养未来接班人的重要使命，对我国人才队伍的建设具有核心促进作用，

①　和学新，高维，郭文良.新文科背景下教育学专业卓越人才4C培养模式探索——以天津师范大学的改革为例[J].天津师范大学学报(社会科学版),2023(1):66-73.

②　王兆璟.新文科建设与教育学的时代变革[J].西北师大学报(社会科学版),2019,56(5):31-35.

③　潘伟，孙芬芬，汤仁仙.以大创项目为抓手提高本科生科研创新能力的培养与实践[J].继续医学教育,2022(6):65-68.

④　吴梦莱，丁宁.实践育人模式在高校思政教育中的应用探索[J].农业经济问题,2022(7):145-146.

是直接奋战在教育第一线或间接影响教育事业发展的重要力量,具有较强科研能力的教育学人才能有效推动我国教育体系创新改革发展,而具有较强实践能力的教育学人才能为国家培养更多优秀人才。因此,"实践"这一概念,也相应地从一种教育理念、教学方式、培养手段转变为教育学专业人才培养的价值旨归——适应教育岗位、助推教育行业、创新教育事业。唯有在一群同时具备科研能力和实践能力的创新型教育学专业人才的带领下,我国的教育事业才能厚积创新型人才培养的底蕴,为国家更好地形成高水平科技自立自强的格局和实现中华民族伟大复兴的中国梦打下坚实的人才基础。

尽管课外的社会实践活动尤其是科学研究活动是教育学专业培养拔尖创新人才的有效途径,但不少高校普遍在教育学专业的办学中依然做出"重研究生教育、轻本科教育"的片面选择,在各类科研与实践活动的教育资源上倾向研究生教育,对本科教育的资源投入不够,弱化了本科教育中科研与实践教学的地位,折射出本科阶段培养创新型人才的系统性缺失。具体表现为:为本科生建设的科学研究探索的平台不足,营造的条件和氛围不够,给予学生参与科学研究实践、社会实践的机会不多等实际问题,[1]致使学生参与课外科学研究和实习实践的探索流于表面、不够深入,在一定程度上制约了本科生人才培养的质量。就此而言,教育学专业在新时代迫切需要抓住新文科建设的战略机遇期,响应经济市场对创新型人才的需求,切实革新本科生人才培养体系,使其符合新文科建设对人才培养体系的改革目标、内容和模式,整体优化本科生科研能力和实践能力的培养路径。

三、面向学生现实需求:树立科研与实践能力人才培养目标

党的十九大明确提出要"培养担当民族复兴大任的时代新人"。在全国

---

① 彭泽平.教育学专业本科拔尖创新人才培养的思考与探索——西南大学教育学部晏阳初创新人才实验班的探索之路[J].教育与教学研究,2015(7):17-21.

宣传思想工作会议上,习近平总书记又提出新形势下宣传思想工作"育新人"的使命任务。①为什么要培养"新人"? 培养什么样的"新人"? 如何"育新人"? 这些问题成为新形势下高校人才培养必须直面的问题。已有研究指出,"时代新人"具备天下观、理想、本领、担当和德行的基本特质,是爱国者、奋斗者、实干者、开拓者和奉献者,②应当具备解决具体问题的综合能力。③党和国家高度重视新时代人才培养的质量,并对此提出了相应的指导方针。《关于高等学校加快"双一流"建设的指导意见》要求全面提高人才培养能力,提升我国高等教育整体水平,统筹推进实践育人和科研育人。《中国教育现代化2035》也强调培养学生创新精神与实践能力。可见,社会对具有科研与实践能力的创新型人才的要求越来越高,需求日益迫切,各高校对本科生的人才培养目标面临着前所未有的挑战,急需尽快确立培养科研与实践能力的人才培养目标,为学生的自我成长、未来发展、价值实现提供本源性的解决方案。

第一,本科生就业形势严峻。近年来,随着高校进一步扩招,本科毕业生人数激增,导致本科毕业生面临着严峻的就业压力。虽然党和国家不断推出毕业生就业优惠政策和就业岗位,但本科生的就业问题仍无法得到根本性解决,许多本科生毕业后长时间无法就业,一种"毕业即失业"的悲观情绪持续蔓延。④究其本质原因,高校在高素质人才培育方面具有脱节趋势,许多高校不够重视学生科研能力和实践能力的提高,未提供有效的实践和科研平台促进学生专业知识落地,培养出来的人才缺乏实践能力和创新能力,⑤使得本科

① 张晓松,黄小希.习近平出席全国宣传思想工作会议并发表重要讲话[EB/OL].(2018-08-22)[2024-12-30].https://www.gov.cn/xinwen/2018-08/22/content_5315723.htm.

② 冯淑萍.时代新人的基本特质及其培养的着力点[J].思想教育研究,2019(3):114-117.

③ 冯刚,王莹.习近平总书记关于时代新人重要论述的基本内涵与时代特征[J].湖南大学学报(社会科学版),2021,35(1):1-7.

④ 杨燕茹,高淑蓉.基于本科就业的新时代创新人才培养模式改革与探索[J].教育教学论坛,2022(39):9-12.

⑤ 李程云.基于大学生就业的高等教育人才培养模式改革[J].创新创业理论研究与实践,2021,5(10):115-117.

毕业生不具备熟练的专业知识运用能力、实践技术技能及科研创新能力,离开学校后难以直接从事科研和生产等实践活动。如此一来,大学生的实际能力难以满足企业岗位的客观需要,甚至部分本科毕业生从根本上不符合上岗的标准要求,①单位和企业对这类人才的选择意向较低。第二,本科生社会价值的实现有赖于科研与实践能力。基本的实践能力是完成某一既定作业任务或具体工作任务的能力。②因此,作为时代新人的大学生必须具有一定的实践能力。习近平总书记在北京大学座谈会上对青年作出指引,"广大青年要努力成为有理想、有学问、有才干的实干家,在新时代干出一番事业。我在长期工作中最深切的体会就是:社会主义是干出来的。"③可见,道不可坐论,业不可空谈。真正能够把书本上学到的知识和本领从头脑中落实到现实里的科研能力和实践能力才是担当民族复兴大任的时代新人的基础。第三,科研与实践能促进本科生自我成长和未来发展。一方面,科研和实践活动能巩固本科生所学的基础知识,促进学生对所学知识的理解和融会贯通。在开展科研活动和实践活动的过程中,学生会主动探索、主动思考、主动研究、主动创新,从被动地习得专业理论知识转为主动地利用知识解决现实问题,极大地提升了学习的主动性和独立性,达到科研与实践反哺理论知识的目的。另一方面,科学研究和实践训练都是一个不断探索、不断创新的过程,可以培养学生的科学意识和创新意识,还可以促进学生的自我认知和自我探索。尤其是在本科生阶段,高校较少注重学生科研与实践能力的培养,本科生的相关能力也较弱,缺乏对学术严谨的态度,也没有开发科研兴趣的机会。而当学生进行科研和实践活动时,有了增强相关能力的平台和表达学术兴趣、探索新事物、创新理论研究的机会。

---

① 张宝玉.高校大学生就业质量提升路径研究[J].山东农业工程学院学报,2020,37(6):128-129,139.

② 禹华平,陈洪余,郑瑞伦.大学生实践能力模型的初步构建[J].西南师范大学学报(自然科学版)2016,41(1):189-194.

③ 习近平.在北京大学师生座谈会上的讲话[N].人民日报,2018-05-03(2).

· 第二节 ·
科研与实践创新能力培养改革行动

在瞄准国家重大需求、契合专业发展需求、面向学生现实需求的时代召唤下，如何在教育学专业本科生教育中培养具有科研与实践能力的创新人才是高校面临的难题。下面将总结归纳科研与实践创新能力培养的国际经验、国内具有代表性的高校改革经验以及整理介绍西南大学教育学部本科教育科研与实践创新能力人才培养模式的探索行动。

一、科研与实践创新能力培养的国际经验

20世纪后半期，面对知识总量的爆炸性增长，全球文化的接触渗透，高等教育改革运动的进程急剧加快。美国本科生教育的培养目标由传统的培养全面发展的人变成培养创新型人才，科研训练作为培养创新人才的有效措施普遍受到重视。科研教育的组织结构完全依靠大学的自治，没有全国性的行政管理机构，有两个民间组织加以协调，而这两个组织的宗旨都是"研究是本科生教育的重要组成部分"。在这些组织的推动下，美国大学非常强调科研项目对本科生科研能力培养的重要性，现在几乎所有的研究型大学都开展了本科生科研训练项目，例如加州大学伯克利分校开展了本科生科研学徒计划、加州大学伯克利分校开设了伯克利贝克曼学者计划和校长本科生研究奖学金计划等。

英国研究型大学培养人才的科研能力和实践能力则主要以学院制和导师制为主导。如剑桥大学实行独特的学院制，大学和学院在经济和人才培养上分工明确、互不干涉，但也水乳交融、相得益彰，学院的高度自治为开展科

研活动和实践活动提供了良好的生态环境,拓展了学生科研能力和实践能力的自由成长空间,是造就科学精英和世界顶尖人才的重要原因。而导师制与学分制都充分关注每个学生个体的特质,尤其注重学生科研能力的培养,给予了学生自由的学术空间,是一种个性化培养的教学模式。牛津大学就是以学院制为基础,同时采取导师制和学分制,使学生的科研潜力得以最大限度地发挥,这种制度成为牛津大学具有卓越本科教学质量的根本保障。

相较于美国和英国对科研能力培养的重视程度,德国的应用科技大学突出需求性和实践性,更加重视实践性教学环节,课程设置直接针对相关企业的实际岗位需求。[①]这是根据德国的社会需求和实际国情来决定的,侧重于研究的传统人才培养模式已不符合社会发展的需求,迫切需要通过足够的实践教育提升人才的技术技能,为高速发展的产业输送专业的高级技术人才。[②]由此,德国应用科技大学本科学制通常为3—4年(6—8学期)(八个学期),由基础理论类课程、专业技能类课程、技术应用性课程组成课程体系,实践教学时间占总学时的比例为50%,规定的企业实习时间最长为一年,实践教学在大学教学过程中占据主导地位。

印度、新加坡、韩国等亚洲国家的大学本科生科研与实践教育注重国际经验学习、国际交流、走国际化的道路。例如,印度理工大学主要利用国外教学资源支持实现教学科研实施和设备的现代化、开展科研合作和教师流动项目等。再比如,新加坡国立大学向美国大学模式转变,向创新型、创业型大学转型,通过组织机构的整合,并以创业中心、企业孵化中心、产业联盟办公室以及海外学院等部门为载体推行多样化创新创业举措,在专业技术授权、大学衍生公司、校企合作和吸引世界优秀人才等领域取得显著成效。

① 王明伦,王希.德国应用技术大学办学定位研究[J].中国职业技术教育,2018(6):58-63,67.
② 任慧颖.德国应用科技大学对我国职业本科人才培养路径的启示[J].宁波职业技术学院学报,2022,26(6):36-40.

二、科研与实践创新能力培养的国内经验

当前,我国教育体系中的科研体制难以实现"从0到1"范式突破的创新型人才的培养,其本质原因在于我国培养的人才科研能力有限,更擅长在现有范式下解决已知问题,而不是实现范式突破。[①]2009年,教育部、中共中央组织部、财政部联合启动了"基础学科拔尖学生培养计划"(简称"拔尖计划"),这项计划覆盖20所高校、5大学科领域,北京大学元培学院、清华大学"清华学堂人才培养计划"、复旦大学"望道计划"、浙江大学竺可桢学院求是科学班、上海交通大学致远学院等皆为第一批改革试点项目。"高教大计,本科为本",该项目重视本科阶段的创新人才培养,不仅是一项为回应"钱学森之问"而开展的项目,更多的是一项为我国大学本科教育探寻前路的前瞻性教育改革实验,对我国高等教育发展乃至社会经济发展具有战略性意义。在这些高校本科生培养改革试点项目中,无一例外都强调了对学生科研能力和实践能力的重点培育。因此,选取部分代表性高校作为研究案例,通过对其教育改革行动的梳理和剖析来管窥本科生科研与实践创新能力的培养门径,并归纳总结其成功有效的改革经验,可为我国新时代更大范围的高校本科教育的科研与实践创新能力培养提供参考。

(一)清华大学的钱学森力学班

清华大学钱学森力学班(简称"钱学森班")是"清华学堂人才培养计划"暨国家"基础学科拔尖学生培养计划"唯一定位于工科基础的试验班。[②]自2009年创办以来,它不仅肩负着回应"钱学森之问"的使命,还是一项面向新

① 宋兆杰,张敏卿,严建新.苏联科技创新体系成败的移植文化因素分析[J].科学学研究,2012,30(11):1621-1626,1683.

② 郑泉水,徐芦平,白峰杉,等.从星星之火到燎原之势——拔尖创新人才培养的范式探索[J].中国科学院院刊,2021,36(5):580-588.

时期中国研究型大学本科教育改革与发展的前置性"开药方"教育实验。①十多年来,《中国教育报》《人民日报》等报刊多次报道"钱学森班"对创新型人才培养的探索行动,并且该办学模式辐射范围不断扩大,被推广至新办的清华大学行健书院和深圳零一学院,引起了巨大的社会反响和媒体关注。

"钱学森班"人才培养方案在十余年的发展历程中不断更新迭代,最终在2021年才形成了独具特色的"钱学森班方案",其运行机理被归纳为"课程精深学习—科研进阶训练"的双轴驱动模式。②"钱学森班"非常注重学生科研能力和实践能力的培养,致力于改善现行教育体系中科研与实践机制的缺陷,通过"进阶式研究学习系统",学生可以找到充满兴趣或为之痴迷的重大挑战性问题,进而开展自主科研或实践实现精深学习。

如图5-1所示,清华大学"钱学森班"方案主轴之一是课程精深学习,其承袭了部分清华大学本科生培养方案,又始终以培养"有志于通过技术改变世界、造福人类的创新型人才"为核心目标。在基础层面上,以精心设计的课程体系强调对学生"专业能力、通识能力、问题品质、开放创新品质"共四种能力的培养。在进阶层面上,不仅设置学生学科能力的培养目标,更着重培养学生对前沿问题的理解、对现实问题的发现和解决、对创新和深挖问题的追求,实际上是对学生科研能力和实践能力的进一步培养,这就引出了"钱学森班方案"的主轴之二——科研进阶训练。首先,初级科研训练(一阶),学生通过X-Idea(交叉创新挑战问题)课程认识研究问题,了解科技前沿问题,建立什么是研究、什么是好的研究的初步认识,并尝试性地参与到科研项目中,完成ESRT(增强版学生科研训练),初步感受和领悟什么是科学研究,激发学生对科研的兴趣和意识。其次,自我主导研究及管理训练(二阶),"钱学森班"学

① 李曼丽,王金羽,郑泉水,等.新时期本科教育拔尖创新人才培养模式探索——一项关于清华"钱班"12年试点的质性研究[J].华东师范大学学报(教育科学版),2022,40(8):32.

② 李曼丽,王金羽,郑泉水,等.新时期本科教育拔尖创新人才培养模式探索——一项关于清华"钱班"12年试点的质性研究[J].华东师范大学学报(教育科学版),2022,40(8):34.

生用大三一学年完成8学分的ORIC(开放挑战性创新研究),具体包括"确定研究问题、选定研究导师、完成自主研究课题"等内容的学习,体验较为完整的科研过程,掌握并提升科研相关知识和能力。最后,真实情境科研能力提升训练(三阶),构成培养学生实践能力的最终环节,让"钱学森班"大四学生在顶尖高校暑研或科技巨头企业实习,开展SURF(高年级学生研究员计划),在具体的实践活动中系统地学习、反思和改进,进一步强化学生所学理论知识的实际运用能力。综上,"钱学森班"人才培养方案通过两条主轴贯通基础学科知识、科研能力和实践能力三方面的培养,并在科研与实践能力的培养上体现了由浅入深、层层递进的设计理念。

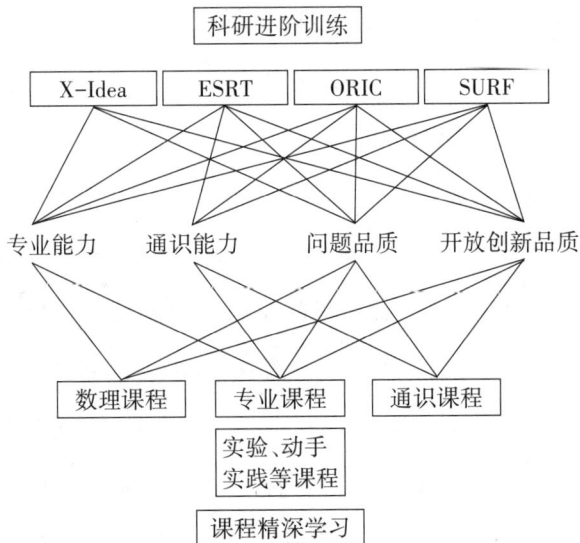

图5-1　清华大学"钱学森班方案"

(二)复旦大学的"望道计划"

望道计划,是复旦大学推出的基础学科拔尖学生培养试验计划,其目标在于培养优秀学生成长为相关学科领域的领军人物,并逐步跻身国际一流科学家队伍。"望道计划"充分发挥复旦大学各基础学科教授云集、国内外知名学者往来频繁的优势,依托各教学和科研实验室,为学生构筑优质的科研能力培养环境,主要包括五个阶段目标和六大平台以及四项配套政策(如图5-2所示)。

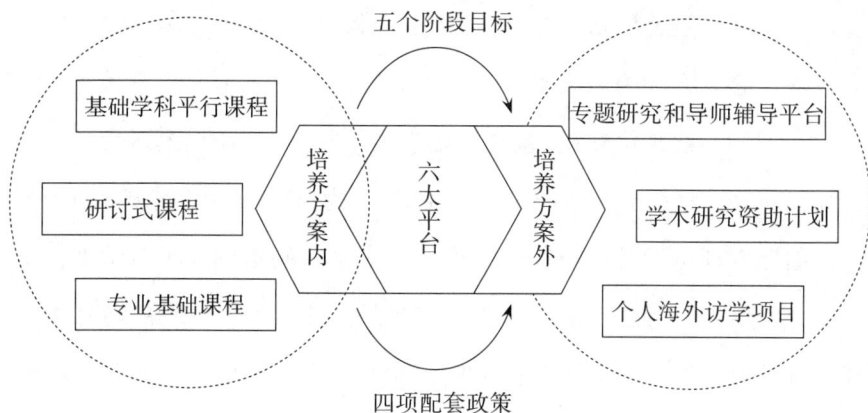

图5-2　复旦大学"望道计划"

一方面,"望道计划"项目将分以下几个阶段目标来完成。第一阶段,探索优秀学生的选拔机制。实行动态进出机制和自由选择专业机制,最终通过该计划培养出最优秀的学生。第二阶段,构建理论知识学习体系。通过聘请国际一流专家学者,采用最新的教材,以及小班化的研讨与探究,使这些学生具备该领域深厚的理论知识以及思考和学习能力,夯实学生的理论知识,为后续的科研与实践能力培养奠定基础。第三阶段,建设科研培养体系。为优秀本科学生参与某专业领域前沿研究搭建平台,形成从学校到院系直至实验室完整的、系统的科研培养体系,确保学生有畅通的渠道和较好的设施条件进行科研活动,提升学生科研的自主性,激发学生的科研兴趣和学术理想。第四阶段,提升学生的科研水平。搭建国际化教育平台,为有一定科研兴趣和基础的优秀本科生聘请国际一流学者来校教学和指导,或者选派优秀本科生到国际一流学校进行科研交流与学习,使学生了解前沿研究问题、具备国际研究视野,整体提升学生的科研水平。第五阶段,强化实践训练,促进学生成长成才。在结束上述四个阶段学习之后,优秀学生将被选送到国际一流的研究小组进一步深造,在研究小组中进行科研活动和实践活动,使他们能在最优异环境下,尽可能地发挥自己的科研和实践能力,将所学知识真正应用到社会的所需之处,成为一流科学家。

另一方面,"望道计划"的实施主体是六大平台,具体是培养方案内的三大平台和培养方案外的三大平台。培养方案内的三大平台主要是为了拓展"拔尖人才"的专业理论知识,包含基础学科平行课程、研讨式课程和专业基础课程三部分。意在加强课程的深度及广度,为"拔尖人才"后续参与研究打下扎实的专业理论基础。培养方案外的三大平台则更倾向于对学生科研与实践能力的培养,以此鼓励"拔尖人才"接触专业领域前沿研究,包括专题研究和导师辅导平台、复旦大学本科生学术研究资助计划和个人海外访学项目。一是专题研究和导师辅导平台,学生可以自主选择参加其中一个或多个研讨班,并根据自己的兴趣及特长选择自己的研究方向。与此同时,加强学生与导师之间的交流,为后续的科学研究构筑桥梁,并为申请和开展"莙政""望道"等学术研究资助项目做准备。二是学术研究资助平台主要是资助学生在导师的指导下独立开展创新性的科学研究活动,进行科学研究的训练。三是国际交流平台,主要是资助学生赴海外著名高校进行交流学习,为学生提供科研与实践交流的平台,激发跨领域学术兴趣,开阔国际视野。

(三)华东师范大学的"佛年计划"

"佛年教育学创新人才培育计划"(简称"佛年计划"),是以华东师范大学前校长刘佛年教授命名的教育学科研究生招生和培养的创新模式,基于刘佛年先生20世纪80年代开创的跨学科教育学人才培养范式,于2015年启动。从本科四年级各专业择优选拔有志于从事教育科学研究的优秀学生,组建"佛年班",以本硕博连读或硕博连读培养模式,构建贯通培养机制,旨在探索研究生跨学科招生、国际化培养、链条式发展的人才培养新模式,培育出一批

"基础厚、能力强、有责任、国际化"的复合型高层次教育学创新人才。"佛年班"连续多届的成功创办,既造就了一批跨学科、高素质的青年学术型、实干型人才,又为高层次人才的科研与实践能力培养积累了办学经验。

一是课程为先,夯实基础。培养科研型与实践型人才,课程建设是根基。"佛年计划"建设多模块、多层次、综合化的课程体系,强化课程的前沿性、系统性、实践性。全部课程由教育学科必修课程、教育学科特色课程、跨学科课程和实践课程等模块构成。课程设置既体现教育学科优势,又反映跨学科的前沿研究成果,还彰显教育学科实践性特点。整体而言,课程体系涵盖了人才培养的理论夯实基础—科研认知运用—实践执行应用三个培养方向,在保证学生的教育学科知识的基础上,加强了科研与实践能力培养的比重。

二是传承创新,利用高水平教育资源。教材方面,"佛年班"遵循着"自主开发"和"拿来主义"相结合的教材开发战略,挑选已有优质教材与自主编写教材同时进行,内容包含教育学原理、教育统计学、教育心理学、教育研究方法等。师资队伍方面,佛年计划教学团队将汇聚多学科优势师资、海内外知名专家以及教育实践领域行家。指导教师实行跨学科联聘制度,根据学生的学科背景及研究兴趣,对学生进行跨学科、综合性、多对一的培养。极大程度上丰富了学生的学术眼界、开拓了学生的科研视野。

三是学术引领,加强科研训练。"佛年计划"为学生创造更多的科研条件,鼓励学生参与导师的课题研究或在导师指导下独立进行课题研究。并且,师徒制科研训练体系富有成效,"佛年计划"实行导师小组合作指导制,根据学生的学科背景及研究兴趣,由跨学科优秀教师组成团队开展联合指导工作,确保学生得到最优化的指导和帮助。此外,还设立佛年专项奖学金,为学生提供更多国内外学术交流的机会。通过国内外导师合作指导,实现研究生科研能力的联合培养。要求学生国际发文以及试行学位论文国际评审,全方位提升学生的科研水平,使其科研水平与国际化评价标准接轨。

　　四是注重实践,改革实践教学。"佛年计划"建立了教育实践基地,聘请一线教育专家、教育行政管理者、教育教学名师等为合作导师,丰富和提升学生教育实践能力。同时,结合近几十年来科研的优势项目和全新进展,建立了以综合实践能力为最终培养目标的科研与实践整合式教学体系,并将实践教学体系分为四个模块:基础理论教学模块、实验技能训练模块、科研项目模块、社会实践模块。此外,"佛年计划"还围绕学生实践能力培养的不同需求,开辟了除教学实习以外更多的实践领域。

三、西南大学的科研与实践创新能力培养

　　新文科建设浪潮掀起,作为哲学社会科学的一个重要门类,教育学也面临着新文科改革大潮的冲击。另外,2012 年 1 月,教育部等七部门联合印发《教育部等部门关于进一步加强高校实践育人工作的若干意见》,强调构建全新育人格局。为全面贯彻落实意见精神,面对新形势、新任务,教育学领域新文科建设势必要以立德树人为根本,立足于学科发展的逻辑与规律,以培养"基础理论扎实、实践能力突出的教育学一流本科人才"为宗旨,回应新时代教育改革发展的新理念新诉求,把脉时代特征、站在中国立场、引领社会思潮、回应人民期盼。在此背景下,西南大学教育学部的教育学专业与时俱进地以新文科建设的精神要求谋取自身的发展,以 5 项省部级教改项目为依托,重构包含课程实践、科研实践、社会实践"三实一体"的创新型人才培养体系,以更好地引领新时代新教育的发展(如图 5-3 所示)。

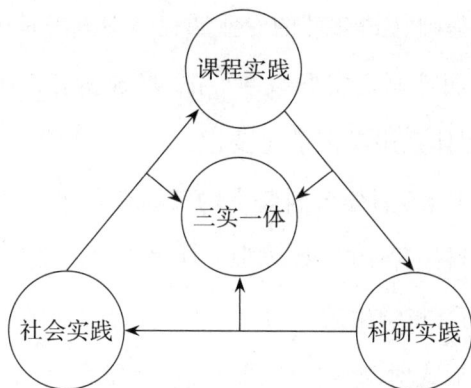

图5-3 "三实一体"的创新型人才培养体系

(一)构建"教育+"的学科交叉融合的实践课程体系

西南大学教育学专业面向学生开设了教育心理学、学校规划学、教育统计与SPSS应用、教育经济学等10余门体现学科交叉融合的课程,进而围绕这些专业课程,不断进行了多方位的课程改革,意在培养学生的实践能力、创新能力(如图5-4所示)。

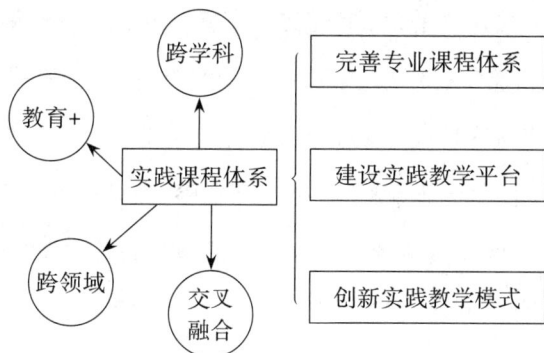

图5-4 "教育+"的学科交叉融合的实践课程体系

第一,完善"重基础、强实践"的专业课程体系。一是根据不同专业课程的教学规律和独特属性制定实践教学标准,增加所有课程中实践教学的比重,全方位增强课程体系中实践的重要性。二是增设教育研究实践、综合实践活动设计等8门符合教育学学科特点的实践类课程,打破专业知识体系和专业技能体系的学科边界,在不断增厚学生教育学专业知识的同时,丰富学生的教学与科研经验,将学生的生活、专业学习、社会实际三者紧密联系在一起。三是以主题的形式对跨学科课程资源进行整合,构建模块化课程结构。将凸显教育学科知识的主题类模块课程、凸显师范生发展需要的活动类模块课程以及凸显教师工作特性的体验类模块课程进行综合编制,满足学生对整合性知识、学校情景体验、综合实践能力的发展需要。四是在教学评价方面,致力于建立柔性评估与奖励优秀的考核机制,在考核时强调过程性评价和个性化评价,在课程考核中采用基于课程研究成果和项目报告等形式代替传统的课程考核,重在考核和评价学生的实践能力与创新能力,不断激活学生的发展潜力。

第二,建设实践教学平台,重视文科实验室建设。近6年耗资1000多万元建设教育创客实验室、课堂教学远程互动实验室、教育机器人实验室、美育实验室、教育经济与管理模拟实验室、教育卫生学实验室等教学实验室和工作坊,支持开展教育学专业本科生"探究性实验"教学探索。上述这些教学实验室为教育学本科生提供了理实一体的实践教学条件,使许多传统的理论课程焕发了新的活力。另外,在教学实验室的教学过程中,多采用启发式、研讨式、探究式、参与式的研究性,并结合网络创新自主学习,大力突破了以知识传授为中心的传统教学模式,探索以实践能力培养为主的教学模式,真正落实"做中学"的实践教学理念,推广使用现代信息工具的教学方法。

第三,创新实践教学模式,基于"三小制"实现理实融合。为了实现教师引导与学生自主体验相结合、自主理论学习与课堂实践体验相结合、课内与课外相结合,西南大学教育学部从2013年起开始探索"三小制"改革(如图5-5所示)。一方面落实"小班"和"小组"制度,确保教育学专业晏阳初创新人才实验班仅有30—40人,进而以5—8名学生编组,以小组为单位开展教学和研讨,基于"小班"和"小组"制度保障课程实践落地。另一方面,通过"小课题"连接课内与课外两个学习空间,深度推行参与式、项目式教学模式,激发学生持续自主学习的内生动力。同时,坚持名师引领课程实践,以国家级教学名师朱德全教授、教育部"长江学者"罗生全教授、博士生导师王牧华等为代表的专家教授,每学年坚持为本科生授课,并参与课程研讨和课题指导。

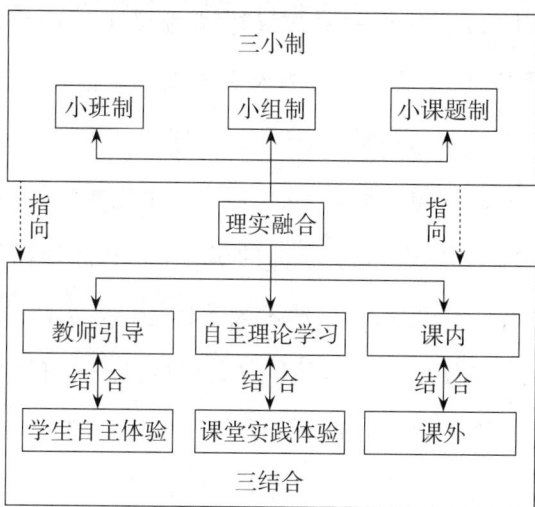

图5-5 "三小制"课堂教学改革

(二)进行科研教学模式的系统性改革

为培养学生的创新意识、科研能力和创新能力,引导学生形成严谨的科学态度和团结协作的团队精神,促进学生、教师和教学管理者对研究型教学中教学主体、探究互动、交流合作、创新实践认识的全面升华,西南大学教育学部高度重视学生科研能力的培养,创新了科研教学模式(如图5-6所示),并采取了以下改革行动。

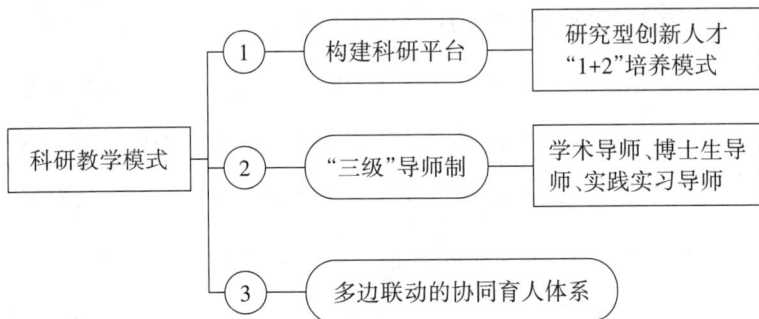

图5-6　西南大学教育学部教育学专业科研教学模式

第一，为教育学专业学生构建科研平台，构建本科研究型创新人才"1+2"培养模式。即搭建"1"个平台——"志汉杯"学生学术作品竞赛，设立"2"个项目——本科生"挑战杯"培育基金项目和晏阳初学生创新基金项目。从2008年起，西南大学教育学部每年举办一届"志汉杯"学生学术作品竞赛，本科二、三年级通过班级、年级、学部学术论坛层层评选出优秀作品，鼓励学生将课程论文与学术竞赛作品相结合，再将优秀的获奖学术作品推荐参加西南大学举办的"含弘杯"校级学术比赛，再由西南大学将优秀学术作品推荐参加市级、国家级比赛，最终形成了"六级六环"科研竞赛机制，即"班级—年级—院级—校级—市级—国家级"六级和"选题—设计—实证—撰写—修改—展示"六环，实现以赛促研、以赛促学的科研教学模式，如图5-7所示。此外，从2013年起，西南大学教育学部创设了本科生"挑战杯"培育基金项目和"晏阳初"创新基金项目，为学生开展教育科研提供经费资助。另外，还以参加"挑战杯""互联网+"大学生创新创业大赛等各类科技竞赛活动为抓手，培养学生的综合素养，促进学生全面发展。

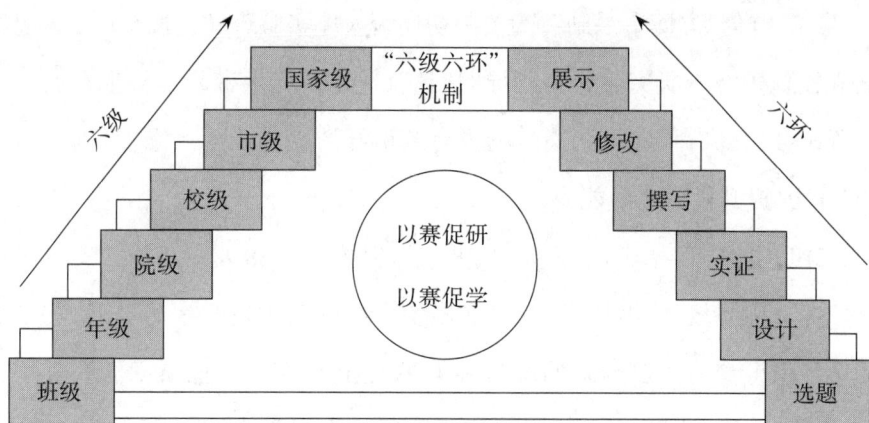

图5-7　西南大学教育学部"六级六环"本科生科研竞赛机制

第二,建立"三级"导师制,为教育学专业学生提供优质科研指导。遴选教授、优秀博士生和一线名师给学生担任导师,对学生学业、实践技能、科研能力、生涯设计进行全程全方位指导。一是做实"本科生学术导师制",为大一、大二学生,按照3—5人一组,每组分配1位学术导师,在课程学习、课外阅读、学习方法、学术科研等方面提供精细化指导,同时建立吸纳本科生参加科学研究工作的长效机制,将优质科研资源转化为教学资源,为本科生科技创新活动提供了优秀的指导队伍。另外,由宋乃庆教授、朱德全教授、张辉蓉教授等一批专家学者亲自培育、指导本科生参加科研赛项。另外,西南大学教育学部高度重视教师自身实践能力的提升,通过推行"科研副校长制",鼓励教师从事实践教学。最近6年,持续选派30余位专业课教师担任合作学校的"科研副校长",通过为合作学校提供全方位的教学和教研指导服务,提升教师自身的实践教学能力。实践证明,教师团队丰富的社会实践经验为教育学专业本科生起到了模范带头作用,也增进了教学授课过程中实践育人的隐性影响,激发了学生对教育学知识应用于实践的渴望。

第三，首创"本博牵手制"，为晏阳初创新人才实验班学生按5人一组配备1名在读优秀博士研究生作为指导"学长"，博士研究生带领本科生开展读书会、研讨会、交流会等活动，通过榜样示范引导树立正确学习态度、训练科学研究方法、提升科研实践能力。

第四，实施"双导师制"。大三、大四学生按照5—8人一组，从"实习实验基地"遴选优秀教师、教研员担任"实践实习导师"，负责学生的见习、实习指导，学生也可参与"双导师"的教学科研课题研究，利用自己所学的教育学专业知识协助一线教师的科研工作，感悟教育教学一线的实况，促进学以致用、知行合一。

第五，构建多边联动的协同育人体系。长期以来，西南大学教育学部与北京师范大学、英国伦敦大学等20所国内外高校，与重庆市南开中学等32所中小学校，与中国教育科学研究院等12个教科研机构，与树人教育研究院等10家行业机构建立起稳定的合作育人关系。通过联合授课体系及常态化开展讲座、论坛、学术研讨会等多元平台，实现教育资源的集约化配置与高效利用，进一步拓宽学生的学术视野，增强其综合学术素养。另外，西南大学教育学部依托基础教育研究中心、美育研究中心等10余个科研平台带动教育学专业本科生深度参与教学实践；依托"中国义务教育发展报告"等国家重大课题项目，带动学生参与寒暑期课题调研活动，课题调研活动为本科生开展课程论文、毕业论文、学术竞赛等提供了大量客观的一手数据资料。

综上，西南大学教育学部为提升教育学专业本科生的科研能力采取了一系列改革行动，也取得了非常瞩目的成绩。近五年，教育学本科生发表学术论文近百篇，其中17篇发表于SSCI/CSSCI收录期刊，编纂出版专题研究论文集4辑。本科生连续5届参加全国"挑战杯"大学生课外学术科技作品竞赛，累计获得奖励17项，其中1项为全国特等奖。经统计，不管是获奖数量还是质量，西南大学教育学部均位居全国高校教育学专业前列。此外，由本科生主要构成的"教育测评之家"科教创新团队入选2017年中国青少年科技创新奖励基金支持项目——大学生"小平科技创新团队";学生还获得中国青少年科技创新奖1项、全国大学生创业大赛公益创业赛三等奖1项、中国志愿服务项目大赛银奖1项、全国青年公益实践大赛全国15强,以及市级相关奖励10余项。

(三)健全"开放+应用"型社会实践教学模式

最近几年,西南大学教育学部围绕"开放+应用"型社会实践教学模式(如图5-8所示),为提升本科生实践创新能力进行了一系列改革行动。

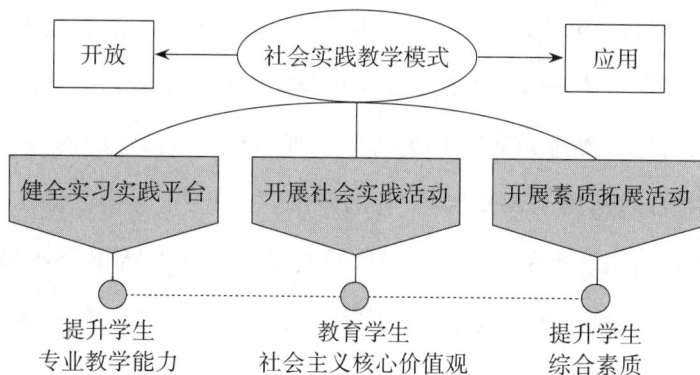

图5-8　西南大学教育学部教育学专业实践教学模式

一是开展社会实践活动,培育学生社会主义核心价值观。2016年以来,西南大学教育学专业累计组织学生180人次前往广安进行社会实践活动,开展了追寻伟人足迹,构筑教育梦想的教育活动。同时,西南大学教育学部本科生先后举行了"我的梦,中国梦""我的中国梦,依依教师情""青春中国志,腾飞中国梦"等主题团日活动。西南大学教育学部"蒲公英"志愿者服务队还在北碚区龙凤桥市民学校进行了主题为"情系千千结,温暖社区行"的志愿者活动。为加强大学生美育和劳动教育,该专业参与组建了"学校乡村美育博物馆",并与巴渝农耕文化陈列馆长期合作,形成了"馆校联动、三位一体"农耕文化传承与保护机制。2016年以来，该专业每年20余学生到陈列馆进行为期1周的农耕文化学习与体验，依托该项目荣获"挑战杯"、大学生双创项目等奖项，成立农耕文化教育创新社。与重庆市区县政府、中小学校、幼儿园合作，创立"假日学校"品牌，组织学生利用寒暑假在"假日学校"开展兴趣辅导、社会调研、教育定点扶贫等社会实践活动，将学校课堂所学搬进社会大课堂。

二是健全实习实践平台，提升学生专业教学能力。教育学部积极拓展与中小学校的合作渠道，建立稳定的实习实践基地，目前建有西南大学附属小学、重庆市北碚区朝阳小学、重庆市星光学校、重庆市朝阳中学等实践教育基地16个，由教师带领本科学生到实习实践基地做课程见习、开展调研、集中实习或者扎根基地开展"助教""助管""助研"活动。例如在北碚晏阳初中学等学校设立"教学实验基地"，为该专业学生每学期提供10周（每周1次，每次时间为半天，每年级安排2学期）的教育教学观摩和实践锻炼的机会，让学生扎根实验学校深入班级与课堂实施"三助"计划。重庆市北碚区澄江小学借助"双实基地双边联动工程"，组建了教师核心组培训团队、学科教师指导团队、研究生协作团队等，既推进了农村学校的发展，又促进了教育学专业学生成长。

三是开展素质拓展活动，逐步提升学生综合素质。近年来，通过精心组织开展师范生素质拓展节、"晏阳初杯"十项全能竞赛、师范生才艺展演等精品课外素质拓展活动，着力夯实学生的专业能力，促进学生的综合素质有效提升。广大学生积极参加各类竞赛，拓展能力，逐步提升综合素质，获得优异成绩。近十年来，上百名学生在校级及以上学术科研竞赛、演讲竞赛、征文比赛、艺术展演、体育竞赛等各类竞赛中获奖。

第三节
科研与实践创新能力培养改革前瞻

当今世界正处于百年未有之大变局,世界之变、时代之变、历史之变的特征更加明显。在新的国家战略阶段和环境背景下,如何提升高校人才培养质量,针对性地解决高校人才培养模式中存在的问题,回应国家重大战略需求与新时代下经济发展对人才提出的新要求,是我国教育体系必须直面的核心性、根本性、长期性的议题。[①]教学、科研和社会服务是高等教育的三大基本职能,[②]高校在人才培养的过程中也应该履行科研和社会服务的责任,实现学校的人才培养与社会服务同向同行,让学生的科研能力与实践能力共同发展。因此,高校应该以培养具有科研与实践创新能力的人才为目标,积极开展本科生教学改革,在此,笔者提出了"三链衔接—三阶递进—三轴驱动"的新时代教育学本科人才科研与实践创新能力培养模式,作为对传统人才培养体系的有益补充。

一、"课程链—教师链—项目链"三链衔接

高校人才科研与实践能力的培养离不开全面系统的培养机制,通过整合优质的学科、科研、教学资源,打造"课程链—教师链—项目链"三链衔接的培养机制,全方位保障学生科研能力与实践能力培养的优质教育资源供给,在夯实学生专业知识基础的同时,强化对学生科研和实践思想的引领和指导。

---

① 段易含.青少年拔尖创新人才培养效果及其影响因素——基于"英才计划"实践的调查[J].少年儿童研究,2022(12):29-40.

② 高海娟.横向科研项目对应用型高校专业学位研究生培养作用研究[J].经营与管理,2022(12):155-157.

（一）打造跨领域的应用型课程链

本科教学不能仅仅立足于教材和课程内容中的专业理论知识本身，更重要的是教会学生对所学知识的灵活应用和价值创造，故而课程体系中必须在专业教学基础上融入实践教育以提升学生应用专业知识进行科研和实践的创新能力。

一方面，强化课程体系的学科交叉应用。当前社会科技表现出既高度分化又高度综合的大趋势，产业发展中的问题要求多学科的思维、技术和方法共同解决。[①]完备的知识结构更有助于学生综合实践能力和创新能力的增强，[②]学科的交叉点往往成为新知识、新突破的产生点，许多世界上"对人类作出最大贡献"的成果都是在自身专业领域的基础上借助交叉学科的知识实现的科学突破。[③]教育学本科人才培养也需要体现教育学的多学科交叉特征，注重课程内容中各学科的交叉融合，着重培养本科生认知、科研、实践、创新能力。根据教育学专业的特点和教育实践中涉及的知识内容，构建"学门核心+学类核心+专业核心+专业选修"的专业课程布局，做到传统专业课程内容和新兴跨领域综合知识并重。具体表现为，不仅要探索教育学与心理学、历史学、教育技术学、汉语言文学等相关学科的融合，还应该积极建立更广泛的跨学科的课程体系和交叉学科的应用体系，使不同学科领域共同支撑教育学课程的视野广度和知识宽度，培养一批能应用多学科知识的复合型教育学本科人才。

另一方面，融合教学与科研以提升学生的专业研究能力。整体优化课程体系，将发现、提出、分析和解决问题的科研训练贯穿于教育学本科课程的全过程，确立专业知识、思维训练、学术引领与实践结合的科研培养目标。充分

---

① 胡之德.浅议交叉学科方式培养研究生的创新性[J].学位与研究生教育,2001(1):8-10.

② 孙真荣.积极推进学科交叉融合全面提升高校创新能力[J].中国高等教育,2013(1):27-29.

③ 王娟、杨森、赵婧方."拔尖计划"2.0背景下提升创新人才培养质量的思考与实践[J].中国大学教学,2019(3):19-24.

利用高校综合教学资源和雄厚的科研实力,根据本科生的学习进度和成长规律设置不同难度的科研训练内容,在本科一、二年级的课程体系中融合大学生科研训练计划(Student Research Train Program,SRTP)项目,[①]使学生能尽早进入本专业的科研领域,接触和了解学科的前沿和发展动态,初步让学生感悟科研精神、培养学生的科研兴趣。在本科三、四年级鼓励任课教师将本人承担的科研项目和熟练的科研方法融入课堂教学中,培养学生能够主导并解决复杂科研问题的系统性科研能力,包括问题提出、方案设计、实验验证、论文写作等实际科研环节,并以学术论文、研究报告、调查报告等形式进行课程考核。

(二)完善科研兴趣引领的教师链

对于教师配置的政策制定,应坚持本科生"三级导师"制度,遴选教授、优秀博士生和一线名师担任导师,导师根据学生的认知能力特点和需求,制定个性化、高起点的学业和科研实践训练方案,对学生学业、实践技能、科研能力、生涯设计进行全程全方位指导。教育学是一门基础性学科,教育学专业的本科生就业方向更多的是进入学校或者继续深造,从事教学或科学研究工作。因此,对教育学专业的本科生进行科研思维渗透与实践训练是十分重要的。通过建立本科生的"三级导师"制度,让本科生较早在导师的引领下体会教育实践、感受学术魅力、参与科研项目、提升科研兴趣,有利于教育学学生科研与实践创新能力的塑造。

对于教师科研指导激励政策的制定,学校应加强引导,从精神和物质层面对积极指导学生科研并卓有成效的教师给予奖励,如颁发"卓越科研育人

---

① 冯德俊,曹云刚,张同刚,等. SRTP指导过程中科学的过程管理方法探讨[J].高教学刊,2022(8):142-144,148.

奖"荣誉证书或给予奖金。①鼓励教师通过带领学生协助科研项目、进入一线教育实践、参加学术讲座等方式贯彻教师培养教育学专业本科生科研与实践能力的理念。

对于教师教学内容的更新调整,应鼓励教师把教育学领域的最新科研成果、前沿热点问题、总体发展方向融入专业课程的教学中,有效激发学生的科研兴趣。②对于教学时学生迸发的科研兴趣,教师应正确引导和培养,鼓励学生通过自主查阅文献,养成从综述中研究问题的习惯,培养学生自主学习的能力,培育学生的问题意识和思辨思维,有助于教育学本科生科研创新思维的训练,为以后从事科研工作奠定基础。此外,还应充分发挥不同研究方向、个人特质、科研习惯的各类教师的差异化优势,实行交叉授课制度,把每位教师的前沿研究成果都呈现在教学中,实现授课内容与教学风格融合与优势互补,让学生了解各类交叉学科前沿科研动态,拓展学生创新思维。

(三)构建依托科研实践育人的项目链

教育学专业的本科生毕业后,无论是直接走向一线教育岗位任职,还是继续攻读研究生学位,都要求这些学生具备较强的科研能力、实践能力、创新能力及环境适应能力。因此,教育学专业本科生的培养必须紧扣我国教育事业的前沿问题,围绕教育科研热点、教育实践问题、教师岗位需求构建培养体系,实现学生"学术型"与"应用型"并重的培养目标。

把依托科研项目开展的人才培养工作做好,将会直接提升高校的人才培养质量。③科研项目通常来源于教育体系改革和教育实践过程中遇到的亟须解决的重大问题,高校若带领学生将这些问题直接纳入本科生的学业研究内

---

① 尤兰芳,陆玲,徐彬,李俊龙.麻省理工学院本科生科研训练激励机制分析及启示[J].中国农业教育(双月刊),2018(6):66-71,95-96.

② 任常在,华栋梁,程姗.科教融合人才培养模式构建与实践[J].高教论坛,2021(11):31-33.

③ 高海娟.横向科研项目对应用型高校专业学位研究生培养作用研究[J].经营与管理,2022(12):155-157.

容,遵循成果导向的教育逻辑,形成的成果既能直接用于项目申报,又能通过开展科研项目系统地训练学生的科研与实践创新能力,使学生全程参与项目,进行教育实践、应用研究。具体而言,主持科研项目的教师先要结合项目研究方向和研究团队的实际科研能力确定好申报选题,在申报或开展项目的过程中,学生及其所在的研究团队需要进入教育实践一线开展深入调研,并深入了解、掌握和应用相关研究方法,根据研究的开展情况对研究方法、研究思路、研究内容等进行调整修改和深入思考,学生会有更多接触各类一线教育实践的机会,能尝试将理论知识运用于解决教育实践问题,在开展科研项目的实践中习得研究方法的使用、科研的基本流程、学术写作的原则和规范等。由于科研项目有国家支持和经费保障,相较于个体开展的科学研究,一线教育实践的参与者(如学校管理者和教师)在整个项目进程中更愿意积极参与和配合,与负责项目的导师和本科生保持更为密切的联系。本科生能通过与一线教育工作人员的接触和开展实践项目的锻炼,充分了解现实中一线教育的真实情境,从而更好地帮助其专业知识落地。最终,通过"科研项目—实践能力—职业需求"的闭环培养机制,实现学术素养与岗位胜任力的双向强化。

二、"认知阶—应用阶—创新阶"三阶递进

教育学人才的培养离不开循序渐进的培养机制,这意味着除了扎实的理论基础,学生实际的科研与实践的应用能力也需过硬,在具备一定专业应用能力的基础上,最终才能产生对该学科的生成性意识、创新性思维和突破性成果。了解科研与实践的基本知识,这是第一阶段的认知体系。随后逐渐对学生展开教育科学研究的基本训练,让学生进入各类学校进行教育实习实践活动,掌握科研的一般流程、方法、原则和规范以及从事教师工作的基本技

能,这是第二阶段的应用体系。最后,在前两个阶段的积淀下,学生可以创新性地产出科研成果或在实践中更新优化教学方法、教学内容、教学模式等,起到深化教育实践改革、推动教育体系发展的重要作用,这是第三阶段的创新体系。

(一)夯实学生对科研的认知基础

受基础教育阶段习惯影响本科生,对学校教学的认知仍然停留在"教师上课、学生听课"的单向知识传递模式上,但是按照这一传统思路进行科研与实践教学时,往往会陷入僵硬化、形式化、低效化的困境中。事实上,本科生进行的科研与实践活动与传统的授课制相比,有明确的研究方向、成果目标和资源限制,具有临时性和开放性,这与传统课堂教学的重复性、常规性、组织封闭性颇为不同。因此,根据科研与实践活动的特质可以获知,高校在培养学生对科研与实践的认知时,必须更注重教学模式的调整,全方位增厚学生的认知体系,为后续培养学生的综合应用能力奠定基础。

首先,教师在认知的培养中扮演着项目管理协调人的角色,而非课堂教学的执掌者。通过帮助学生设计研究思路、获取研究资源、安排研究进度、协调参研学生的职责等方式引导学生完成科研的工作。教师不需要去过分干涉科研训练项目的具体运作过程,只需要告知学生科研的一般流程和写作规范,由学生自主通过查阅资料主动学习,最后帮助学生按照自身的研究思路完成科研,形成相关科研成果。

其次,教师在认知的培养中需要注重过程性引导。过程性引导并非扼制学生的创造性思维和创新性想法,也不是由教师控制整个科研实践过程,而是考虑到本科生科研经验、专业知识、实践能力等方面的局限,而为之提供科研或教育实践所必需的帮助,给予必要的指导和提示,如指导查阅资料的方法、推荐学习某种研究方法的专著、联系需要实习的学校等,促使学生打开思路,保证其在实践中能够对相关认知有所积累,为后续学生在"应用"和"创新"培养阶段自主开展科研和教育实践活动面临类似情境时做好准备。

最后,高校在认知的培养中要发挥宣传引领作用。对于许多高校而言,本科生的科研与实践能力培养还是一项不够成熟的培养模式。因此,高校需要及时提炼优质的科研训练案例和特色教育实践案例,进而搭建广泛的交流平台,将各种往届本科生优秀的科研与实践成果充分地展示,为新入学的本科生介绍和宣传,整体增加本科生对科研与实践的认知厚度,激发教师和学生参与科研与实践培养活动的积极性。

(二)强化学生知识应用的能力

著名的博耶报告指出:研究型大学必须改变传统的知识传递的教学方式,提倡以探究为基础的研究性学习,特别对本科生进行科研训练。[1]作为高等教育强国的美国较早地看出开展本科生的科研与实践训练能激发其创造力、提升其独立思考的能力。随后,在对博耶报告的影响进行跟踪调查中又一次提出实施本科生应用性教学是博耶报告提出的最为成功的举措。[2]应用性教学的精髓在于让学生在本科阶段就能体验和学习到"如何运用知识"的全过程,这些应用性的教学能够使学生在日后的科研与其他社会实践活动中更好地胜任其岗位和职务。

一是改变之前高校传统的纯理论教学模式,创新教育学科研与实践教育内容,推行"科研项目+社会服务+教育实践"的应用培养模式,增加一定数量的实践活动和科学研究的机会。需要特别说明的是,应用培养模式并不代表游离于理论知识的课堂教学之外,而是教学的一个有机组成部分,两者相互依存,会推动教育学本科生把所学教育学专业的理论知识与科研和实践活动

---

[1] 巴素英.美国研究型大学本科生科研的教学及趋势[J].现代教育科学,2004(2):108-110.

[2] 张红霞,曲铭峰.研究型大学与普通高校本科教学的差异及启示——基于全国72所高校的问卷调查[J].中国大学教学,2007(4):20-24.

紧密连接起来，增强学生对知识的应用能力。例如，在教育学本科生的授课过程中，坚持我国教育事业改革发展中的真实问题导向，学生在接受教师的课堂教学之外，通过实地调研、图书馆查阅、网络检索等方式寻求解决问题的答案，在这些过程中就会将"应用知识"这一行为内化为一种实践态度和研究方法，并形成学生未来就业或深造中的优秀能力和品质。二是完善"校校地"协同制度，地方政府提供资金和政策支持，高校提供教育学本科人才和教育学知识教育，实习学校承担场地实践和一线教学指导，通过"双校"的深度合作，协同打造"认知应用+科研应用+教学应用+岗位体验"四大实习板块，提升学生专业知识应用能力及岗位适应性。

（三）形成以成果为导向的创新培养

广义成果涵盖两类产出：其一为学术性成果（如科研论文、调研报告、竞赛作品），其二为实践性成果（如教案设计、教研日志、实习反思）。其关键内核在于学生在利用已有的理论知识进行科研与实践的过程中经由自己的思考和探究所形成的一系列创新性想法，实现从"应用"到"创新"的跃迁。而高校则需要从保障制度和培养对象两方面创设一个"在科研与实践中创新"的良好氛围，展现科研与实践的日常情境，使创新渗透全域、研究融入日常、实践贯穿全程，并让学生在科研与实践的过程中深刻体验创新的本质。

就培养对象而言，创新性培养应最大限度地面向全体学生，而非少数拔尖学生的专利。优秀学生固然可能具备更好的知识基础和研究潜力，在实践活动中表现更优异，但高校需要明确的是科研与实践创新能力培养的本真价值并不在于得到某种有形的创新性科研成果或实践成效，而是在于以科研与实践活动为机会，培养本科生无形的科研素养、实践能力和创新思维。因此，高校在施行第三阶段的创新性培养时，应注意规避创新性成果的功利性，使该阶段的培养成为惠及广大本科生的科研训练体验和实习实践感悟，从而促进学生科研与实践创新能力的普遍提升。

就保障制度而言,正因本科生存在知识结构局限与经验短板,若缺乏系统指导与制度支撑,不仅科研实践推进困难,更难以产出高质量成果。因此,在本科生创新培养阶段,教师的介入和相关政策制度的保障是非常重要的。例如,在省级、国家级科研项目申报时,组织高校内外专家给予参与项目申报的本科生一对一指导,帮助他们把握研究方向,提升申报材料质量。此外,由于本科生一般难以在科研项目和正式课题中发挥重要作用,所以并非每一位教师都愿意花费时间和精力成本接纳本科生进入自己的项目和课题,就算本科生有幸进入了科研团队,通常承担基础性辅助工作,难以真正理解和体会到科研与实践的内涵意蕴。而这就需要通过导师责任制、科研学分认定制度及项目准入制度三维保障体系,保障本科生的科研与实践的权利,要求教师积极吸纳教育学本科生参与自己主持的省级、国家级科研项目,降低本科生的科研门槛,鼓励学生"敢科研,能科研,会科研"。

三、"交流轴—竞赛轴—实践轴"三轴驱动

要想培养具有科研与实践创新能力的教育学领军人才,首要条件是高校要保障学生具备战略视野与学术前沿洞察力的领军特质,需同步推进两翼建设:一要为学生创造科研实践机会;二要强化教师团队指导效度。通过构建一系列科研与实践的高端交流平台,培养学生聚焦前沿、对话专家学者、深入一线教育的战略视野。提高新时代教育学专业本科人才的科研与实践创新能力,可一体搭建"交流—竞赛—实践"三维驱动体系,促进人才的科学精神、创新意识、担当意识、沟通能力及国际视野等综合素养的全面提升。

(一)建设优质交流平台与机制

完善的交流机制与良好的实践平台是促进学科交叉融合和创新型人才培养顺利实施的关键,学术交流和导师指导模式都对人才的科研与实践创新能力培养有着重要影响。[1]已有研究发现,学术交流的指导频次与学生学术科研能力的发展呈显著的正相关关系。[2]

一方面,为本科生搭建有效的交流平台。与省级示范中小学、实验教学示范中心、国家级示范学校等优质实践场所共建教育学本科生实习基地,这些平台可为教育学本科生提供参观、教学、教研等教育实践机会,为其提供实践教学资源保障。与国外一流教育学学科建设的大学进行合作,积极推荐学生赴境外名校进行长短期交换学习,交换期间学生既参加教育学专业的课程学习,也要积极参与国外导师的科学研究项目,达到将学生"送出去"、学者"请进来"的交流目标,从多维度拓展学生的国际视野。同时,鼓励和资助具有研究潜质的优秀本科生参加学术会议,如有能力可发表学术论文并在学术大会上作报告,以此拓宽本科生的学术视野。

另一方面,为本科生建立健全交流机制。高校应邀请各类不同学校的领导、教育研究领域学者、教育社会服务工作站管理者等在教育领域具有较高权威性和较强科研与实践能力的专家入校,构建"浸润—熏陶—养成"的多维培育体系。组织教育学本科生参加这些专家举办的一线教育实践调研报告会、国际学术会议、教育公共服务技术培训、教育类就业交流分享会等活动,探索使命驱动与志趣激发相结合的培养方式。积极联系国外高水平大学的知名教授前来交流,组织国外教育学专家与学生进行面对面或者线上交流,为学生提供接触和参与国际交流的机会,为其接触学科前沿和出国深造奠定良好基础。

---

[1] 熊勇清,胡娟.研究生创新创业素质与学科交叉培养模式——基于在校研究生的调查与分析[J].研究生教育研究,2017(2):40-46.

[2] 黄海刚,白华.博士生需要什么样的导师?——基于对全国44所高校博士生的问卷调查[J].高教探索,2018(8):35-43.

(二)强化竞赛驱动牵引的作用

科学管理之父泰勒指出,工人"磨洋工"的现象责任不在于工人,而是其不知道"该干多少"造成的。学生亦复如是,当他们不清楚需要学习什么、学到什么程度、学来干什么的时候,学习的效率和主动性都会低下。通过将"教师驱动"转变为"任务驱动"的竞赛机制,可有意识地培养学生的自主性学习能力,[①]进而提升科研与实践创新能力的培养质量和效率。

充分发挥"互联网+"大学生创业创新大赛、"挑战杯"全国大学生课外学术科技作品竞赛和"创青春"全国大学生创业大赛三大赛事的引领作用。首先面向全体本科生通过院系、学校开展的校内竞赛进行培训和选拔,促使本科生系统经历"竞赛参与—知识应用—成果创新的完整科研实践链条",强化学生对专业基础知识和科研方法的掌握程度,培养科研实践思维,最终形成教育问题解决的策略体系。在此基础上,挑选优秀的本科生科研团队,组建多支代表学校参与省级、国家级竞赛的本科生团队,通过聘请资深专家学者的定期指导、各竞赛团队间相互分享和交流心得,校内多位教师精心指导一个团队等方式进一步提升这些竞赛团队的科研与实践能力,力争在省级、国家级和国际竞赛中取得优异名次,而这些获奖的竞赛团队也能为校内本科生起到示范引领作用,最终形成"院级—校级—省级—国家级"四级本科生科研与实践竞赛体系。

通过竞赛活动将学生的科研视野锚定国内科研前沿,推动其深入教育实践一线,从我国教育实践中找到真实需求与核心问题,着力破解同质化竞争与科研内卷困境,引导其实现从"热点追踪"到"问题驱动"的研究范式转型。

---

① 陈绪敖,王宏琳."任务驱动、以学定教、过程管理"的混合式教学模式探究[J].安康学院学报,2019,31(2):123-128.

(三)完善科研与教育的实践体系

本科生的实践活动主要在于激发学生的学习动力和学术创造力,进而培养学生在实践探索中运用的科研与实践创新能力。包括科研实践与教育实践两个方面,科研实践训练强度越大,对人才科研与实践能力培养效果就越显著。①

在低年级科研教学中采取探讨班形式,引导学生参加科研课题,并为每个课题组配备一名教师和一名研究生共同指导,引导学生分析问题、阅读前沿科研文献、设计研究方案、形成论文或报告,从而系统地进行科研基础训练。在科研基础训练的过程中,一方面引导学生找到其感兴趣的研究领域,鼓励其积极加入教师的科研项目中,拓展其所学的专业知识,为其开辟出通向学术研究的路径。另一方面,教师可以通过指导本科生课题组团队,挖掘具有学术潜力的人才,邀请学生加入自己的科研项目,成为自己的科研助手,协助开展科研工作,将优秀的本科人才融入自己的科研团队中,使其成为教师研究生团队的"后备军"。在本科四年级通过毕业设计提高学生解决复杂问题的综合创新能力。经过本科前三年的系统培养,教育学本科生已经具备了一定的教育学专业知识、教育教学技能、科研能力,在交流阶段和竞赛阶段培养的基础上引入毕业设计环节以锻炼学生主导解决复杂问题的实践能力。毕业设计要求学生综合四年所学知识及技能,基于我国教育事业发展的前沿问题提出一系列有意义的问题,自主确定毕业设计的选题,进而在导师的指导下充分利用所学知识及科研技能开展创新性的探索,解决一个相对复杂的研究问题,并将整个研究过程总结归纳成一篇毕业设计论文,在此过程中能丰富学生的实践经验,极大地培养学生对知识的应用能力。②

---

① 段易含.青少年拔尖创新人才培养效果及其影响因素——基于"英才计划"实践的调查[J].少年儿童研究,2022(12):29-40.

② 汪鹏,吕美香,倪庆剑,张祥.基于"教-赛-研"三融合的计算机类创新型人才培养机制探索与实践[J].软件导刊,2022,21(11):157-161.

　　实习实践教学也是教育学本科生人才培养的重要环节。高校应针对教育学的学科属性形成一套特色鲜明、方法先进、系统完整的教育学本科生实践能力培养体系。[①]依据高校搭建的优质交流平台,组织本科生进入各类学校实习。针对不同实习阶段,采用探究性、印证性、自主性相结合的模式,通过校校联合、校所协同的方式开展教育实践教学,强化本科生理解教育规律、应用教学技能、认知教学岗位需求、感悟教师光荣与责任的能力。同时,将本科生教育实践能力与实习学校学生的成长和发展相联系,在完成实习学校的实践教育过程中也可以让本科生产生获得感和成就感,有利于进一步强化本科生对教育学专业的自我认同感和归属感。

---

① 宋长青,刘静,潘峰华."双一流"建设背景下北京师范大学地理学本科专业人才培养模式探索与实践[J].地理研究,2022,41(12):3383-3392.

第六章

专业发展

教师队伍建设和教师

在新全球化国际背景、新文科建设的时代背景、中国传统文化的影响以及促进教师发展的政策背景下，我国教师队伍建设和教师专业发展改革已经成为教育改革的当务之急。本章内容从理论层面出发，探究新文科教育学教师队伍建设的内涵和内容，关注教师队伍建设和教师专业发展国际前沿改革动向，了解当前发展新局势、新思想，并将时代前沿教师队伍建设和教师专业发展思想结合新文科内涵，探究国内高校在教师队伍建设和教师专业发展方面的具体实践与所获成就，包括新文科建设背景下科学方案的总规划、教师思想道德的培育、教师专业素养的优化提升、教学实践平台的建构、人才培养的模式创新，通过这几方面了解当前我国高校在教育学教师队伍建设中对新文科理念的融合程度并总结出不足之处，最后根据新文科理念的发展目标对未来的教育学教师队伍建设和教师专业能力发展提出可实施建议和设想。

第一节
教师队伍建设和教师专业发展的时代背景

新文科的形成和发展对新时期的教育学提出要求，相较于传统教育学而言，当前教育学在学科建设中更加要求实施文理交叉与重组，要求教师在专业学习和教学中做到专业融合与创新，即将新技术融入教育学以及课程中，帮助学生获得综合性知识的同时，提升其综合素质。教育大计，教师为本，面对知识结构的更新调整，教育学教师队伍建设也需要进行相应的变革，以满足新文科建设背景下的教育要求，提升教育学师资队伍质量，培养出一个热衷教育理想，投身教育现实，敢于改革，勇于创新的优秀教师团队。

一、教师队伍建设和教师专业发展改革宏观背景

无论从国际趋势到我国时代发展要求,还是从国家政策到文化要求,教师队伍建设和专业发展都是教育事业中极其重要的一环,都对教师队伍建设和教师专业发展提出了多方面的要求。

(一)新全球化

环境影响人的发展,国际上也是如此,在复杂且不断更新的国际大环境中,全球化已经进入一个令全世界瞩目的转折点,出现新全球化局势。当前,学界对于新全球化局势有"新阶段说""逆全球化""新调整说"等不同理解。虽然各种观点不尽相同,但都有其合理的地方。其中,"逆全球化"认为当今世界正面临着反全球化、逆全球化的局势,尤其是英国"脱欧""美国优先"最为典型。造成逆全球化的主要原因在于背后的资本因素、资本逻辑、资本主导。例如,在发达国家中,资本主导的全球化内藏着不公,大企业、大资本、金融资本及其背后的富人和精英阶层在全球化中获得了更多好处,而中下层群体却所获甚微,这就使得数量庞大的社会中低层群体对社会现状、对社会分配、对全球化产生极大不满,产生反全球化思想,从而对政治造成影响。但实际上,要解决全球化所带来的问题,并不是逆全球化,而是转换全球化发展方式——"去资本主导",使全球化朝着开放、包容、公平、平衡、绿色的方向发展。中国作为不断崛起并逐渐强大的社会主义国家,一直秉持着包容开放的外交态度,并把维护世界和平、促进共同发展作为对外政策的宗旨,积极参与全球化事业进程,融入国际经济体系,参与国家创新改革。针对全球化中出现的问题,提出"一带一路"倡议,"构建人类命运共同体"主张,不仅推动全球化朝更加开放、包容、普惠、平衡、共赢的方向发展,更积极融入全球的科技创新变革、价值观变革。

进入21世纪以来，以新一代信息技术、智能技术、制造技术为基础，以网络化、智能化、绿色化、实现万物互联为特点的第四次科技革命正在蓄势爆发，要求新技术与传统技术融合，甚至要求以新技术取代传统旧技术，创新发展模式，应对局势变化，需要不断转换发展理念。从宏观层面来讲，对发展理念的转换体现在社会、经济、文化等方面；从具体层面来看，就体现在企业改革、文化创新、管理变革和教育理念更新等方面。其中，在教育方面，"新文科"的提出就是新一轮信息技术改革的影响体现，新文科突破传统文科的思维模式，以继承与创新、交叉与融合、协同与共享为主要发展路径，促进多学科交叉与深度融合，推动传统文科的更新升级，以及与自然学科具有同等重要的地位。"新文科"建设是时代发展的迫切需要，中国处于全新的国际环境，想要文化软实力得到提升，就得加强社会科学以及文科方面的发展。随着现代技术的不断进步，对社会所需要的人才也提出更高要求，要求培养知识综合型和创新型人才，并且要求在人才培养模式上实现不同学科的融合。

百年大计，教育为本。那么，教育学新文科建设最需要的就是学科之间、专业之间的创新交叉融合，以突破传统教育学的单一发展模式，实现教育学发展的更大可能性，也使教育学对社会产生更深的影响。创新的核心在于人，体现在教育中也就是教师，新文科的建设关键看教师，新文科建设背景下的教师队伍应该以综合性、跨学科、通融性为目标。因此对教育学教师队伍建设有了更高的要求。教师队伍建设以及专业发展是现阶段一个重要的建设方向。

(二)时代要求

面对百年未有之大变局，为加快推进高等教育现代化，2018年，教育部提出了推动"四新"建设引领高等教育的"质量革命"。"四新"建设意义重大、影响深远，对新文科建设具有重要的指导价值。2019年，教育部等13个部门联合召开"六卓越一拔尖"计划2.0启动大会。会议强调,要深入学习贯彻习近平新时代中国特色社会主义思想,全面贯彻全国教育大会精神。[①]"四新"建设即新工科、新医科、新农科、新文科建设。新工科强调新的工科专业,新医科定位"大国计""大民生""大学科""大专业",新农科坚持以"新农业、新农村、新农民、新生态"为核心,新文科坚持价值引领、守正创新、交叉融合。新文科的发展原则是守正创新,发展机制是跨学科建设和国际合作,核心目标是大力培养具有国际视野和国际竞争力的时代新人。教师队伍建设一直处于一个非常重要的战略位置,教师专业人才的培养和引进是教育学专业应该担负起的任务。

那么,为什么要发展"新教育学"?从教育学的发展历程来看,从教育学到教育学中国化,从教育学中国化到中国教育学,可见我国对教育学发展的要求是"具有中国特色"的教育学,即具有中国文化性格、中国教育元素、中国话语体系的教育学。从新时代对教育学的要求来看,新时代中国特色社会主义教育理论和教育体系的主动出击,涉及学科专业发展与转型及质量提升的"新",教育学学科专业与其他学科交叉融合、跨学科、超学科的"新",教育学与新兴技术紧密结合的"新"等。

创新是发展的第一动力,人才是创新的第一资源,人才竞争首先是人才培养的竞争。2018年,《中共中央 国务院关于全面深化新时代教师队伍建设改革的意见》中强调,把教师工作置于教育事业发展的重点支持战略领域。需要教师的正确理解、响应与行动,有效投入新文科建设中去,确保新文科建设理念与愿景的实现。另外,早在2018年的全国教育大会上,就提出高校要着重培养创新型、复合型、应用型人才,创新重改革、复合重交叉融合、应用重实践。教育领域,不管是对学生的培养,还是教师队伍建设和专业发展,都应

---

① 教育部."六卓越一拔尖"计划2.0启动大会召开掀起高教质量革命 助力打造质量中国[EB/OL].(2019-04-29)[2022-10-11]. http://www. moe. gov. cn/jyb_xwfb/gzdt_gzdt/moe_1485/201904/t20190429_380009.html.

该以此为目标进行发展。对教育学专业更是如此，教育学专业是培养未来教师、教育人才的重要基地和源头，需要严格重视此问题。提高教师培养质量，以培养出更多优秀的人才，为教育学服务，为我国社会主义事业服务。

(三)政策背景

关于教师的培养和发展，我国一直以来都很重视。2001年，《国务院关于基础教育改革与发展的决定》提出"教师教育"的概念，其中提到"建设一支高素质的教师队伍是扎实推进素质教育的关键"；"推进师范教育结构调整"；"以转变教育观念，提高职业道德和教育教学水平为重点，紧密结合基础教育课程改革，加强中小学教师继续教育工作，健全教师培训制度，加强培训基地建设。加大信息技术、外语、艺术类和综合类课程师资的培训力度，应用优秀的教学软件，开展多媒体辅助教学。加强中青年教师的培训工作"；"加强骨干教师队伍建设"；"调整优化教师队伍"。①2004年，《教育部2003—2007年教育振兴行动计划的通知》提出加大实施"高层次创造性人才计划"力度，以"长江学者奖励计划"和"高等学校创新团队计划"为重点，实施"高层次创造性人才计划"，扶持创新团队的建设，加大对中青年学科带头人和学术骨干的培养力度，鼓励和支持优秀人才和优秀群体健康成长、建功立业。②积极营造更加有利的政策环境，努力构建吸引、培养和用好高层次创新人才的支持体系。探索人才组织新模式，以学科带头人为核心凝聚学术队伍，紧密结合关键领域的前沿学科研究和国家重大现实问题研究，促进学科综合，开发配置人才资源。

2010年《国家中长期教育改革和发展规划纲要（2010—2020年）》中提出

---

① 国务院.国务院关于基础教育改革与发展的决定[EB/OL].(2001-05-29)[2022-10-11].http://www.gov.cn/gongbao/content/2001/content_60920.htm.

② 教育部.2003—2007年教育振兴行动计划的通知[EB/OL].(2004-02-10)[2022-10-11].http://www.gov.cn/gongbao/content/2004/content_62725.htm.

把改革创新作为教育发展的强大动力,建设高素质教师队伍,加强师德建设,提高教师业务水平,提高教师地位待遇,健全教师管理制度,创新教育思想、教育模式和教育方法,形成教学特色和办学风格。2012年《国务院关于加强教师队伍建设的意见》依然是从以上几方面对教师发展提出建设意见。2018年《中共中央 国务院关于全面深化新时代教师队伍建设改革的意见》中提出要造就党和人民满意的高素质专业化创新型教师队伍,落实立德树人根本任务,培养德智体美全面发展的社会主义建设者和接班人,全面提升国民素质和人力资源质量,加快教育现代化,建设教育强国,办好人民满意的教育,为决胜全面建成小康社会、夺取新时代中国特色社会主义伟大胜利、实现中华民族伟大复兴的中国梦奠定坚实基础,全面深化新时代教师队伍建设。新时代教师队伍建设要从师德师风、教师专业素质能力、教师管理体制机制、教师待遇机制等方面入手。

2020《教育部等六部门关于加强新时代高校教师队伍建设改革的指导意见》以高校教师为主体,以创新为抓手和目标,对高校教师的发展提出要求,着力打造高水平创新团队,培养一批具有国际影响力的科学家、学科领军人才和青年学术英才。2021年《中华人民共和国国民经济和社会发展第十四个五年规划和2035年远景目标纲要》提出要培养造就高水平人才队伍,遵循人才成长规律和科研活动规律,培养造就更多国际一流的战略科技人才、科技领军人才和创新团队,培养具有国际竞争力的青年科技人才后备军,注重依托重大科技任务和重大创新基地培养发现人才。一系列政策的颁布显示出教师队伍建设以及教师专业发展的迫切性。

(四)文化背景

现代教育之所以如此重视教师队伍建设和专业的发展,跟中国传统文化中的教师文化有很大的关系。中国自古以来,教师就具有很高的地位。中国传统文化中的教师文化影响了现代教师的职业认识与职业观。唐代韩愈在《师说》中写道："师者，所以传道受业解惑也。"①"授业"就是传授基础知识与基本技能，这是教师必须承担的责任与义务。在道德教育上，孔子亲身示范，让学生更深入地理解品德修养的内在含义，并且懂得如何运用于生活实践，在遇到具体问题时，如何进行是非的判断。道德教育在现代教育和现代教师培养中则表现为立足社会和国情，探索社会实际问题，对思想政治道德教育高度重视。教师不仅要对学生做到道德教育和培养，更要以良好的思想政治素养和道德素养来要求自身发展。除了道德方面，自古以来也非常注重教师专业能力发展和培养，在中国传统的教师文化中，孔子提出"修己以敬"的要求。"修己以敬"出自《论语·宪问》，意思是修养自己，保持严肃恭敬的态度。子路问君子。子曰："修己以敬。"曰："如斯而已乎？"曰："修己以安人。"曰："如斯而已乎？"曰："修己以安百姓。修己以安百姓，尧舜其犹病诸？"其中，内省、自讼、克己、改过是"修己"的重要方法。在教师的专业成长过程中，"修己"是一个重要的方式。作为一名教师，不能满足于现状，止步不前，要不断提升自己的知识水平和专业能力。②"择其善者而从之，其不善者而改之。"教师之间要相互交流、相互借鉴。作为教育者的角色，应该走在受教育者前面，带领受教育者在教育生活中不断积累经验，不断修炼自己，实现更好的专业成长和专业发展。

教师队伍的专业发展要求包括思想政治与道德、专业素养、创新能力、实践能力等层面。要求教师立足中国实践，具有人文精神与情怀，形成良好的师德师风、具有较高的政治觉悟和职业道德、把教学融入实践，由知识的讲解者转变为教学指导者，积极参与教学实践平台的搭建，包括文科实验室、实践空间以及科技园等。另外，高校教育学专业在进行教师人才培养的过程中，

---

① 蒋纯焦.中国传统教师文化的特点与意蕴[J].教师教育研究,2019,31(2):105-110.
② 范鉴鉴.中国传统文化中的教师文化[J].佳木斯职业学院学报,2020,36(11):60-61,64.

要注重方法和模式的创新,包括课程教学、职前培训、职后培训等方面,既要继承发展也要改革创新,从本质上促进人才的培养,为优秀教师队伍提供后备军。

二、教师队伍建设和教师专业发展的理论基础

"社会大变革的时代,一定是哲学社会科学大发展的时代。"[①]教育学教师队伍建设以及教师专业发展的具体落实一定基于现实的社会背景以及坚实的理论基础之上。科学的理论才能指导科学的实践活动,在汲取实践经验的基础上使理论更加丰富。关于指导教师队伍建设以及教师专业发展的理论可以从马克思主义关于人的全面发展理论以及舒尔茨的人力资本理论出发,同时结合社会学、教育学等理论指导教师队伍建设的实践工作。

(一)马克思主义关于人的全面发展理论

人的全面发展理论是马克思于19世纪针对资本主义生产内部的旧有分工所造成的人的片面发展与异化所提出来的理论。马克思指出,任何人的职责、使命与任务就是全面地发展自己的一切能力。

全面发展是包含人的需要的发展。[②]人的需要涉及精神的需要、生存与发展的需要,而生存与发展的需要促使人们参与到社会群体之中。教师专业发展不仅为实现基本生存需要,更重要的是实现人生价值的需要。新文科建设背景下,教师群体面临着自身生存与发展的需要,高素质的教师队伍建设、教师专业的持续发展是教师未来生存与发展的目标指向。面对新文科建设对教师队伍所提出的知识融通、技术引进等要求,也为教师专业发展指明了

---

① 习近平.在哲学社会科学工作座谈会上的讲话[EB/OL].(2016-05-19)[2022-10-19]. http://www. scio.gov.cn/31773/31774/31783/Document/1478145/1478145_1.htm.

② 张越.马克思人的全面发展理论的当代教育启示[J].时代报告,2020(12):75-76.

方向，激发教师队伍的内生动力，使教师个体积极地参与社会活动，对于教师需要的满足将促进教师的全面发展。

全面发展是包含人的社会关系的发展。人是社会的组成部分，教师个体作为社会成员必定参与群体性的社会生活，所以人的全面发展必然包含着社会关系的发展。马克思在《关于费尔巴哈的提纲》中提到"人的本质并不是单个人所固有的抽象物，实际上，它是一切社会关系的总和。"①人想要真正实现自我的全面发展，就需要建立以人为中心的社会关系，基于此教师想要实现自身的持久发展也需要依靠高素质的教师队伍以及相关群体，开展多维的社会实践。人想要实现自我充分发展就必须建立社会关系，而人的发展与社会发展之间又是相互促进、相互影响的，人不断地向前发展能够推动社会不断地向前发展，同时社会的不断变化对人的发展方向的丰富也具有促进作用。

(二)人力资本理论

人力资本理论于20世纪60年代由经济学家舒尔茨提出。人们通过对劳动力进行教育、培训等方面的投资而使得劳动力获得更加丰富的知识与更加熟练的技能，从而提高效益的创造。人力资本理论的提出关注劳动力的素质提升，增加对劳动力各方面的投资从而提高劳动者的素质，人力资本一旦产生效用便会随着投资的不断增加而使得劳动力素质不断提升。经济全球化的发展使得企业开始加大对于人力资本的投入，以提高劳动者的综合素质，最终目的是为企业带来更多利益。人力资本理论同样可以应用到教育领域，高校针对教师队伍建设以及教师未来专业发展，为提高教师队伍的综合素质、实现教师专业能力与科研水平的提升同样需要大量资源的投入，这些资源涉及国家政策支持以及社会产业的资助。建设高素质的教师队伍，拥有一定数量的教师是基础，关键在于如何提高教师的专业素质与能力水平，这样

---

① 马克思恩格斯全集(第3卷)[M].北京：人民出版社，1965：5.

的教师队伍才能够实现与学校的共同进步。教育学专业教师队伍的建设需要加大各类资源的投入。其一,满足教师日常生活的需求。只有保障日常生活水平才能使教师全身心投入自身专业发展与素质提升。其二,提供充足的福利待遇。福利待遇是引进优秀教师的基础也是使教师努力工作的动力,是保证优质教师不仅能够"引进来"还能够"留下来"的依据。其三,科研经费的支持。教师培训同样涉及教师科研项目基金的投入,把握资本投入力度,使教师的科研项目有充足的资金支持,更好地开展教育研究。

(三)SWOT理论

SWOT理论于20世纪80年代由美国一位管理学教授提出。SWOT四个英文字母分别代表了优势(Strengths)、劣势(Weaknesses)、机会(Opportunities)和威胁(Threats)。SWOT理论的应用可以快速评估一家企业的现状,评估内容主要包括内部的优势和劣势以及外部的机会和威胁。SWOT理论常用于企业进行自我评估以及战略制定,而随着教育市场化的发展,SWOT理论也被引进教育领域,特别是高等教育之中,用于评估高校组织机构的合理性。当然SWOT理论同样可以应用于教师队伍评估,要实现教育学专业教师专业发展就需要对当前教师队伍进行合理评估,发现教师队伍现存的优势和劣势,以及外部环境中所体现的机会与威胁。教育学教师队伍现存的优势包括拥有一批教育奉献精神的教师且具有较强科研能力,但劣势在于教育资源分配不均,教师队伍人才流失严重以及教师素质参差不齐。外部环境中存在的机会包括教育改革的不断开展,政策扶持力度大,但对于越来越多投身于教育事业的教育者来说竞争压力较大。教师队伍的建设需要明确自身存在的优劣势,保持优势,扭转劣势;积极面对外部环境中所呈现的威胁,把握机会更好地建设教师队伍。不仅教师队伍建设需要评估内外部优劣势,教师自身也需要对自我现实情况做出准确分析,根据时代需求与社会环境的变动,需要教师学习更多的专业知识以及技能训练,实现自身专业水平的新发展。

(四)转化学习理论

转化学习理论于1978年由美国成人教育学者麦基罗(Jack Mezirow)首次提出。该理论主要分析成人学习的过程与特点不同于儿童学习,提出成人学习是在自身已有经验的基础上通过反思、实践等方式实现自身观点的转变。转化学习理论具备三种要素,包括经验、批判性思维以及理性对话,转化学习理论能否指导教师专业发展需要关注教师专业发展过程中是否具有这一理论所必备的三要素。教师队伍是实现教育质量提升的关键,而教师培训又是教师专业发展的途径之一。在教师培训过程中观察教师自身经验、批判性思维以及理性对话产生的作用,转变教师培训方式,提升教师专业发展的效率。教师在培训过程中新知识的获得就是对已有经验进行重新建构,这也正是转化学习理论的要素之一。在教师转化学习发生的过程中批判性思维是重要环节,教师队伍基于自身的理论知识投身于实践并对实践中所出现的问题进行反思,从而积累教育经验更新自己的教育理念,只有通过批判性反思才能够实现对已有观点和想法的重新认识。同时在教师培训的过程中,教师与教师之间的交流与对话能够促进教师观念的转变与进步,使教师对于自我观点产生新的认识。转化学习理论对于教师培训具有积极指导作用,能够有效推动教师专业发展,有利于教师队伍的建设。①

(五)TPACK理论

TPACK理论由美国学者科勒(Matthew J.Koehler)和米什拉(Punya Mishra)提出。该理论在舒尔曼(Lee Shulman)学科教学知识(PCK)的概念上融入教育技术,提出了整合技术的学科教学知识TPACK(Technological Pedagogical

---

① 殷蕾.转化学习理论视角下教师培训的困境与出路[J].中国教育学刊,2018(10):87-91.

Content Knowledge 的简称）。该理论包含三个核心要素，即学科内容知识（CK）、教学法知识（PK）和技术知识（TK）；四个复合要素，即学科教学知识（PCK）、整合技术的学科内容知识（TCK）、整合技术的教学法知识（TPK）、整合技术的学科教学知识（TPACK）。TPACK 理论的提出是针对教师教学法、学科知识以及技术三者之间的不断交互与变化提升而言，在不断变化中实现知识交叉与再创造，该理论将有效促进教师知识、能力、教育理念等方面的提升。基于新文科建设背景，整合技术的学科教学知识 TPACK 理论具有较强的适用性，首先针对教师专业发展培训课程，要实现学科内容知识、教学方法知识以及技术知识的三位一体融合，强调教师队伍跨学科知识的整合；其次采用线上教学和线下培训相结合的方式，利用线上学习平台、公开课程等使教师群体开展自主学习活动，利用线下专家讲座、专题研讨等使教师所学知识得到具体实践和专业指导；最后，提升教师在教学中应用新技术的意识。教师应创新教学方式，有效结合知识与技术，提升课堂教学效率，实现信息素养的积累，使教师专业水平得到持续发展。[①]

三、教师队伍建设和教师专业发展的国际动向

在新文科理念指导下，教育学想要建设高质量、专业化、创新型教师队伍，需要关注研究国际上有关于教师队伍建设以及教师专业发展的成功经验，吸收彼方之长以补我方之短。

(一)联合国教科文组织《教师信息和通信技术能力框架(第3版)》

新文科的提出是对社会新需求的回应，教育与信息技术的结合已成为未来教育发展的方向。为适应技术发展对于教育影响的需要，联合国教科文组

---

① 张嘉.TPACK理论下综合实践活动教师培训课程体系的构建[J].教学与管理,2020(27):54-56.

织于2008年首次发布《教师信息和通信技术能力标准（第1版）》，经过三年时间广泛吸收世界范围内的建议，在整合了第一版的相关内容基础之上修订并颁布了《教师信息和通信技术能力框架（第2版）》。2018年联合国教科文组织根据联合国大会《2030年可持续发展目标》修订发布了《教师信息和通信技术能力框架（第3版）》，该框架被用作指导教师培养信息技术能力的依据。最终制定的第3版内容以"教育实践中具备信息技术应用能力的教师能够提供优质教育，并最终能够有效指导学生信息技术应用能力发展"作为基本理念。[①]

《教师信息和通信技术能力框架（第3版）》信息技能维度由最初版本的技术扫盲到技术素养的目标再到知识获取的最终指向，对于教师技能的掌握更为综合与严格。《教师信息和通信技术能力框架（第3版）》中对于教师信息技术应用能力有三个层次的要求。其一，知识获取能力。知识获取能力是指教师获得使用信息技术知识的能力，这一层次要求教师能够根据时代发展需要以及自身专业发展需要认识到信息技术能力的重要性并积极学习相应知识，最终实现课堂教学教法的革新。其二，知识深化能力。知识深化能力是指教师获得信息技术能力之后能够根据实际需要开展技术与教育的融合，其目标是为了使教师应用信息技术知识解决生活中的问题。其三，知识创造能力。知识创造是指教师能够创造社会所需的新知识，实现自我知识的积累以及专业再发展。

同时，《教师信息和通信技术能力框架（第3版）》针对教师信息和通信技术应用能力提出了六个实践维度，包括理解信息技术教育应用的政策、课程与评估、教学方法、数字技能应用、组织与管理以及教师专业学习。第一方面，理解信息技术教育应用的政策。这一阶段对于教师的要求即了解并正确

---

① 兰国帅，张怡，魏家财，等.提升教师ICT能力　驱动教师专业发展——UNESCO《教师ICT能力框架（第3版）》要点与思考［J］.开放教育研究，2021，27（2）：4-17.

认识到信息技术教育的相关政策并能够发现其中存在的问题,使得信息技术能够更好地适应国家的教育发展政策。所以,每一位教师都应该关注国家前沿有关于教育的政策,在学习的过程中思考如何使得信息技术与国家教育政策相结合能够在培养未来人才时事半功倍。第二方面,课程与评估。这一实践维度探讨了教师如何利用信息技术实现课程标准要求下的课堂教学,以及信息技术应用于最终教学评估的思考。技术的发展带给教育的影响首先是教学环境的转变,中小学由原来的"黑板"转变为如今的"白板",白板的出现能够帮助教师实现更加智能的课堂教学形式,音乐、视频以及随机互动使教学形式得到有效丰富,在了解、深化、创造信息技术的过程中以新的方式实现课程目标。第三方面的教学方法以及第四方面的数字技能,两个维度同样是要求教师在教学过程中融合信息技术并学会由浅层次的教学技术到深层次的教学技术的转变,寻找到更为合适有效的教学方法。第五方面,组织与管理。该维度要求教师不仅能够在教育中应用信息技术也能够有效管理与组织信息技术资源,提高技术的应用效率。第六方面,教师专业学习。教师应当认为学习信息技术不是负累,提升学习信息技术的意识,应该借助信息技术实现自身专业的持续发展。通过信息技术获取网络资源提升自身信息素养,还可以将自己所学与其他教师交流,促进教师队伍的进步。

联合国教科文组织发布的《教师信息和通信技术能力框架》也恰恰体现了国际社会对于教师未来专业发展与教育未来发展的要求与展望。我国基于教育强国发展战略的需求,积极推动新文科建设,以文科自身知识为基础,以当代中国时代精神为指导,结合信息技术创造文科教育新形势。新文科建设的提出正是我国着眼于国际社会对于教师未来专业要求,并基于我国社会实际需求而展开的运动。

(二)国际社会关于教师队伍建设的路径探索

进入21世纪以来，基于我国教育强国的发展战略以及由数量增长到质量提升的需求，国家出台了有关于教师队伍建设相关文件，如2012年《国务院关于加强教师队伍建设的意见》、2014年《教育部关于实施卓越教师培养计划的意见》、2018《中共中央 国务院关于全面深化新时代教师队伍建设改革的意见》等。教育学教师队伍建设以及专业发展涉及培育一批投身中国教育的核心人才，应当以中国精神、中国价值为引领，学习国际教师教育改革之经验，建设一支具有国际视野的教师队伍。

（1）芬兰教师教育改革的成功经验

教师承担着培养社会所需人才的任务，现阶段社会所需要的教师是能够明确自身专业发展方向，树立终身学习理念的人才，这样才能够为教育质量的提升提供不竭动力。芬兰学生在国际各项大赛以及测试中所表现出的优异成绩为许多国家关注，而优秀学生的培养与优秀教师队伍离不开关系。20世纪七八十年代，芬兰教师教育改革拉开帷幕，1971年芬兰颁布《教师教育法》，规定大学担负起中小学教师教育培养的责任，为今后教师教育进一步发展奠定了坚实的基础。进入21世纪，面对社会环境变动、教师专业吸引力下降、教育不公平等不利因素，芬兰继续进行教师教育改革，颁布《教师教育发展规划》，实施《教师教育发展方案》，研究型教师队伍建设成果显著。2016年赫尔辛基大学各院系联合开展"大舵轮"项目，实行校企联合，这也体现出芬兰教师队伍培养的实践取向。

芬兰教师教育所采取的教师培育方式值得我国学习借鉴。其一，严格教师教育专业学生准入要求。不同于我国教师教育准入以全国统一招生考试为标准，芬兰教师教育专业学生的选择以考试和面试两维度考核。选择教师教育专业的学生在经过严格的笔试阶段后进行面试，而面试阶段主要考核学生的从教意愿是否强烈，以及有关自身专业发展的综合素质能力。在较低通过率的前提下,芬兰教师队伍的人才可谓是优中选优。其二,牢固教师职前培养标准。在芬兰教师体系的改革过程中,对于教师教育专业学生的学历与专业能力有着严格的把控。幼儿园教师需要具备高等教育学前教育专业本科学历;小学教师需要具备高等教育小学教育专业研究生学历;中学教师的培养需要在小学教师培养的基础上再学习相关专业课程,该课程包含理论与实践两部分的内容。这样严格的教师教育专业学生的培养为芬兰卓越教师队伍建设提供了高素质的人才,芬兰教育享誉世界有着坚实的现实依据。对于我国教师队伍建设的启示在于需要不断完善基础教育阶段教师队伍体系的建设,严格学历与专业能力准入要求,重视教师终身学习理念的培养,实现我国教师教育的飞跃性发展。①

(2)美国教师教育改革路径选择

美国近百年的发展速度之快离不开教育在其中所作出的贡献。对于教育各方面的重视为美国持续高速发展提供了人才支持,而教育的发展始终离不开对于教师队伍的建设。美国关于卓越教师培养计划自20世纪80年代开始,1989年美国国家专业教学标准委员会制定颁布的《教师应该知道什么与能够做到什么》中提出了卓越教师应当具备的核心素养,包括关爱学生、专业知识、教学技能、反思能力以及写作能力五方面的内容。进入21世纪,美国政府相继颁布了《教师培养改革法案》《全民拥有卓越教育者计划》等政策,大力提倡教师队伍建设以及教师教育改革。②

由于美国本身种族与文化的多元,美国教师教育培养倾向于更加多元化和多样性发展,这也契合美国教育促进教育公平的改革目标。为使全国所有学生都能接受公平而又高质量的教育,多样性教师队伍的建设便成为重中之重。而多样性教师队伍建设的举措与美国教师教育改革进程密切关联,多样

---

① 杨颖秀,Fred Dervin.芬兰教师培养改革的动向、原因与启示[J].天津市教科院学报,2021(6):12-18.
② 张嘉.TPACK理论下综合实践活动教师培训课程体系的构建[J].教学与管理,2020(27):54-56.

性教师队伍建设的举措包含以下几方面的内容。其一，积极引入少数族裔教师。为少数族裔设置专项基金以及项目支持是解决少数族裔进入教师队伍的关键路径，这些资金以及经费的投入为少数族裔提供了进入教师行业的经济基础。相对的，进入教师行业的少数族裔更有意愿为自身族裔教育发展作出自己的贡献，也有利于促进美国教育的公平和美国教育质量的整体发展。其二，完善教师资格认证标准。为确保教师专业水平，专业的教师资格考试是必需的，然而在美国的教师资格证书考核的现实情况中，少数族裔通过率与白人教师相比较低，导致教师队伍中少数族裔教师的缺失。面对这一现实情况，美国教师教育改革为特殊人员教师资格考试设定专门方案。我国虽不是多种族国家但作为一个多民族国家也会面临民族地区教师队伍建设与专业发展的难题，针对民族地区教师教育实施免费培训、定向签约等路径使得民族地区教师队伍得到持续发展。①

第二节
教师队伍建设和教师专业发展的实践探索

加强教师队伍建设，促进教师专业发展，是社会发展和教育发展的综合需求。首先，是社会发展的需要。社会发展中教育的不公平是当前的重要问题之一，优质教师资源的短缺是造成教育不公平的关键因素。其次，是促进教育教学质量提升的需要，要求改变传统教学模式，不断推进教育教学改革创新，以满足社会发展、教育教学提出的新要求。再次，能提高教师的专业水

---

① 何菊玲，杨洁.他山之石：国际卓越教师培养之成功经验[J].陕西师范大学学报(哲学社会科学版)，2018,47(1):162-169.

平,从而进一步提升教师的地位。在新文科建设中,教师队伍是关键一环,高等院校是推进新文科建设的一支重要力量。因此,高校的教师队伍建设和培养显得尤为重要。高校要把握好发展新机遇,找准自身发展定位,正确引领教师理解新文科和新文科下教育学发展的内涵,依据自身实情和区域特色,构建出全新的新文科教育学建设路径,扎实推进教师队伍建设。

在强调新文科建设的背景下,我国多所高校开始采取行动,制定新文科发展和工作方案,致力于将新文科理念付诸专业的实践中。作为教师培养重要基地的教育学院和教育专业同样开始进行一些探索和实践,向新文科强调的专业发展理念靠近,强调教师的发展首先要符合时代的要求,立足我国传统文化,适应中国特色社会主义发展趋势;其次要具有科学性和价值性,强调教师发展要走正确科学的道路,形成正确的教师发展价值观,切不可盲目指导;最后要具有学术性和实践创造性,从理论到实践创造,缓慢推进,逐步实现改革创新。

一、教师队伍建设和教师专业发展的高校特色

各高校教育学专业在促进教师队伍建设和专业发展的探索与实践中,主要从学生培养和教师培训入手。教育学包含多类丰富的专业,本科期间有教育学原理、学前教育学、小学教育学、特殊教育学、教育技术学等。硕士期间分为专业型硕士和学术型硕士,其中,专业型硕士主要包括各类学科类研究生。例如语文学科类、数学学科类、英语学科类、政治学科类、历史学科类、地理学科类、生物学科类、物理学科类、化学学科类、音乐学科类、体育学科类等,学科类硕士是教师资源的重要来源,对其的培养直接影响到各中小学的教师资源是否优质。另外,专业型硕士还包括职业技术教育、教育管理、现代教育技术、学前教育、特殊教育、教育领导与管理等专业,学术型硕士包含教

育学原理、课程与教学论、教育史、比较教育学、学前教育学、高等教育学、成人教育学、特殊教育学、教育技术学等,其中一部分人也将是师资力量的强大后备军。

除了对师资后备军——学生的培养,还要以同样的理念对现任教师实行培养和培训。现任教师不仅担负起教授学生的任务,更要在自身发展上下苦功,理解新时代新文科发展理念,不断更新发展理念,实现自身发展的同时,带动学生进步,不断探索与实践。国内高校在教师队伍建设和教育培养上的探索和实践有以下几点宏观方向和总体要求值得注意。

(一)时代性与文化性

首先,立足中国国情,跟着时代走。习近平总书记指出,要在"构建中国特色哲学社会科学"中,充分体现"中国特色、中国风格、中国气派"。该论述之内核直接指向了"新文科建设"。[①]教育学要立足中国化、时代化提升自身的软实力和创造力,作用于教师团队建设与专业发展,为教师发展建设提供新思路。

当今时代是一个知识高度综合化、流程高度便捷化、过程高度数字化的时代,各方面都需要高效生产和再生产。要以交叉前沿、战略需求、现代技术、区域优势等为建设动力,组建跨学科教师团队、确立全新的教研评价标准,优化人才培养方案运行模式,培养出多元化、创新型的专业教师团队。[②]国内高校在立足国情、顺应时代发展的背景下提出了严格要求。无论是办好专业,还是教师队伍建设,都要坚持社会主义办学方向,提升教师和学生的综合素养。坚持马克思主义"人的全面发展"目标,将习近平新时代中国特色社会主义思想融入专业建设和教师队伍建设中,协调融合推动发展。

① 习近平.在哲学社会科学工作座谈会上的讲话[EB/OL].(2016-05-19)[2022-10-19].http://www.scio.gov.cn/31773/31774/31783/Document/1478145/1478145_1.htm.

② 肖坤雪.新时代新文科建设探究[J].学校党建与思想教育,2022(9):34-37.

其次,在立德树人上彰显中国文化内涵与路径。立德树人扎根于中华民族的气质中,如何让学生获得"人"的培养,让教师获得"人"的培训,这就对新时代的立德树人提出了要求。高校重视师德师风建设,加强思想政治学习,在"立德"方面坚持"以德为先";对学生全面培养,在"树人"方面践行"以人为本""以学生为本"的理念,并加强教师和学生对"立德树人"中华文化的认同和理解,并融入新时代新理念,追求中国传统文化的创新性解释,使新文科建设具有中国文化特色,培育中国意义上的人,具有中国文化风格的高素质教师专业队伍。

(二)价值性与科学性

新文科需要从理念和技术两个层面协同推进。首先,价值性作为理念层面范畴,是教育学教师队伍建设的重要基础。在教师队伍建设中强调新文科理念有跨越思想藩篱,培养应用型复合型文科人才的价值意义。新文科下的人才培养模式与传统的人才培养模式有很大不同,传统文科建设仅限于专业内部建设,新文科要求文理交叉融合,相互融通,融入新技术,使新时代教师不仅具有扎实的专业能力,还能利用专业知识解决实际问题。不仅对教师队伍建设有推动作用,更增加了文科专业的现实观照,增强了文科的适用性。其次,价值性体现在提高人才竞争力,服务国家长远发展。当今世界局势纷繁复杂,竞争更加激烈,想要不落后,就必须提高人才的核心竞争力。最后,价值性体现在增强教师自信、文化自信甚至提升中华文化软实力。基于新时代中国国情,以马克思主义为指导,有助于培养具有深厚文化底蕴,对中华文化有系统把握的人才,从而"更好地担当起传承中华文化、传播中国声音、创新中国理论和开创中国未来的责任和使命。"[1]

科学性作为技术层面范畴,是教育学教师队伍建设的重要内容和关键推

---

[1] 莫蕾钰.新文科的使命、愿景与实践探索[N].光明日报,2021-01-01(6).

手。技术层面的"新"指的是将大数据、云计算和人工智能等新技术融入学科专业建设当中。作为教师,不仅要加强自身跨专业和专业知识交融的能力,在教授学生时,更要从教学理念和方法方式上进行更新,融入新技术。学校也可以根据实际情况开设自然科学类课程,加强学生对数学、信息学、统计学、大数据等科学知识的学习与应用,强化文科专业创新创业教育,大力开展创新创业训练,组织科学实践活动

(三)实践性与创新性

首先,实践是教师工作的落脚点和目标。新文科视域下,教育学教师队伍建设要注重实践性,实践性知识的获得是一个教师在自我实践中个性化主动建构的过程。在互联网时代,教师实践性知识也在变化,一是教师实践性知识的目标和内容越来越丰富,使得教师自身实践性知识的获取更加多元和便捷;二是教师需要掌握适应现代化教育理念的教育教学知识以及信息化教学知识,深入思考信息技术与学科教学深度融合的理念。[①]所以教育学教师应该发挥主动性构建多维的信息素养、加强专业能力、提高技术应用效能,全面提高自身的实践性知识。

其次,实践的过程中要不断创新。"创新是新文科建设和发展的核心内容,也是需要依托的内在动力。"[②]在教育学教师队伍建设中,创新就是更新人才培养模式,引导高校建立健全基础学科拔尖学生培养和教师培养的体制机制。探索教育理念与模式、教学内容与方法的改革创新,加快培养一个既具有家国情怀又具有国际视野,既博古通今又中西汇通,真正具有国际影响力、社会感召力、文化塑造力的教师团队。

---

① 董瑞杰.互联网背景下教师实践性知识的转型应对与发展路径[J].教师教育学报,2022,9(3):57-64.

② 武宝瑞.新文科建设需要解决好的三个前置性问题[J].上海交通大学学报(哲学社会科学版),2020,28(2):9-12.

二、教师队伍建设和教师专业发展的具体行动

西南大学教育学部致力于打造一支整体优化、结构合理、实力雄厚、师德高尚的高水平教师队伍。师资队伍结构是否合理将直接影响到师资队伍建设,影响到专任教师队伍的水平和办学质量

(一)师资队伍结构

西南大学教育学部现有专任教师140余人。在学历结构方面,其中110人具有博士学位,占专任教师数的85%以上;在职称结构方面,有教授60余人,副教授近60人,讲师26人;在年龄结构方面,50岁以下中青年教师数占75%左右;在性别结构方面,男女比例为4∶6左右。西南大学教育学部师资队伍强大,分布在教育学院、课程教学研究院、学前教育学院、特殊教育学院、教育技术学院(智慧教育学院),包含60余位教授,近60位副教授,26位讲师。既有德高望重的老一辈专家,也有初露锋芒的青年学者。近年来,西南大学教育学部深入实施人才引进和培养战略,着力抓好人才队伍建设,着力创新人事师资工作体制机制,积极营造有利于人才成长的良好环境,为教育学一流专业建设与"双一流"学科建设深度融合发展创造条件。

(二)新文科教育学"三位一体"

对于教育学领域新文科建设,国内很多高校做出了积极回应。西南大学于2022年3月16日,西南大学教务处组织召开西南大学承担的教育部新文科研究与改革项目的集中开题会。时任校党委常委、副校长王进军教授,时任教务处处长吴能表教授、教师教育学院董小玉教授、经济管理学院王志章教授等作为开题会指导专家,西南大学承担的五项教育部新文科研究与改革项目负责人、课题组成员出席开题会。开题会由时任教务处副处长易鹏主持。

西南大学教育学部部长、"教育学领域新文科建设实践"项目负责人朱德全教授代表课题组进行了开题陈述。朱部长在陈述中指出,"教育学领域新文科建设实践"项目的指导思想是教育学一流专业建设与"双一流"学科建设的深度融合发展。朱部长强调,教育学新文科建设的理念是"大、新、用、跨",具体行动路径是办好创新实验班、推进课程模块化建设、深化智慧教育空间建设、扎实办好"扎根学校"、坚持做好"本博牵手"和导师制等。教育学部副部长王正青教授就项目主要任务、进度安排、预期成果等作补充汇报。朱部长对新文科建设理念与目标理解到位,提出的"上位的学术理论创新、中位的学科专业建设、下位的课程教学跟进"思路清晰,"三位一体"联系紧密。接下来需进一步凸显科教融合、产教融合,发挥对各级各类教育改革的引领作用等建议。"三位一体"中,教师是每个环节的主体,学术理论创新需要专家型教师,学科专业建设需要教师跟进,课程教学需要教师教学。西南大学教育学部想要实现新文科下教育学专业的改革创新,关键还需要从师资建设入手,着力建设高质量教师队伍,提高教师专业能力。

1.上位的学术理论创新

正如列宁所说:"没有革命的理论,就不会有革命的行动。"教育理论创新是指在教育实践活动中,认真总结规律,科学预测趋势,对实践中出现的问题作出解答。[①]人的认识的发展是一个开放性的过程,教育的发展也是一个开放性的过程,所以要不断推进理论创新。当前的社会是一个改革的时代,发展的时代,竞争的时代。教育理论创新的核心是教师,没有创新意识的教师也无法培养具有创新意识的学生。如果教育工作还处于封闭状态,教师还是沿袭传统思维方式,仅靠背诵书本的条文来进行教育工作是不行的,必须下大功夫结合实际进行教育理论的创新。首先,学术理论创新的前提是正确的价值引领;学术理论的主体是专家型教师;学术理论创新的成果是教师通过

---

① 赵本立,宋永利.教育理论创新中教师的任务[J].中国成人教育,2007(5):107.

一系列科研成果和学术交流呈现出来的。

(1)学术理论创新的前提——正确的价值引领

坚持新时代中国特色社会主义教育理论和教育体系,具有明显的特征。一是中国特色;二是鲜明的社会主义性质,即坚持中国共产党的领导,以社会主义核心价值体系为中心。西南大学在"教育学领域新文科建设实践"项目和《新文科本科教育建设行动计划》中提到要明确总体目标,强化价值引领。新文科建设背景下,教育学教师队伍建设和专业发展需要融入这个总体目标。

西南大学在教师队伍建设方面积极引领大家向正确方向前进。其教育学部积极做好党建工作,对党员教师进行思想政治培养。在党委建设方面,教育学部党委下属教育学部、西南民族教育与心理研究中心和乡村振兴战略研究院,截至2024年3月,共设置30个党支部,年均党员700余人,教师党支部按学院、中心设置7个,学生党支部按年级专业设置32个,其中博士生党支部5个,硕士生党支部15个,本科生党支部3个。教育学部党委始终坚持以政治建设为统领,围绕立德树人根本任务,坚持党建与事业双融合、双促进、双提升,以"一流党建"引领"一流事业发展",获得多项集体荣誉,涌现了"全国教育系统先进工作者""重庆市教书育人楷模""新疆维吾尔自治区'民族团结一家亲'和民族团结联谊活动先进个人""重庆向上向善好青年""重庆市普通高校自立自强先进个人"等优秀代表,并多次获得先进集体称号。2021年7月,被重庆市教委表彰为"重庆市教育系统先进基层党组织"。2020年7月,被中共西南大学委员会表彰为"先进基层党组织"。2017年5月,被中共西南大学委员会表彰为"思想政治工作先进集体"。2016年7月,被中共西南大学委员会表彰为"2014—2016学年度先进二级党组织"。2012年6月,被中共西南大学委员会表彰为"创先争优先进二级党组织"。2021年5月,西南大学教育学部工会被重庆市教科文卫工会表彰为"重庆市教科文卫先进职工小家"。

　　在日常工作安排中,西南大学教育学部要求各支部积极学习新思想、新精神,掌握最新思想与精神。例如从2022年以来,西南大学教育学部开展会议进行多方位学习。2022年3月,开展"百年党史润思想,支部联动促发展"主题党日活动,深入学习贯彻习近平新时代中国特色社会主义思想,学习贯彻党的十九届六中全会精神,交流党史、学习经验,创新组织生活形式。2022年4月,西南大学教育学部党委理论学习中心组开展"高校黄大年式教师团队建设研讨"(扩大)学习会,提出了团队建设带头人要有宽广的心胸,带动不同发展阶段的老中青教师整体前进,并分享了团队人才引进和着重培养学生的实践动手能力的经验。王牧华同志简要介绍了教育学"职业教育融通与课程教学统整"教师团队的基本情况,分享了学习侯光炯院士"大地之子"精神的体会,结合谢德体教授带好优秀团队理念,提出了促进教育学部师生开展跨学科交流的举措,积极拓展教育学部的思政教育、专业教育、优质科研的资源和平台。此次会议对于将教育学"职业教育融通与课程教学统整"教师团队建设作为未来发展和建设的目标。2022年10月,在西南大学教育学部黄大年式团队党支部第一次党员大会上,教育学部部长朱德全同志指出,西南大学教育学部黄大年式团队党支部是一支老中青相结合,梯队互补的师生混编党员队伍,团队成员能够在知识、经验、心理等方面形成互补效应,更有利于推动团队的党建工作和学术工作走上高质量融合发展道路。未来支部要秉持"以党建带学术,以学术促党建"的行动逻辑,一是要以党的先进理论为指导;二是要以制度建设为抓手;三是要以支部活动为依托。2022年5月,西南大学教育学部教职工党支部积极开展"喜迎二十大,奋进新征程"的主题党日活动,并在10月积极学习党的二十大报告,党员教师们纷纷表示将继续深入学习领悟党的二十大精神,全面贯彻党的教育方针,落实立德树人根本任务,牢记为党育人、为国育才的使命,进一步思考如何将党的二十大精神落实到教育教学、科学研究和社会服务工作中。作为高校教师,要将人才培养放在首位,要将党的二十大精神迅速、准确、生动融入课堂,涵养当代青年学生的教育情怀、使命担当,培养他们的创新意识和创新能力。

西南大学教育学部也在制度建设和组织建设方面加强对教师团队的建设。如2022年4月发布《关于加强新时代教师党支部建设的实施意见》,强调要充分认识加强教师党支部建设的重要性和紧迫性,发挥教师党支部在政治引领、组织生活、凝聚师生等方面的主体作用,从支部设置模式、组建方式、换届工作方面切实优化教师党支部设置。严格规范教师党支部组织生活制度,做好教师党员发展工作,加强组织领导和工作保障。

西南大学教育学部对教师和学生的思想道德状况积极跟进,强化对教师的价值引领。党的十八大以来,以习近平同志为核心的党中央高度重视社会主义核心价值体系建设,以此作为实现"两个一百年"奋斗目标和中华民族伟大复兴中国梦的价值引领,作为凝聚全党全社会的价值共识。强调思想政治素养和师德素养,主要体现在强调师德师风建设和对党史的学习等方面。在师德师风建设方面,西南大学设有教育部师德师风建设基地,教育部师德师风建设基地由西南大学学校直管,属校管研究机构,挂靠教师教育学院,由教师教育学院牵头建设。用五到十年的时间,把该基地建设成为立足西部,面向全国,在国际上有一定影响力的开放性、应用型、高水平的国家级研究平台。主要以针对师德师风的监测与评价、理论、政策、培训为中心进行师德师风建设研究。在培训方面提出,制定各级各类教师师德师风培训规划;开发教师师德师风课程和学习资源;依托教育部西南地区师资培训中心和教育部教师教学发展中心,以及综合性大学的学科优势和所在地区的资源优势,开展形式多样的师德师风专题培训。通过邀请专家到校做学术报告、举办"师元文化"讲座,从中国传统文化中对"师"及"元"的认识和西方文化对教师起源的认识讲述"师元文化"。此外,加强师德师风调研工作。例如,该基地在2021年和2022年分别开展了第二轮幼儿教师师德师风调研工作、教育部教师工作司第三轮师德调研工作任务。同时,召开专题研讨会,谋划师德师风建设工作。会议指出教育部师德师风建设基地作为师德师风建设的研究中心,一定要把教书育人和自我修养结合起来,持续探索建立制度化、规范化、体系化的师德师风建设长效机制。新时代的教师要不断涵养德行、丰富专业知识,努力做精于传道授业解惑的"经师"和"人师"的统一者。强调认真做好本职工作,统一思想,进一步加强师德修养,坚决贯彻党的教育方针和落实教育部师德师风建设基地各项工作任务,努力鞭策自己,共同推进师德师风建设工作,为打造建设高水平的教育部师德师风建设基地筑牢根基,将师德师风建设落到实处。西南大学秉持"含弘光大,继往开来"的校训,对教师而言,要"学高身正,为人师表,承前启后,开拓创新";对学生而言,要"自强不息,学无止境,诚信做人,承前创新"。

在教师思政和党史学习方面,中共西南大学教育学部委员会党史学习截至2021年12月,已进行到第26期,每期以不同形式开展,包括会议、调研、服务活动、专题党课、中心组学习会、座谈会、研讨会等。以党史学习教育为契机,全面推进高校教师思想政治和师德师风建设。

(2)学术理论创新的成果——科研成果

首先,教师的专业科研能力是高质量教师团队的核心,西南大学教育学部的教师有较好的专业科研能力,在科学研究方面取得了一系列成就。近五年,西南大学教育学部获国家级教学成果奖一、二等奖10余项,教育部高等学校科学研究优秀成果奖(人文社会科学)一、二、三等奖与青年奖以及全国教育科学研究优秀成果奖一、二、三等奖等国家级奖项10余项,重庆市社会科学优秀成果奖、教育发展研究奖、科学技术奖约50项,重庆市教学成果奖10余项;获批国家和省部级课题230余项;出版专著、编著、译著和教材130余部。

西南大学教育学部的课程与教学论为国家重点学科,教育学一级学科为重庆市重点学科;有教育部人文社会科学重点研究基地"西南民族教育与心理研究中心";获批高等学校学科创新引智计划(111计划)"西部儿童与青少年发展阻断贫困代际传递大数据决策系统"、教育部"成渝地区双城经济圈高校智能化教学改革"虚拟教研室;有国家2011协同创新平台"中国基础教育质量监测协同创新中心西南大学分中心",教育部"民族教育发展与高层次人才培养"重点研究基地,重庆市重点文科研究基地"基础教育研究中心"以及"智慧教育"重庆市高校工程研究中心等省部级平台;有教育学博士后科研流动站、教育学一级学科博士学位授权点和教育博士授权点,涵盖教育学原理、课程与教学论等13个二级学科博士授权点(含自主设置)、14个二级学科硕士授权点;获批课程与教学论国家级教学团队和"职业教育融通与课程教学统整"全国高校黄大年式教师团队。

其次,西南大学教育学部教师积极参与全国教育科学规划课题和国家社会科学基金教育学项目的申报与立项。例如,2021年西南大学教育学科有5个课题获批立项,其中罗生全教授申报的《教材建设国家事权的基本理论及权责机制研究》、靳玉乐教授申报的《我国义务教育学业负担综合治理研究》、罗江华教授申报的《以教育新基建支撑高质量教育体系建设研究》获国家重点项目,李毅副教授申报的《新时代初中生阅读素养发展指数建构与应用研究》获国家一般项目,郑鑫副教授申报的《基础教育教研体系的中国经验及国际传播研究》获国家青年项目。再例如,2022年,西南大学教育学部获11项国家级项目,7项教育部人文社科规划项目。

此外,西南大学教育学部教师积极参与学术会议、研讨会,进行一系列学术交流,研讨当前热点学术问题并商讨自身学术方面的建设情况。为了适应国家重大教育战略需求,加快推动学校教育学"双一流"学科建设,2020年至2022年10月,教育学"智慧教学与全人发展"文科实验室组建了由30多位专业人员组成的跨学科研究团队,采用常态化研讨合作机制,开展了一系列的实验室论证和建设工作。如教育学文科实验室的方向规划和实验设计、创建智慧教学实验学校联盟、组织智慧教学"产教学研"创新合作、深化国内外智慧教育同行深度交流合作等。

开展以智慧教育助推中国式教育现代化——"智慧教育与未来学校"建设领域研讨会，提出要明确当前研究的聚焦主题，加强研究的团队化、协同化、交叉性，理论研究要继续深入，实践探索要持续落地，真正形成在全国有重要影响力和引领力的研究特色，有力助推西南大学教育学一流学科建设。还包括西南大学教育学一流学科"职业教育区域融通"特色领域团队交流会、中国教育科学论坛之青年论坛、"敷荣"学术论坛系列活动、学术文化节系列学术讲座。西南大学教育学部教师通过参与学术交流与讨论的方式了解学界的热点，进一步为教师进行学术理论创新提供了基础和益处。

西南大学教育学部教师还积极参与国际项目的交流与会议研讨。其一，教师带队交换生项目，包括美国密歇根州立大学（MSU）研究生交换项目、英国伦敦大学学院教育学院（IOE）博士生交换项目、加拿大英属哥伦比亚大学（UBC）交换生项目。其二，教师带队假期访学项目，包括美国伊利诺伊大学厄巴纳-香槟分校（UIUC）游学项目、美国西华盛顿大学（WWU）学前教育访学项目、新西兰怀卡托大学（UOW）教育实习项目、德国教育实习项目（学前/小教）、加拿大英属哥伦比亚大学（UBC）温哥华校区项目、美国堪萨斯大学（KU）特殊教育专业访学项目。其三，境外办学项目，包括越南教育管理学院教育硕士项目、越南顺化大学教育博士项目。其四，特色培训项目，包括泰国教育官员及校长培训项目。举办及参与国家级和国际会议，例如未来教育国际研讨会、第十届技术促进教育变革国际会议、第四届教育领导力国际论坛第四分会场"教育领导力与学校组织发展的新发展"、教育领导力国际论坛、2019年国际STEM教育学术研讨会、海峡两岸暨香港地区课程理论研讨会等。通过参与国际会议，一方面加强了西南大学教育学部与国际学校的合作；另一方面教师通过交流了解到国际学术理论和现实实践，更进一步丰富其知识面和提升专业能力。

2.中位的学科专业建设

学科专业建设除了学科定位、学科规划、学科设置等内涵外,还包括队伍建设、平台建设等保障性内涵,其功能聚焦于人才培养,服务于科学研究,以实现教育的高质量发展,最终促进社会的发展和进步。①在学科专业建设上,不论是学科平台的建构,还是学科建设的相关研讨,西南大学教育学部教师都非常重视。

首先,西南大学教育学部教师积极推动学科平台和专业建设。西南大学教育学部1981年设立外国教育史硕士点、1984年设立课程与教学论专业博士点、1998年设立教育学原理专业博士点、2000年拥有重庆市教育学一级学科重点学科、2003年获得教育学一级学科博士学位授权点、2004年成立教育部重点文科基地、2007年课程与教学论获批国家重点学科、2022年教育学学科入选国家"双一流"建设学科名单。西南大学教育学部有教育学博士后科研流动站、教育学一级学科博士学位授权点和教育博士授权点,涵盖教育学原理、课程与教学论等13个二级学科博士授权点(含自主设置)、14个二级学科硕士授权点等;有高等学校学科创新引智计划(111计划)"西部儿童与青少年发展阻断贫困代际传递大数据决策系统",重庆市重点文科基地"基础教育研究中心",国家2011协同创新平台"中国基础教育质量监测协同创新中心西南大学分中心",教育部人文社会科学重点研究基地"西南民族教育与心理研究中心"等。

其次,西南大学教育学部教师积极组建学科团队,教育学部还设有课程教学研究院、学前教育学院、特殊教育学院、教育技术学院(智慧教育研究院)等教学科研机构。

最后,西南大学教育学部教师积极参与学科建设工作研讨会和工作会。在国家加强双一流建设之际,紧抓发展机遇,加快建设一流教育学科,成为当

---

① 郭垠杉.教育学视角下学科建设和专业建设的关系探讨[J].现代商贸工业,2022,43(14):37-38.

前西南大学教育学部发展的重要任务。所谓一流学科领域，它可以超越一流学科的范围，也可以在一流学科范围之内。强化一流学科领域，是为了找重点方向突破，并兼顾全局，西南大学教育学部老师参与会议讨论相关建设问题，教育学部部长就一流学科建设的任务分工、团队组建、政策支持等问题作出说明。例如在学科评估暨一流学科建设工作会议、西南大学智慧教育学科建设研讨会、马克思主义教育思想学科建设研讨会、教育学一流学科建设论坛、学科团队召开学科建设研讨会、教师赴外交流学科建设情况等会议中，都对这些问题进行了强调与说明。此外，西南大学教育学部还召开党政管理人员工作会议，围绕"党政管理和教辅人员如何参与教育学一流学科建设"等主题展开讨论，指出一流的学科需要一流的科研和人才培养，一流的科研和人才培养又离不开一流的服务和管理。党政管理和教辅人员也是一流学科建设的重要组成部分，教育学部全体党政管理和教辅人员是一个有机的整体，需要增强团队意识，加强沟通和合作，提高协同作战能力。一流学科建设要以党建工作为引领，要把教育学一流科学建设与党的建设同步谋划、同步推进、同步发展。

3.下位的课程教学跟进

在下位的课程教学跟进中，教师教学的重点也是关键点，教师教学主要体现在三方面：首先是课程，其次是教学技能，然后是教材。高质量的教师团队需要不断更新自己的课程和教学方式，也要不断创新教学理念，才能将教学知识完整地传达给学生，不断提高自身专业素养。西南大学教育学部教师积极跟进课程与教学，在这三方面都获得了一系列突出的成就。

(1)国家级精品课程

西南大学教育学部的教师中，拥有课程与教学论、比较教育学等4门国家精品课程、7门国家精品视频公开课程、1门国家级双语教学示范课程、3门国家级精品资源共享课建设项目。例如赵伶俐老师的课堂教学技术与艺术、跨

界思维分别获批国家精品课程与国家级精品资源共享课;宋乃庆老师的数学
教育学获批国家精品课和国家级精品资源共享课;陈时见老师的比较教育
学、教育研究方法分别获批国家精品课程与国家级精品资源共享课;靳玉乐
老师的课程与教学论获批国家精品课程与国家级精品资源共享课;李玲老师
的比较教育理论与方法获批国家级双语教学示范课;刘义兵老师的中学教师
专业发展获批国家级精品资源共享课;朱德全老师的教育测量与评价获批国
家级精品资源共享课。教育学部教师在致力于研究自身课程时也积极参与
国际课程的开展。教育学部在西南大学国际课程周开设了四门国际课程,姚
琳副教授、李欢副教授和代光英副教授分别担任课程的中方共课教师,开展
多方面的合作。教师支持教育学部的国际化工作,也希望作为桥梁推动教育
学部与国外学校的进一步合作。

（2）教师教学优秀团队

西南大学教育学部教师不仅在学术理论创新上有诸多成就,在实践教学
中也非常优秀:在2009年立项建设的国家级教学团队名单中就有教育学部的
课程与教学论国家级教学团队;学前教育专业也入选首批卓越教师计划,教
育学部优秀教学团队都获得过国家优秀教学成果一、二等奖。教师团队的优
秀离不开教育学部一直以来对于教师教学技能的重视和培养支持。教育学
部定期举办青年教师教学技能大赛,目前已办至第十四届,优秀青年教师代
表参与校级、市级等教学比赛,成果颇丰。例如,在西南大学的教学比赛中,
教育学部教师胡福贞、王正青、李欢获得一等奖,李欢、邓磊、李毅、张骞、贾添
天获得二等奖,侯玉娜、张骞、王伟、艾兴获得三等奖;在重庆市高校教学创新
大赛中,王正青、何茜、李欢获得一等奖,贾添天获得三等奖;另外,李欢老师
获得重庆市青年教师教学比赛二等奖,邓晖老师获重庆市2018—2020年度高
校在线课程建设与应用先进典型,李姗泽、张骞老师获得西南大学校级优质
课程。

在教学过程中，老师们非常注重教学内容的创新与教学方式的创新。为此，教育学部专门承办高校教学创新论坛之"以创新赋能教育，以初心培育人才"专题报告会，西南大学2022年教师教学创新大赛一、二、三等奖获奖教师参与线下活动，线上参会人数达100余人，通过专题报告会进一步强调创新思维的重要性，创新思维不仅体现在教学内容在，也体现在教学方式上。前几年，受疫情影响，教学方式不得不发生变化，西南大学教育学部也积极快速做出响应，着力推进信息技术与教育教学深度融合，推动线上与线下混合式教学革命，并做出具体的工作安排。例如，西南大学教育学部教育技术专家团队针对教师举行"长江雨课堂""超星智慧教学系统"使用培训会，承担教学任务的教师通过现场参与和在线收看的方式参加培训会。通过培训，使老师们对两个教学平台和软件的操作使用有了清晰的了解，为教育学部本科线上线下教学工作的同步开展提供有力支持。

在信息技术发展极为快速的时代，教育发展的未来方向必定与科技和互联网挂钩，因此，对"互联网+教育学"的目标要更加重视。"互联网+"简单地说就是"互联网+传统行业"，随着科学技术的发展，利用信息和互联网平台，使得互联网与传统行业进行融合，利用互联网具备的优势特点，创造新的发展机会。"互联网+"通过其自身的优势，对传统行业进行优化升级，使得传统行业能够适应当下的新发展，利用信息通信技术以及互联网平台，让互联网与传统行业进行深度融合，从而最终推动社会不断地向前发展。

这里的"互联网+教育"包括两方面：教师教学融入和学生积极参与。首先，是对教师"互联网+"能力的要求，西南大学教育学部在2016年就开始强调"互联网+"时代下的教师专业发展途径，提出要把互联网的创新成果与教育教学深度融合，提高教育的质量和效益，使教学更加个性化、教育更加均衡化、管理更加精细化、决策更加科学化。关于教育需要如何适应社会和时代的发展，教师又将如何面对教育的改变，重点在于渗透、融合、重组、质变。专家们提出要把线上和线下的活动聚合起来，为教育创建新的设计、开发、利用、管理和评价的形态。"互联网+"对于教师专业发展，更多是提供线上成长渠道，助力其教学创新。

在西南大学教育学部众多专业中，教育技术学是最具有"互联网+教育学"特征的专业。国家自然科学基金委员会公布的2022年度国家自然科学基金项目评审结果中，西南大学教育学部教育技术学团队主持申报的"面向多视图教育数据的共享簇结构挖掘与应用研究"和"VR环境下深度认知追踪关键技术及学习干预模型研究"分别获得面上项目立项。2018年起，为响应智慧教育等学科前沿问题和教育基础性问题的关切，以促进交叉融合、突破教育发展的需求瓶颈，国家自然科学基金在信息科学部下面新增一个专门用于支持教育科学基础研究的申请代码"F0701"，力图通过自然科学的方法和手段推进教育创新发展、推进教育现代化进程。F0701启动以来，西南大学教育技术学研究团队每年都有斩获，共获得7项该类项目资助，在教育数据挖掘、智能写作识别以及教学视频分析等领域形成了研究特色。多年来，西南大学教育学部十分重视学科交叉融合，2018年成立智慧教育研究院，牵头申报并获批智慧教育重庆市高校工程研究中心和"智慧教育"学科群，组织教育学、心理学、信息科学等学科力量，研究人工智能、大数据、"互联网+"、区块链等新兴技术与教学活动的深度融合，构建智能技术支持下的教学活动新形态与新模式，有效提升教学活动的智能化、个性化水平，为教育教学改革与发展提供应用参考与决策支持。当前，西南大学教育学部将课程与教学论和教育技术学等传统优势学科与人工智能、大数据等新兴学科交叉融合，开辟了新的学科生长点，积极推进"文科实验室"建设，重点支撑"西南大学2035先导创新计划"的"智慧育人"工程，形成智慧教育和"未来学校"建设等优势特色领域，搭建起更为广阔的学科专业交叉融合发展平台。党的二十大强调必须坚持科技是第一生产力、人才是第一资源、创新是第一动力，深入实施科教兴国战略、人才强国战略、创新驱动发展战略。西南大学教育学部以"823计划"强力推动"三重一大"战略，以八大领域为基础，立足文科基地和文科实验室两大平台，内外协同，引进人才、培养人才，推动重大项目、重大奖项、重大平台发展，助力建设"大教育学科"整体发展。

（3）教师教材成果

西南大学教育学部教师专业知识基础深厚，所编教材入选国家级规划教材、重庆市重点建设教材、校级规划教材。其中，国家级规划教材有《教育统计与测评技术》《教育研究方法》《教育经济学》《现代教育技术》；重庆市重点建设教材有《教育测量与评价》《教育经济学》；西南大学校级规划教材有《中国教育史》《特殊教育学》等23本；教师出版自编教材50余部。一本教材应该具有以下几点特质：前人教材精华的组合、逻辑框架的优化重组、时代特色的内容添加、作者思想灵魂的注入，以及要科学研究、内容真实、有理有据。因此，教材是教师专业知识与综合能力的凝聚与代表，对编撰人的专业能力是一种系统性的考验。

三、新文科建设背景下教师队伍建设探索与实践面临的困境

新文科建设背景下的教师队伍建设和教师专业发展必须符合新文科的理念。首先，要求创新性发展，在教师团队建设中，无论是专业发展、科研能力还是实践和教学技能都需要根据现实情况的改变进行革新，只有不断创新才会前进发展。其次，要有价值引领，坚持马克思主义思想，坚持习近平新时代中国特色社会主义思想，立足中国国情，走中国特色社会主义道路。再次，要求专业和领域之间的交叉融合，使新技术融入教育教学中。最后，研究范式需要转变，改变教师培养模式和教师教育教学模式。《新文科建设宣言》明确了新文科建设总体目标，即推动文科教育创新发展，构建以育人、育才为中

心的哲学社会科学发展新格局,建立健全学生、学术、学科一体的综合发展体系,推动形成哲学社会科学中国学派、创造光耀时代、光耀世界的中华文化不断增强自信心、自豪感、自主性,提升影响力、感召力、塑造力,[①]并提出了坚持尊重规律、立足国情、守正创新、分类推进等原则以及强化价值引领、促进专业优化、夯实课程体系、推动模式创新等任务。根据以上理念分析,目前教育学教师队伍建设上还存在一系列问题和发展困境。

(一)教师对新文科理念认识不足

少数教师不理解新文科的本质和内涵,不能很好理解"新"在何处,并且不会积极主动提升自身能力和素养,他们对人文社科教育教学的理解往往受传统观念影响。首先,传统文科在传统文化影响下具有"务虚"特质,传统儒家文化演化为"以文为主"的学科体系。[②]"儒家文化是一种伦理型的文化,其主要社会功能是通过一系列的道德原则和伦理规范来维护社会秩序,以保证社会的稳定与和谐。"[③]所以这种传统文科的特点是符合中国历史发展并且推动中国社会发展的。其次,在新时代科学技术发展的情况下,文科的地位降低,理科地位日渐提升。大众的学科偏向性倾斜于自然学科,所以文科的发展相对于理科来说就会相对较慢。在以上传统文科观念的影响下,文科教师自然而然也会存在这些观念,久而久之形成了教师固有的教育教学模式,从而在强调新文科的时代,一些教师无法及时转变观念,无法及时将新文科理念融入教育教学中。加之一些高校对教师的培养不到位,教师自身没有积极主动去学习和理解新文科理念,目前在教师队伍建设中新文科方面的建设还不是很成熟,教师对新文科理念的认识还不全面、不充分,这是目前新文科建

① 教育部.《新文科建设宣言》正式发布[EB/OL].(2020-11-03)[2022-10-11].https://news.eol.cn/yaowen/202011/t20201103_2029763.shtml.

② 朱文辉,许佳美.新文科建设:背景解析、要义分析与路径探析[J].黑龙江高教研究,2021,39(11):1-6.

③ 赵卫东.儒家文化根源性探析[J].东岳论丛,2020(10):38-43,191.

设背景下教师发展方面存在的问题。再次,传统文科受西方文化影响,不具有中国特色。"我国近现代学科是在学习国际经验中发展起来的,存在传统文科'西化'色彩较浓、自主创新不足的问题。"①不少教师认为自身的教育教学跟国家发展和时代的没有很大关系,认为个人的教育教学只关系到个人的发展,这也是教师观念层面存在的问题。

(二)教师学科背景相对单一

新文科建设的典型特征就是学科的交叉融合,使新理论、新技术、新实践"三位一体"的专业内涵提升,提高教育教学的时代性、学术性和针对性。这就对高校教师提出了更高的要求,教师不仅要把握自身专业所在学科领域的知识,还要熟悉交叉学科的知识。目前看来,教育学教师队伍中学科交叉融合背景人才较少,教育学领域大部分教师从学士到硕士再到博士学位基本上都是文科学科或者教育学学科,没有自然学科的知识积累,导致教师知识体系相对单薄。教师知识体系的单薄容易导致教学内容单一、评价指向单一、工作方式单一。这可能是传统师资培养造成的结果,由于学校里的教学都是分科进行的,因此,院校对教师也是进行分科培养,这种培养方式虽然有利于教师精通本学科的知识,但不利于教师的综合能力提升。此外,传统文化中"文人相轻"的说法早已有之,作为中国传统知识分子的典型代表,教师历来不愿过多参与人际交往,不愿意处理学校之外的事务和关系,造成现在部分教师不愿意尝试新事物,局限于原有的教育教学方式。

(三)教师教学模式创新性不足

新文科建设要求教师教学充分反映中国特色哲学社会科学理论创新的最新成果,提高教育教学的时代性、学术性和针对性。首先,在教学手段方

---

① 龚旗煌.新文科建设的四个"新"维度[J].中国高等教育,2021(1):15-17.

面,越来越技术化,不管是资料的准备还是教学过程,都离不开互联网、新技术。其次,要求教师突出理论与现实的结合,强调应用价值和现实指导意义。

此外,教师队伍建设和教师专业发展在其他方面也会面临一些发展难题。例如在新文科建设背景下教师评价体系的转变和完善;教师国际视野的提升;教师跨学科思维的培养;交叉学科的设置以及新文科教师队伍建设的保障工作等方面。

第三节
教师队伍建设和教师专业发展的未来构想

在探讨教育学新文科建设中教师队伍建设和教师专业发展的未来构想之前,应该思考的一个问题是新文科建设背景下教育学教师实现发展的重点是什么? 教师作为教育知识的主要传授者,对教育理念要客观输入,对实践方法要正确输出。在强调新文科的发展背景下,教师在认识新的知识创新模式、新的生产方式、新的知识结构模式之后,需要不断将其与自身已有的知识融合,内化为客观新颖且合理的观点。输出时坚守中国教育传统精神,吸纳外国教育优秀成果;坚持教育学人才培养的价值取向;坚持教育学的学科独立性,创造教育学与其他学科交叉整合的新兴学科;保证教育学朝着时代新方向发展,朝着正确方向发展,从而使自身获取经验,促进专业的成长,促进高质量教师队伍的建设,最终促进新教育学的发展。那么未来的教育学教师队伍应该怎样建设? 怎样更进一步促进教师的专业发展? 成为普遍关注的重要议题。

一、立足国情,继承创新

高素质专业化的教师队伍需要深入学习中国特色社会主义理论,牢牢把握当前新文科建设中亟待解决的问题,明确自身素养与现实需求之间的差距,通过学习跨学科知识等方式提升专业素质。教师队伍及其专业发展是教育学新文科建设的重要组成部分。一方面教师队伍需要以新文科建设背景为基础学习相关理论知识,提高理论素养;另一方面需要将理论知识与实际情况相结合,积极投身教育实践。

(一)立足中国国情

进入21世纪,高等教育从数量提升逐渐向质量提升转变,"六卓越一拔尖"计划2.0顺利实施,"新文科、新农科、新医科、新工科"建设积极推进,以期通过高质量教育体系培养新时代人才。《新文科建设宣言》中强调"坚持走中国特色的文科教育发展之路"。[①]党的二十大报告指出:中国式现代化,是中国共产党领导的社会主义现代化,既有各国现代化的共同特征,更有基于自己国情的中国特色。"中国式现代化是人口规模巨大的现代化","是全体人民共同富裕的现代化","是物质文明与精神文明相协调的现代化","是人与自然和谐共生的现代化","是走和平发展道路的现代化"。其中所提及的"基于自己国情的中国特色""物质文明与精神文明相协调"也是对新文科建设、教师队伍建设和教师专业发展的新要求,立足中国实际,扎根中国国情,发现问题、分析问题、解决问题。深掘中国文化的土壤,推动知识创新、理论发展、方法引领,加快建设中国特色哲学社会科学。立足国情教师自身要做到如下几点。

第一,牢固树立中国特色社会主义理想信念。从文科到中国特色新文科

[①] 教育部新文科建设工作组.新文科建设宣言[EB/OL].(2020-11-03)[2021-10-20]. https://jwc.cuc. edu.cn/2022/0114/c6974a190755/page.htm.

的发展,从教育到中国教育的发声,教师队伍必须坚定中国特色社会主义理想信念。坚定理想信念是对每一位教师以及教育学学科专业准教师们的要求,"希望全国广大教师牢固树立中国特色社会主义理想信念,带头践行社会主义核心价值观,自觉增强立德树人、教书育人的荣誉感和责任感,学为人师,行为世范,做学生健康成长的指导者和引路人"。①做新时代好老师,必须坚定自己作为一名教育者的信念,怀抱对教育事业的满腔热血投入国家人才培养与教育建设中,把实现教育现代化作为自己教师生涯的目标。在日常生活中以理想信念严格要求自己,树立终身学习的理念,全面了解中国历史、中国文化,提升自己的综合素质;在教学工作中,引导学生建立正确的世界观、人生观、价值观,关爱学生、以身作则。

第二,提高自身道德修养。在中国传统儒家文化的背景下,教师师德师风问题为人们所重视,教师必须对自身的德行问题作出严格要求。孔子云:"其身正,不令而行;其身不正,虽令不从。"基于教师的示范作用和学生的向师性,教师德行的好坏将直接影响学生德行的养成。习近平总书记在北京师范大学考察时指出:做好老师,要有道德情操。老师对学生的影响,离不开老师的学识和能力,更离不开老师为人处世、于国于民、于公于私所持的价值观。老师是学生道德修养的镜子。好老师应该取法乎上、见贤思齐,不断提高道德修养,提升人格品质,并把正确的道德观传授给学生。②新时代对教师的师德师风提出了更高的要求,教师自身要有意识立足中国传统文化,提高自身的思想道德修养,做一个道德高尚的好老师。教育学教师队伍建设需要牢牢把握师德师风这一关,其重要意义不仅有关于自己作为一名教育者的要求,更有关于培养一批有道德的优秀的师范生。教师具有较高的道德水平才能够在人才培养的过程中为学生树立榜样,才能够教出具有良好品德的学生。

① 习近平.习近平向全国广大教师致慰问信[J].中国民族教育,2013(10):2.
② 环球网.习近平在北京师范大学考察时号召全国广大教师做党和人民满意的好老师[EB/OL].(2014-09-09)[2022-10-11].https://china.huanqiu.com/article/9CaKrnJFxb8.

(二)彰显人文情怀

百年大计,教育为本;教育大计,教师为本。教师作为传授知识,化育人才的关键所在,教师本身应当具有人文情怀。在教师的职业道德素养中,要求教师关爱学生、爱岗敬业、爱国守法,这三个"爱"是充满情怀的爱,是对人的爱,对国家的爱。不论是教师队伍建设还是教师专业发展,都应该以人为本,以教师群体为本,继承传统文化中对于"人"的重视。新文科的"新"同样内含人文情怀。不同于以往的传统文科的现实追求,新文科更加注重以人为本,以促进人的全面发展为导向,转变人们以往对于文科教育无用的偏见,把文科人才培养成既能够立足中国传统文化又具有国际视野的新文科人才。

第一,坚持以人为本。教师队伍需要不断提升自我修养,坚定价值引领,以学生为本,把握新时代人才培养需求。倘若教师只是抱着完成既定教学任务、不求进步、学生发展与我无关的想法又谈何以人为本、以生为本。教师在生活中要关心学生的身心健康与发展需要,在教学中要注重学生对于知识的主动探索,以学生为中心。新文科背景下,教师要明确时代、社会对于所需人才的要求是什么,应当从培养什么样的人、怎样培养人等方面进行思考。以培养人为导向,以为了人为根本,以培养中国特色社会主义建设者和接班人为目标。

第二,追求人文精神。"人文学科"追根溯源可追溯到西塞罗在论述雄辩术时所倡导的"Humanitas"学说,其内涵所指是为了培养自由的成年公民而实行的全面的文科教育。①时代的转变、科技的发展促使文科教育面向未来,不仅要扎根于传统文化、经典文化之中还要与新时代、新科技相融通。如"互联网+教育"的出现,翻转课堂、智慧课堂、慕课等课堂新形式的出现转变了教师传统教学方式,更加注重学生对于知识的探索与发现,培养学生的自主学习

---

① 崔延强,段禹.新文科究竟"新"在何处——基于对人文社会科学发展史的考察[J].大学教育科学,2021(1):36-43.

能力,使得学生能够更快适应社会大发展、大变革,提升其在国际舞台上的竞争力。同时,在结合教育和技术的过程中需要认识到人文精神的引领作用,教师队伍仍旧应该以教育理论为基础,以人文精神为指导,在技术融通的过程中不能丢失教育理论的本真面貌。

(三)注重创新发展

早在20世纪80年代,随着信息技术的出现与发展便已经涌现了"数字人文",也就是最初的信息技术与人文科学的交叉。我国的教育体系是在学习西方教育经验的基础上逐渐建立及发展起来的,实现新时代的文科教育创新势在必行。习近平总书记指出:创新是引领发展的第一动力。坚持创新发展,就必须把创新摆在国家发展全局的核心位置。随着国情的变化、国际局势的变动,面对百年未有之大变局,传统文科教育已经不能够适应时代所需。新文科建设工作会议指出,文科专业占我国总体专业的三分之二,提升文科教育质量,文科教育创新发展对于高等教育提质将起到关键作用。

第一,注重理念创新。教师队伍要转变传统文科教育理念,应当基于新文科建设的背景,实现新时代新文科教育的创新性发展,要坚定文化自信,将传统文化融入当前社会实际之中,培养时代新人,不断提升我国的综合国力。面向未来,教师队伍要树立全球化理念,教育学领域更需关注国际前沿热点,在国际教育领域发出中国声音、树立中国教育新形象。同时,教师队伍需要牢固树立创新意识。教师要具有改革创新的精神和勇气,打破传统学习方式、教学方式,在自身素质提高、教学水平提升等方面积极求变。以变促发展,以变促创新,为中国现代教育质量提升探索教育创新路径。

第二,注重实践创新。教育学作为文科教育的主力学科,是所有学科育人的基础,就教育学本身发展而言,加强学科适应社会之所需,使得教育学专业的学生能够学有所用,更好地服务社会。为此,教育学领域建设高素质、专业化的教师队伍就更为必要，这是适应时代之所需，切合人才培养之战略。教育学的实践创新包括教师个人的实践创新以及教师群体的合作创新。在培养准教师的过程中要实现培养模式的更新换代，教师个人需要明白故步自封就会落后的现实境况，在个人创新发展的过程中通过团队交流实现整个教师队伍的新发展。

二、认识"新文科"，引领"新发展"

自新文科提出以来，教育学领域有关新文科的研究成果位居前列，而教师队伍又是新文科建设的中坚力量，教育学中的教师队伍建设和教师专业发展就是关键中的关键。深化对新文科理念的认识，有助于教育学专业研究者站在时代大背景下开展实践活动。

(一)准确理解"新文科"内涵

理解新文科需要明确时代背景、跨学科融通、价值引领等方面的内容。《新文科建设宣言》的发布标志着新文科建设进入全面启动的阶段。进入21世纪，信息技术革命给人们的生活带来了日新月异的变化，对于传统人文社会科学学科的冲击也是巨大的，在面对产出高、效益大的理工科时，人文社会科学学科的市场被日益挤压缩小，甚至在高校中一些人文专业也面临着被取缔的威胁。教育学专业尤其如此，社会及市场的高要求让不少教育学专业学生面临"毕业即失业"的困境。新文科的提出无疑指明了教育学专业未来发展的重要方向，如何借助新文科建设工作促使教育学专业重新焕发生机是教育学领域必须关注的问题。理论指导实践，只有在深度理解新文科内涵及精神的基础上才能够在具体实践中落到实处。教师队伍更应该主动学习新文科知识，向上领悟新文科的理念，向下积极开展教育实践。只有理论与实践相结合才能够真正实现新文科的意义。理解新文科的内涵需要注意以下几个方面的内容。

其一,明确时代风向。一个时代有一个时代的责任,教师队伍的责任之一就是需要明确自身所处时代的使命。当今时代是一个开放性的时代,不仅需要向历史开放,也需要向时代开放、向未来开放。网络化将世界连接成一个整体,国内外知识成果共享,跨地域、跨领域、跨学科交流增多。这提醒所有教育工作者,当今的文科教育需要与时代发展高度契合,想要谋求自身专业的持续进步就必须顺应时代风向,突破原有学科专业的局限,向时代学习、向世界学习。人工智能时代的来临,"互联网+""人工智能+"等不断影响着文科教育,信息素养已成为每一个教育者专业素养中的一部分。在开展教育实践的过程中,信息技术与教育的融合给教师教育教学带来了新的探索路径。

其二,促进跨学科融通。"传承"和"守城"是人文学科知识管理的主要方式,这与以范式改变和"攻城"为特征的自然科学知识管理方式有着显著的差异。"①而在时代的不断发展过程中,"守城"就是故步自封,教育学不能再是一个"围城"式的培养方式与发展模式。教师未来专业发展应当认识到跨学科融通的重要性,跨学科融通蕴含了文科内部之间的融合以及文理之间的融合。如教育心理学即教育学与心理学的交叉融合,可视为文科内部的交叉。教育心理学的出现能够使人们关注到教育过程中教育主体与客体之间的心理发展规律,从而帮助教师队伍以及心理学研究者关注到相关对象的心理状况并提出应对策略。教育统计学即教育学与统计学之间的交叉融合,属于文理之间的交叉。教育统计学的出现是将教育领域的相关数据进行统计、整理与分析,得出较为科学的判断,蕴含着丰富的统计学知识。

其三,坚持价值引领。"理科改变世界的方式是科技创新,而文科改变世

---

① 吴岩."守城"到"攻城":新文科建设的时代转向[J].探索与争鸣,2020(1):26-28.

界的方式是价值重塑。"①如果说理科教育是造体，那么文科教育就是塑魂。文化对于一个国家的重要性不言而喻，党的二十大报告指出：我们确立和坚持马克思主义在意识形态领域指导地位的根本制度，社会主义核心价值观广泛传播，中华优秀传统文化得到创造性转化、创新性发展，文化事业日益繁荣，网络生态持续向好，意识形态领域形势发生全局性、根本性转变。②要唤起中国人民的民族自豪感、民族魂就需要依托文科教育，而文科教育需要依托具有文化素养的教育学专业工作者。教师队伍要明确文科教育的精神追求、价值引领，坚定理想信念，努力培养既具有文化自豪感又具有国际影响力的时代新人。

(二)精准把握新文科发展方向

自1977年恢复高考之后实行文理分科，在社会的不断发展与转变中文理分科始终未变，文科与理科之间的界限犹如楚河汉界。1999年高等教育扩招，文科专业由于不需要大量的高端技术设备为无数大学所青睐，文科专业如雨后春笋般纷纷建立，但在建立文科专业的同时只看到了形式架构而不顾内涵实质，导致文科教育质量下降。文科教育并非大众眼中的简单教育，其丰富的人文内涵和价值导向能够引领大众发展进步。教师队伍建设以及教师专业发展要把握新文科发展方向。新文科是新时代我国文科教育创新发展的体现，夯实人文精神、创新发展中国文化、关注时代所需是把握新文科发展方向的重要举措。

其一，注重人文精神。文科教育极具精神营养与价值内涵，只是在长久的"市场化"的过程中，文科教育只剩下没有灵魂的躯壳，这导致时代对于文

---

① 龙宝新.论新文科理念指引下的教育学专业建设[J].内蒙古师范大学学报(教育科学版),2022,35(1):1-9.

② 习近平.高举中国特色社会主义伟大旗帜 为全面建设社会主义现代化国家而团结奋斗——在中国共产党第二十次全国代表大会上的报告[J].创造,2022,30(11):6-29.

科教育的看法变成人人都学,人人都不必专门学,"文科无用论"盛行值得所有文科专业研究者去思考。庄子云:"无用之用,方为大用。"没有无用的东西,从不同的角度出发便是有用的,文科教育有用并且能够发挥重要作用。教师队伍应当看到新文科建设内涵中的人文精神,重塑文科教育的灵魂,强化价值观念、谨防文科异化的出现。中国文化、中国的文科教育对于中国的未来发展尤为重要。中国是一个文化大国,依靠几千年来的文化底蕴,形成独具特色的中国精神、中国价值。教师队伍需要坚定以文化人、以文育人、以文培元的使命,从时代出发,担当民族复兴大任,传递文科精神、输出文科价值。在新时代,文科教育不能仅仅停留于简单的知识传授、文化传递,而是需要将时代精神、中国精神熔铸其中,建设一支能够向国际传递属于中国文科教育之声的教师团队。科学技术的飞速发展让人们的视野焦点凝聚其间,对于人类的未来发展文科教育不能够丢失,仅仅局限于科学技术为生活带来的飞速转变而忽视文科教育给予人们的精神寄托与人文追求,那么未来生活必将是冰冷的机械世界。"人文"正是说明人与文的不可分割,以人为主体,塑造、培育人的灵魂。教师队伍注重新文科建设背景下的人文精神,才能够培养有理想、有道德、有文化、有纪律的文科人才,树立文化自信、文化自觉,不断提升中华文化在国际上的影响力、在国际舞台上传递中国文化的声音。

其二,创新发展中国文化。文化依靠文科教育传递、创新、发展,文科教育依靠文化滋养实现新发展。教师队伍应当认识到当下提出的新文科建设就是文科教育结合时代精神、中国国情,对中国文化的再创造、再更新,建设适合当代中国发展的新文化。教师自身应当以中国文化为指引,扎根中国传统文化,其最终指向也是为复兴中国文化,使中国文化发出新的时代强音。中国文化是由中国教育、中国哲学、中国文学、中国艺术等文化内容构成的有机体,这些文化的交织融合构成了中国文化精神与中国价值。教师立足当下并不是对中国传统文化的摒弃,而是在此基础上融合时代精神的再生体。教育学作为新文科建设的重要学科,其教师队伍应当担负起培育有文化修养、文化精神、文化情怀的时代新人。根据时代需要转变人才培养模式,在教育教学、学术交流的过程中挖掘中国文化、创新中国文化,使中国文化焕发出新时代新色彩。

其三,关注时代所需。习近平总书记指出:一个国家的发展水平,既取决于自然科学发展水平,也取决于哲学社会科学发展水平。一个没有发达的自然科学的国家不可能走在世界前列;一个没有繁荣的哲学社会科学的国家也不可能走在世界前列。[①]关注提升软实力,改变人们对于现有文科教育"无用"的认知,需要依靠教师队伍对于人才培育的观念转变。教师不仅要做到传道、授业、解惑,还需要关注时代所需、社会所需、人才培养所需。旧有的文科教育注重知识灌输、精神完善而忽视实际效用,没有从现实出发,没有指向实践。在新文科建设要求下,教师应当以解决实际问题为指向,促进学科交叉、知识融通,激发文科教育的发展活力,扭转文科备受排挤的现状。

三、提升专业能力,实践课堂革命

教师队伍建设即教育主管部门通过考核培训等方式,提升教师的专业素质,优化教师队伍结构,从而满足国家教育发展的需求。科学技术的强势突进使得文科教育的知识传递不得不转变已有范式,教师需要应时而为提升专业能力、实践课堂革命,这也是教师队伍建设以及教师专业发展从理论走向实践的路径之一。教师必须具备较高的专业能力,才能承担培育未来人才的重任,才能实现教育现代化,为我国未来发展提供人才动力。教师队伍建设以及教师专业发展必须为建设现代化教育强国这一目标而努力。教师队伍建设和教师专业发展过程中涉及专业理论知识的强化、跨学科知识的融通、

---

① 习近平.在哲学社会科学工作座谈会上的讲话[EB/OL].(2016-05-19)[2022-10-19].http://www.scio.gov.cn/31773/31774/31783/Document/1478145/1478145_1.htm.

教学与研究的结合、课堂教学模式的创新,从专业知识到实际课堂,从理论素养到实践经验,最终实现专业提升,人才培养提质。教师队伍提升专业能力,实践课堂革命要做到如下几点。

第一,夯实专业理论知识。回顾我国教育学的发展历史,从借鉴日本到汲取苏联经验,中国教育学者几十年来致力于使教育学"中国化"转变为构建"中国教育学"。要在国际领域发出中国教育之声,教育学教师面对国际教育多元理论,要根植于中国传统文化,夯实理论基础,展现新时代中国教育理论的新态度。在教育教学实践中,教师拥有充足的理论知识储备才能够有底气站在讲台上,才能够给予学生科学的理论指导,教育学专业教师队伍建设必须重视理论基础,只有拥有扎实的专业理论基础才能够指导正确的实践活动。不论是教育学专业研究者或者是在职教师又或者是教育学科专业人才的培养都需要加强对教育学专业理论的认识,学习教育学基本理论。在工作与学习的过程中以专业的理论知识作为引领具体行动的风向标,高标准、严要求,不断提升自身的教育水平,以扎实的理论知识为基础开展教育教学活动。

第二,涉猎跨学科知识。知识作为教育的根本基础也就奠定了知识在教师素养中的关键作用,时代的飞速发展使得教师队伍本身的知识储备受到巨大挑战。在职教师以及教育学科专业学生仅仅依靠某一门学科的专业知识已不足以应对新时代人才培养要求,在时代背景以及现实需要的影响下,教师以及准教师需要主动涉猎跨学科知识,如语文教师不仅需要掌握语言知识、文学知识还需要掌握历史学知识、心理学知识、信息技术知识等,以便更加多样化地开展教育教学活动。同样以教育学专业教师队伍为例,不仅需要具备充足的教育学专业基本原理知识,还需要学习经济学、社会学以及统计学方面的知识。跨学科知识的学习不仅能够提升教师队伍的知识素养,而且能够拓宽教育学教师队伍的研究视野,如教育学与经济学、管理学的交叉而生成的教育经济与管理学科,教育经济与管理是综合运用教育学、经济学、管理学和社会学等学科的理论与方法,描述和解释教育现象、活动与问题,探索教育发展之道的交叉学科。

第三,结合教学与研究。教育者同样是研究者,教育学学科专业人才并不是登上讲台之后就只剩下教师这一身份。新时代要转变教师发展角色,使教师从教育者转变为既拥有扎实教育教学理论又具有研究精神的新教师。教育学专业研究者可以与一线教师开展合作,发现问题,分析问题,完善教育教学理论,以此更好地指导教师队伍的实践工作。一线教师可以主动开展研究活动,利用一线教师的优势,收集教育现象的一手资料,开展研究,着力解决教育教学过程中的现实问题。新时代,教学与研究早已不再是两个互不相关的主体,只有将二者结合才能够实现教育学专业的新发展,倘若教育学专业研究者不关注现实问题,仅仅着眼于教育学学科内部理论建构、体系生成,其研究视野必然受到局限。不论是教育学研究者还是一线教师队伍都应该向彼此开放,相互学习,共同合作促进中国教育事业的再发展。针对教育研究,其最终目的是形成中国特色的教育。"中国"一方面代表了中国教育者的立场,是基于近现代中国教育发展经验与实际而言的,不同于西方国家的教育范式;另一方面"中国"依靠历史悠久的文化基础,是富有中国传统方法论的研究方法与路径选择。①

第四,转变育人理念。我们需要回答"培养什么人、怎样培养人、为谁培养人"这一教育的根本问题,我国的教育以培养社会主义建设者和接班人为根本任务。新文科的提出是为了培养既具有扎实文科专业素养又具有多样跨学科知识的时代新人。现代教育的不断发展,教师更加关注教育技能与教学方法的提升。面对当前教育现实所呈现的各种问题,通常从技术提升、教学方式转变上来进行改进。回溯我国历史中的育人理念,是孔子的"不愤不

---

① 李政涛.走向世界的中国教育学:目标、挑战与展望[J].教育研究,2018,39(9):45-51.

启,不悱不发,举一隅不以三隅反,则不复也";是《学记》中"道而弗牵,强而弗抑,开而弗达"。强调的是"启""发""道""强""开",是育人过程中学生的主动探索与求知实践。教师教得越多不代表学生学得越多,教学方式的革新能够在很大程度上提升教学效率,但教师实际不能仅仅关注"教"这一方面,更应当关注学生知识领会的程度。现代社会所强调的以学生为本在我国古代社会的育人思想中早已出现。每个时代的教育都需要契合时代需要,但在重视科学技术与教育融通的过程中仍旧需要重视传统育人理念在中国教育中的现实影响。教育学教师队伍的建设需要把握多元的育人理念,重视中国传统文化中的教育精髓。

第五,创新课堂教学模式。传统教学模式的过程大致分为学生课前预习、教师课堂讲授、课后作业与辅导。这样的教学模式仍旧以教师为课堂的主体,教师作为知识的传递者,学生接受教师准备好的知识。新文科建设背景下要求紧紧抓住课程这一最基础、最关键的要素,持续推动教育教学内容更新,将中国特色社会主义建设的最新理论成果和实践经验引入课堂、写入教材,转化为优质教学资源。[①]教材是课程的依托,课堂教学是课程的实际体现,教育学教师队伍力求创新课堂教学模式,以师范生公共教育学创新课堂教学模式为例。公共教育学是师范生必修的公共基础课程之一,采取集中式知识传授的方式,引导师范生正确看待教育问题,强调技能训练,帮助师范生掌握教学实践所需要的方法与技巧。[②]公共教育学一改传统教学模式而采用基于微课的翻转课堂教学模式,将教师讲授转变为学生主动探索问题,激发学生学习兴趣,有效提升教学质量与课堂教学活力。除了基于微课的翻转课堂模式之外,项目式教学也是近年来教师课堂教学采取的新形式。项目式教

---

① 教育部.《新文科建设宣言》正式发布[EB/OL].(2020-11-03)[2022-10-11].https://news.eol.cn/yaowen/202011/t20201103_2029763.shtml.

② 孙玉凤.基于微课的公共教育学翻转课堂模式下教师面临的挑战及对策[J].湖北开放职业学院学报,2021,34(12):157-158,163.

学是指学生在学习过程中围绕某个具体的学习项目，利用多方面的资源，在一定时间内解决多个相互关联着的问题的一种探究性学习模式。教师的作用就是指导学生在完成任务过程中所遇到的难以解决的问题，最终通过学生的主动探索获得新知识。教师队伍应当致力于构建高效、新颖有活力的课堂，以积极的态度解决时代发展对于课堂教学带来的影响，增强自身教育教学能力。

四、实现交叉融合，创新人才培养

新文科建设是一场世界性的文科建设活动，基于我国国情而言的新文科建设是一场"推动哲学社会科学与新科技革命交叉融合，培养新时代的哲学社会科学家"的活动，创造光耀时代、光耀世界的中国文化。新文科的出现是受到时代影响的顺势而为，教育学的转变也是对时代新背景的响应。以新文科理念作为指导，推动哲学社会科学与科学技术革命交叉融合，将其理念融入教育学专业的未来发展中，教育学教师队伍建设与教师专业发展必然通过专业交叉融合与人才培养模式创新来实现新发展。

第一，专业交叉融合。教育学专业的未来发展不能够仅仅只依托教育学本身的知识，而是开展多学科知识融通。在时代的发展过程中学科专业越独立、体系越完善发展便越成熟。但随着时代的变化，仅仅只具备某一专业知识的人才已经不能够很好地适应社会所需，斜杠青年一词的出现恰恰能够证明多学科专业交叉的优势。在求职就业困难的社会环境中，拥有交叉学科专业的背景意味着能获得更多的就业选择，也更有机会在纷繁复杂的社会中生存下去。这也是从另一角度出发思考教师队伍建设和教师专业发展的方向，学科交叉、知识融通势在必行。新文科建设鼓励各高校结合自身优势，积极推动专业交叉融合，促进专业内生发展。以现实需求为导向，以实践为依托，教育学专业需要转变自身建设思维,实现"+教育"的创新发展。在教育学专业自身发展过程中,往往以"教育+"视角实现学科间的融通,这样的视角是以教育学专业理论知识为指引,强调教育理论的本来地位,但在专业交叉的过程中忽视了其他学科的应有属性。教育学专门研究教育相关问题,但这并不代表教育仅仅存在于教育学之间,在促进专业交叉融通的过程中,需要凸显"+教育"的思维。

第二,国内外理念交流。追溯我国教育学专业的发展历史,20世纪初期主要借鉴吸收日本的教育学;五四时期借鉴、模仿了西方国家的教育学相关理论;新中国成立以后主要借鉴苏联的教育学理论;改革开放后,我国教育学又迎来了新一轮的借鉴融合。可以说我国的教育学发展在每一阶段都以自身的发展需要为基础借鉴吸收国外的教育学理论。新文科本身是由美国希拉姆学院提出而引发的全球性文科教育转型运动,结合中国国情的新文科运动,教育学专业教师队伍建设与教师专业发展也势必需要加强国内外教师队伍建设理念。

教育部等五部门关于印发《教师教育振兴行动计划(2018—2022年)》的文件强调:采取切实措施建强做优教师教育,推动教师教育改革发展,全面提升教师素质能力,努力建设一支高素质专业化创新型教师队伍。[1]要实现教育现代化就需要提升教师教育的质量,重视教师教育。我国的教师教育发展体系还存在着诸多问题,如结构缺陷、学科受重视程度不够等。20世纪末以来,西方一些国家就教师教育群体开展专门研究,将教师教育作为单独职业群体,设立专业标准以及培训项目。以美国和荷兰为代表,在教师教育发展研究初期相继颁布教师教育者专业标准。国外关于教师教育研究的论文发表于2010年达到顶峰,国内研究成果虽也逐年上涨,但仍旧处于初始阶段,与

① 教育部.教师教育振兴行动计划(2018—2022年)[EB/OL].(2018-3-23)[2022-10-11].http://www.moe.gov.cn/srcsite/A10/s7034/201803/t20180323_331063.html.

国外相比还存在许多差距。在此背景下,需要借鉴国外优秀经验制定符合我国需要的教师教育者的专业标准,探索适合我国教师教育者的专业发展路径。

第三,人才培养模式创新。《中共中央关于制定国民经济和社会发展第十四个五年规划和二〇三五年远景目标的建议》中提及"建设高质量教育体系",而高质量的教育体系需要以高质量的教师队伍为依托,重视教师教育,创新人才培养模式,从教师队伍建设的源头抓起。其一,注重师范生源的源头选拔。生源质量会直接影响未来教师的质量,为建设高素质、专业化的教师队伍需治理源头,从师范生招生开始。招生标准与模式可以根据高校实际情况适时调整,最终选拔出成绩优异、综合素质突出的学生,再经过高校师范教育的系统培养,为教师队伍建设提供优质师资力量。其二,本硕一体化培养模式。本硕一体化培养不仅针对教育学专业的师范生,也包括教育学相关专业学生,实施本科4年加硕士2年的培养方式。本硕一体化培养的提出也是针对当前我国教育领域对高素质、高学历教师人才的迫切需要。本科4年的学习包括学科专业知识的学习以及相应的通识教育,在此期间可进行教育实习活动;硕士2年的培养是对本科所学知识的深入研究,是为了将学生培养成为既具有扎实理论基础又具有突出实践教学能力的教师。其三,理论与实践的结合。教师的专业发展必定是理论学习和实践开展的双向提升,由原有的理论与实践互不干扰转变为理论与实践交叉促进的模式。师范生通过课堂学习教师传授的学科知识与教育理论,在掌握相应的理论之后进行教育实习,在实践中不断提升其教学能力,使自身成为既具有扎实理论素养又具有实践教学能力的教师。

五、加强协同共享，实现合作共赢

教育学专业不仅是师范大学的主要学科，其同样是许多综合性大学的特色学科。要大力推进高校协同发展，强化产学共进，因地制宜实施培养策略，对于教育学专业教师队伍的建设益处良多。

(一)高校协同发展

为适应科技发展与经济社会的现实需求，促进人才培养模式的新发展，以高校联盟为基础的高校协同发展是我国高等教育发展的新方向。高校协同发展一方面能够提供高校未来发展新路径，发挥各高校特色与优势；另一方面高校的集群发展也能够给区域发展与建设带来新的活力。截至2024年6月20日，我国高等学校共计3117所，多分布在东部经济发达地区，高校协同发展不仅是促进高等教育高质量发展的路径之一，也同样能够带动地区经济进步。国际社会上高校协同发展、集群组织已广泛应用，如德国理工大学联盟(TU9)、澳大利亚八校联盟(G8)等。高校协同发展不仅为高校间资源共享创造条件，也在一定程度上实现了高等教育结构的再建构。我国高校协同发展的历史可以追溯到20世纪50年代国家提倡的"国防13校"以及进入21世纪后由国家重点大学组成的C9联盟。这些高校联盟产生了较大的影响力，也在一定程度上实现了教育效益的提升[1]。

其一，实现教育资源共享。高校往往有自己独立的管理体系、教育体系等。基于市场化的教育现实，高校与高校之间的关系相对独立。而高校联盟并非违背市场现状，高校之间的合作是基于培养新时代人才的共同目标以及新时代建设教育强国的责任。合作才能实现教育资源的集聚，而教育资源的集聚才能创造资源的合力效应，从而使各高校实现管理结构、教育结构的再

---

[1] 张继明,王洪才.基于协同发展的高校集群治理——我国高等教育治理现代化建设的一个重要向度[J].复旦教育论坛,2020,18(5):12-18.

升级。师范院校以及综合大学的师范专业所进行的师范教育为未来一线教育教学输送教师,师范教育的提升有助于未来教师队伍的建设。由高水平师范院校带动中西部地区薄弱师范院校发展,能够促进教育资源的共享与转移,创建资源共享平台,实现人才培养体系、课程建设体系、科研项目等多方面交流,以点的合作带动面的发展,促进薄弱地区师范教育的质量提升。

其二,促进人才交流。高校间的协同发展一定能够带来人才的流动,这是基于合作平台的建设、合作项目的沟通,优质人才的交流对于高校教育提质有着重要意义。教育市场化加剧了优秀人才的竞争,高校如果选择独立发展,其在人才资源争夺中将面临更大压力。为了吸引人才留住人才而提供具有竞争力的薪酬福利(包括高薪、奖金等),在一定程度上扩大了高校对于人才的资本投入。而高校协同发展恰恰能够规避这一问题,减少高校间的人才竞争,使得高校能够对于教育的发展投入更多的资源,促进高校间的人才交往是对人才资源的充分利用。教育学专业积极参与教师队伍建设与教师专业发展,一定要坚持"人才战略",在高校协同发展的基础上,根据教育学专业发展的特点与现状,结合学校特色,采取多种方式引进高层次人才,同时建设人才交流平台,实现人才资源共享。西南大学在深入贯彻落实党中央人才工作会议精神基础上制定出台了《关于加强新时代人才工作的实施意见》,意见中提出,优化人才引进体系,不断完善高层次人才引进绿色通道;健全人才培育体系,优化英才工程,健全人才支持体系。对于人才的重视能够促进各高校间人才交往,为学校教师队伍建设带来新活力。

其三,师范教育协同发展。为构建高质量师范大学体系,提升师范院校以及师范专业办学水平,加强中西部教育资源共享,推进实施新时代基础教育强师计划,教育部2022年2月发布通知决定实施师范教育协同提质计划。提质计划的提出,是为了帮助中西部欠发达地区薄弱师范院校整体提高师范教育办学水平,加强其人才培养、教师队伍以及学科建设。该计划也致力于整体提升师范院校以及师范专业建设水平,提升全国师范教育质量,为教师队伍建设输送优质人才。西南大学作为教育部直属师范院校之一,是此次师范教育协同提质计划牵头学校之一。西南大学协同新疆师范大学、重庆师范大学、山东师范大学,对口帮扶和田师范专科学校、河西学院和长江师范学院。为实现师范院校平台共享,促进人才交流,可通过开展科研项目合作,教师队伍交流以及学术讲座等活动支持薄弱师范院校的师范教育质量的提升。

(二)产学研相结合

产学研结合是指企业、高等院校和科研机构相互配合组成共同体,联合从事科学研究、产品开发、生产和人才培养等活动。在产学研的背景下对于教师的专业实践能力、指导能力有了更高的要求,教育学专业教师需要加强自身教育教学实践能力与指导能力的提升,以其丰富的实践经验来指导学生。产学研涉及主体包括高校、企业、政府等众多角色,每一个主体在产学研结合过程中都发挥着不同的作用,一体化、协同化发展在促进教育发展上能够发挥重大作用。

其一,推动实践和专业活动的结合。高校协同发展或者高校联盟所带来的集聚效应不仅能够促进高校自身结构发展,同时还能带动地区经济的进步。大学城以及科技创新孵化园的存在正是高校集聚效应的体现,产学研结合能够在一定程度上推动高校之间创新创业的合作以及实际产品的生成。产学研相结合的理念同样可以应用于人文社会科学领域。教育学专业在产学研结合的背景下,教师通过具体学校实践经历以及科研活动的并行来不断提高自身专业水平。硕士阶段教育学科专业学生采取"双导师"负责制,分别负责在校学习以及校外实习两方面,这样的"双导师"负责制使得理论与实践交叉并行,更有效地提升准教师的专业能力。不论是在本科层次的培养还是在研究生层次的培养,教育实践或者称为教育实习这一过程是不能省去的,是培养方案中安排的"必修课"，是实现实践与专业结合的路径选择。

其二，增强自主发展意识。我国传统的教育教学理念促使教师关注课堂教学效果的实现，一切为了课堂教学服务。增强自主发展意识是希望教师能够认识到自身专业的局限性，不是被动地接受社会环境以及政策导向的影响。产学研结合的前提是教师具有较高的专业素养与科研素质，教师应主动学习跨学科知识，提升自己的专业能力，为产学研结合做好充分准备。

（三）因地制宜实施培养策略

高校协同发展为高等教育质量提升、发展路径的选择提供了新的方向，这有利于高校教育功能的实现，并为我国高等教育作出应有贡献。同时高校的发展也应当考虑因地制宜与实事求是这一关键点，依托高校协同发展的平台，根据地方需要把握高校特色。教育学专业教师队伍建设以及教师专业发展需要考量地域、学校以及当地教师需求。

考虑经济差异，积极推进公费师范生政策。东部地区经济发达，日常生活便利，教师待遇优厚自然而然能够吸引到大量优质教师的集聚。然而中西部一些欠发达地区师范教育薄弱，经济发展落后，优秀教师引不来、留不住，地区教师队伍建设发展水平不一，不利于我国教师队伍的整体发展，也不利于国家高素质、高水平教师队伍的建设。公费师范生的培养能够在很大程度上解决这一难题。2007年起，国家依托北京师范大学等6所教育部直属师范院校实施师范生免费教育政策，此后省属师范院校加入其中，市级师范院校也加入其中。由省属师范院校到市级师范院校，公费师范生培养政策的不断下移也正是为了适应地区之所需，由于部属师范院校地处中国中部以及东部地区较多，部属师范毕业的公费师范生较少留在农村地区从事工作，为了使这一政策的效用真正落到实处，公费师范生的政策下沉到省市级师范院校，致力于提升薄弱师范院校的教师队伍建设。公费师范生的政策强调了"地方性",这正是教师队伍建设因地制宜的重要手段之一。以公费师范生政策为指引,编写具有地方特色的乡土教材,构建地方教师队伍发展体系,推动构建高质量教师体系。

六、完善职业体系,构建评价标准

随着时代的发展,也迫于生活的需要,越来越多的学生更愿意选择效益高、收效快的专业,人文社会科学逐渐成为不少学生的第二选择。尽管社会成员普遍认同教师职业,但在实际选择过程中,教育学专业却成为了备选项或者保底项。为适应时代发展的需要,应培养以终身学习和全面发展理论为基础的优质教师队伍,从职前、职中、职后三个方面出发,完善教师入职培养体系,减少教师职业发展顾虑。同时构建富有中国特色的教师评价标准,从教师教学质量、科研工作质量、人才培养质量等方面制定评价标准,从自评、同事评、学生评、学校评、家长评等方面完善评价指标。使得教师队伍从评价中吸取经验,反思教育教学以及科研活动,为建设高质量、专业化、创新型的教师队伍而努力,而只有高素质的教师队伍才能够为建设高质量的教育体系作出实际贡献。

(一)完善教师职前、职中、职后培养体系

其一,职前教师培养体系的建构。职前教师的培养一定程度上也就是师范学生的培养。《中共中央 国务院关于全面深化新时代教师队伍建设改革的意见》指出,新时代需要提高教师培养层次。我国教师教育培养层次依据相应学段的需要可以分为专科层次、本科层次、研究生层次。教育学专业关于教师队伍的培养包括学前教育、基础教育、中等教育以及高等教育几个阶段。

有学者提出建设专科基准的幼儿教师培养体系、建设本科基准的义务教

育教师培养体系以及建设研究生基准的高中教师培养体系。首先，建设专科基准的幼儿教师培养体系。当前学前教育市场主要以专科学历为基准的新教师招聘为主，明确幼儿教师培养目标，根据地区需求和学校特色培养优质学前教师队伍。此外采取灵活培养模式，以初高中为起点的专科型幼儿教师培养模式、以高中和专科为起点的本科型幼儿教师培养模式、以高中或本科为起点的专家型幼儿教师队伍培养模式。完善幼儿教师资格证书考核制度，加强幼儿教师入职门槛，教育学专业注重学前教育本硕一体化培养，为幼儿教师队伍输送专家型预备人才，提升幼儿教师队伍质量。其次，建设本科基准的义务教育教师培养体系。建设以本科为基准也就意味着本科学历为最低准入标准，大力支持研究生学历参与义务教育教师队伍培养过程。1999年高等教育扩招，师范院校以及师范专业得到快速发展，本科生源的增多以及质量的提升为培养以本科专业为基准的义务教育教师体系提供了充足的人才基础。积极发挥师范院校的带头作用，以培养高质量的教师队伍为目标，开展多元化的教师教育培养模式，研究型教师与专家型教师培养路径并行。从建立健全教师保障体系与评价机制等方面确保教师教育培养体系的完善。最后，建设研究生基准的高中教师培养体系。基于国家对于研究生学历高中教师的积极倡导以及面向师范专业学生的招聘条件，再加上提升高中教师队伍学历的需求，为建设以研究生为基准的高中教师队伍提供了先决条件。以研究生学历为准入条件就是要培养具有扎实教育学理论基础、教育教学技能储备以及科研水平等几方面的能力。为更好地建设研究生基准的教师队伍需要遴选优质生源，以具有科研素养和教育情怀为招生基础进行系统性的培养，培养类型包括专业硕士、学术硕士、教育博士，并兼顾不同学科专业、不同地区的需要。以研究生为基准的教师队伍培养是关键，也是未来教师队伍建设的中坚力量，研究生层级所培养的教师教育队伍可以进入到包括学前、初等、中等以及高等教育四个学段,辐射面广,带来的效益也更大。①

其二,职中教师培养体系的完善。职中教师培养是对职前教师培养的接续发展,是在职教师不断提升自身素养的关键环节。首先,严格把控教师招聘。在招聘决策、招聘程序、招聘内容、招聘考核等环节要做到标准化、专业化、精细化。针对招聘内容,近年来重庆市教师招聘实施新大纲,考核科目变为"职业能力倾向测验"和"综合应用能力",内容涉及常识判断、言语理解与表达、策略选择、案例分析与活动方案设计等,考核维度多样,考查知识面广。未来教师考核招聘还需更加完善与多元,以适应新时代新文科背景下对于教师素质的要求。其次,成立教师发展学校。教师发展学校与继续教育有异曲同工之妙,只为了让在职教师持续高效实现自身专业发展。现有的在职教师培训方式多为讲座研讨,而教师发展学校的设立能够让在职教师的专业发展更加系统化。教师发展学校的设立可以与当地师范院校、政府以及社会机构合作开设,帮助教师解决在职过程中遇到的各种问题,提升教师专业水准,为建设高质量的教师队伍而奋斗。

其三,职后教师培养体系保障。教师培养体系的建构是由职前、职中以及职后三个阶段构成。为使教师培养体系完整,把握教师培养体系的最后一关,保障教师队伍职后培养建设是重点。各级政府应根据实际需要分层级建立教师职后培训中心,由省市带头行动,以地方师范院校为中心,构建辐射地域所有学校教师队伍的研修机构,以服务地方为宗旨,成立特色研学机构。保证教师队伍的职后发展,尤其针对农村地区职后培训中心的建设,为农村地区的教师提供完善的专业提升渠道,保障农村教师的专业发展需求,缩小城镇与农村教师培训资源的差距。部属师范院校尤其要发挥自身的师范特色,提升地区研学中心质量,为研学中心输送高质量人才,利用好自身师范属

---

① 闫建璋,王曦.新时代高质量教师教育体系建设研究[J].当代教师教育,2022,15(3):1-6.

性。职后教师培养体系的设立是为了使高质量的教师队伍更具有专业性、研究性和稳定性,成为我国教师队伍强有力的骨干。

(二)构建中国特色教师评价标准

构建中国特色教师评价标准。教育评价有关教育发展的方向,评价体系的建立与完善对教育未来发展具有导向性的作用。2020年出台的《深化新时代教育评价改革总体方案》是关于完善教师评价系统的纲领性文件,其中明确了教师评价的机制以及评价标准,其目标是"到2035年,基本形成富有时代特征、彰显中国特色、体现世界水平的教育评价体系"。教师评价标准的建立与教师发展培养体系密切相关,应当受到各地区、各高校、各专业的广泛关注。新文科建设背景下教育学专业教师队伍建设和教师专业发展同样需要构建富于中国特色的教师评价标准。

其一,把握师德师风这一根本准则。党的二十大报告指出,办好人民满意的教育,全面贯彻党的教育方针,落实立德树人根本任务,培养德智体美劳全面发展的社会主义建设者和接班人,加快建设高质量教育体系,发展素质教育,促进教育公平。①落实立德树人根本任务就是要把培育良好德行放在首位,教师自身要具有良好德行才能够发挥示范作用,将学生培养成为德才兼备的人,师德师风应当作为教师评价的根本准则。把师德表现作为教师资格定期注册、业绩考核、职称评聘、评优奖励首要要求,强化教师思想政治素质考察,推动师德师风建设常态化、长效化。教育学专业教师队伍以及教育学科专业学生应时刻严格要求自身行为,加强日常思想政治理论学习,改变教师评价以往重视成果导向,引导教师以及教育工作者以德树人,响应新时代对于教师队伍未来发展的需要。

其二,完成教育教学实绩为基本要求。《深化新时代教育评价改革总体方

---

① 习近平.高举中国特色社会主义伟大旗帜为全面建设社会主义现代化国家而团结奋斗——在中国共产党第二十次全国代表大会上的报告[J].创造,2022,30(11):6-29.

案》指出:把认真履行教育教学职责作为评价教师的基本要求,引导教师上好每一节课、关爱每一个学生。[①]每一位教师以及每一位即将加入教师队伍的准教师都应明白自身教育教学工作的基本要求就是认真上好每一堂课,写好每一份教案,教育好每一位学生,牢记自身教书育人的使命。关于教师教育的评价是具有可视性、操作性的评价标准。专业评价者可以根据教师教育教学准备材料、教案编写完成度、教研活动记录等方面对在职教师进行考核。

其三,多主体共同参与。教师评价体系的建构,其主体不仅涉及教师以及学生,还包括学校、政府、家长、社会多维主体的共同参与。在进行教师评价过程中,除开专业评价人员,教师自身应当进行自我评价、自我反思,形成过程性、总结性材料作为教师整体评价的一部分。除此以外,应提高学生在教师评价中的地位,教师教育教学效果、师德师风的表现学生应具有较高发言权。在多维主体进行教师评价过程中,主张量化评价与质性评价相结合,对评价结果进行统计分析,提升教育教学发展质量。同时检验现有教师评价体系的科学性,构建现代化教师评价体系。

新文科建设背景下,教育学教师队伍建设与教师专业发展的未来探索应着力于以下方面:第一,教师需实现专业知识的多元化发展,跨学科知识的学习成为必要素养;第二,信息素养的渗透性日益凸显,"+教育"等新兴知识领域的兴起,使得信息技术能力成为教师专业能力的重要部分;第三,重视理论指导下的实践行动,关注时代背景以及社会现实的最新需求,实现教育教学新变革;第四,协同发展成为高校教师未来发展路径选择之一。教育学教师队伍建设以实现教育现代化为目标,以培育新时代人才为根本,最终成长为高素质、专业化、创新型的教师队伍。

---

① 新华社.中共中央 国务院印发《深化新时代教育评价改革总体方案》[EB/OL].(2020-10-13)[2022-11-11]. http://www.moe.gov.cn/jyb_xxgk/moe_1777/moe_1778/202010/t20201013_494381.html.

第七章

国际交流与全球素养培养

大学是传承、研究、融合和创新高深学术的高等学府，一个好的大学离不开国际交流与合作，大学只有"站得高"，才能"看得远"，以国际化的高度来定位自己的使命，才能获得全球一流的生源、师资队伍和教学资源，才能产出人类社会共同的知识、杰出人才和科技成果。同时，高等教育国际化将为本土高等教育发展引入更多元更先进的教育理念和教育手段，创造更广阔的交流平台和合作空间。[①]诸如哈佛大学、剑桥大学、牛津大学等世界级著名高校以较早起步的教育国际化优势积累了大量优质教育教学资源，增强了拔尖创新人才的联合培养，促进了学校和学科建设在国际层面上的高度认同。[②]我国高等教育也深受国际化的影响，越来越多的大学把国际化作为办学理念和强校战略，把建设世界一流大学或世界知名大学作为发展方向和奋斗理想。[③]如西南大学教育学部始终高度重视国际化工作，2009年率先在西南大学设立国际部，设置专门办公场地，由专业团队专职负责国际化工作，多年来成效显著，成绩突出，取得优异的国际化成果。

第一节
国际交流与全球素养培养的时代背景

当今世界，经济全球化、世界经济一体化已成为现代信息社会发展的趋势，各国各地区的文化教育交流与合作更加密切，知识的创新与传播更加迅

① 任友群."双一流"战略下高等教育国际化的未来发展[J].中国高等教育,2016(5):15-17.
② 肖玲斐,王继强,黄向华."双一流"建设中的高校国际化人才培养新模式探究[J].大学教育,2022(7):214-216.
③ 冯惠玲,胡娟,惠新宇.高等教育国际化:内涵、挑战与取向[J].中国高等教育,2011(11):30-31.

捷,人力资源和物质资源跨国与跨地区流动更加频繁,教育领域的国际流动
也在悄然发生。

一、高等教育国际化的全球发展趋势

国际化是大势所趋,高等教育国际化更是各国高等教育在面向国内的基
础上面向世界的一种发展趋势,[①]在提高大学办学水平、推动我国教育高质量
发展和促进世界高等教育发展方面都发挥着重要的作用。国际化是提高大
学办学水平的有利选择。国际化俨然已成为衡量一个大学办学水平的重要
指标,成为高等教育发展的重要依托,为大学的发展提供了机遇和挑战。

国际化是推动我国教育高质量发展的重要战略。新时代,中国以国际化
视野提出"一带一路"倡议,以共商共建共享为原则,以和平合作、开放包容、
互学互鉴、互利共赢的丝绸之路精神为指引,以政策沟通、设施联通、贸易畅
通、资金融通、民心相通为重点,以建设和平、繁荣、开放、绿色、创新、文明之
路为途径,共建"一带一路",开创美好未来。"一带一路"倡议是政治、经济、文
化等多方面的融合体,教育与政治经济文化息息相关,我国通过推进"一带一
路"教育行动、签署"一带一路"国际合作备忘录、实施"丝绸之路"留学推进计
划、师资培训计划等措施不断扩大我国高等教育的辐射影响,[②]不断推动我国
高等教育面向世界、走向国际。与此同时,"一带一路"在"聚焦在地国际化,
创新文科国际教育形式""依托跨境国际化,培养新文科拔尖人才"等方面为
中国新文科建设的国际化探索和卓越化发展也提供了重要的机遇和平台。[③]
高等教育国际化是"一带一路"倡议内核的外在表现,也是中国积极适应国际

---

① 吴言荪.高等教育国际化及其思考[J].重庆大学学报(社会科学版),2000,6(1):73-76.

② 刘亚西,计国君.全球治理视域下我国高等教育国际化:内涵新解与实践进路[J].复旦教育论坛,
2022,20(2):66-73.

③ 潇潇.国际化视野中的"新文科"建设与"一带一路"行动[J].黑龙江高教研究,2021,39(6):42-46.

化趋势,面向全球传播中国声音、汇聚中国精神、宣传中国道路、凝聚中国力量的鲜明体现,同时这也要求中国大学提质增速,不断推进高等教育国际化进程,以实现大学服务国家战略的使命要求。①国际化同时也是促进我国教育现代化的必要战略任务,《中国教育现代化2035》就指出开创教育对外开放新格局是面向教育现代化的十大战略之一,高等教育需要适应新形势规划未来发展道路,拓展更广阔的视野。

国际化是促进世界高等教育发展的必要举措。在现代信息技术深度变革的推动下,教育资源跨国界、跨区域、跨学科的流动速度加快优质教育资源和服务以互联网为媒介被传送到世界各地,在全球范围和区域内进行新的分配和整合。②各国积极顺应国际化的趋势,求同存异,保持本国特色,更加开放包容,追求合作共赢。越来越多的国家意识到审视教育改革发展离不开全球的视角和国际的考验,高等教育国际化已超越教育政策层面上升为国家发展战略。我国也明确提出要积极参与全球教育治理,向国际社会贡献教育治理的中国方案。虽然此前疫情对各国高等教育国际化带来了一定的冲击,但在后疫情时代,高等教育国际化逐渐呈现出新的局面,传统高等教育强国式微,而后发国家入局国际化竞争成为新常态。③欧洲研究型大学联盟、环太平洋大学联盟等都是世界高等教育主动适应经济全球化的具体实践。可见,国际化是世界高等教育发展的时代潮流。④

二、具有全球胜任力的拔尖人才的现实需求

国际化的趋势对教育提出了新的要求,为适应世界教育国际化的潮流,

---

① 任友群.“双一流”战略下高等教育国际化的未来发展[J].中国高等教育,2016(5):15-17.

② 刘佳.论高等教育国际化进程中的教育资源流动[J].现代远距离教育,2006(2):12-14,67.

③ 刘进,林松月,高媛.后疫情时期高等教育国际化新常态——基于对菲利普·阿特巴赫等21位学者的深度访谈[J].教育研究,2021,42(10):112-121.

④ 任友群.“双一流”战略下高等教育国际化的未来发展[J].中国高等教育,2016(5):15-17.

教育的培养目标也需与时俱进。全球胜任力不仅是全球化时代个人素养不断提升的新要求,也是高校培养目标持续更新的发展需要。培养具有全球胜任力的拔尖人才是时代所需,也是现实必要,有其重要性和必要性。

培养具有全球胜任力的拔尖人才是当前全球教育变革的主题,也是国际教育的现实诉求。当今世界正在经历百年未有之大变局,经济全球化与逆全球化交织,政治多极化与文化多元化同在,全球性公共危机增多、全球分裂加剧等①问题为全球治理带来了诸多威胁与挑战。这些问题早已超越了区域和国家的界限,需要全人类共同努力携手解决,全球治理更需要具有国际视野和国际能力的人才参与国际组织,为解决当前人类面临的全球性问题、构建新的全球治理体系提供动力赋能和智力支持。同时,国际组织的一系列人才聘用标准反映的都是“全球胜任力”的思想内涵,②这就要求全球教育变革积极适应现实的人才需要,培养具有全球胜任力的拔尖人才,不断提升其全球化思维和国际化视野,推动个人积极参与全球治理。

培养具有全球胜任力的拔尖人才是新时代我国积极参与全球治理、勇担国际责任的体现。中国作为联合国安全理事会常任理事国之一,积极参与全球治理、推动构建新型国际关系是我国坚持不懈的使命,也是我们努力承担的责任。习近平总书记倡导弘扬全人类共同价值,推动构建人类命运共同体,为全球治理提供了中国方案与中国智慧。在具体实践方面,中国教育事业需要在培养目标上做出新的调整以更加高效地参与和推动全球治理,需要不断增强中国特色全球胜任力,以“全球胜任力”的培养作为教育对人类命运共同体的积极回应,③向国际输送能够发挥重要作用的全球胜任力人才,为全

---

① 贾文山,马菲,孙宸.全球治理视角下的中国特色全球胜任力提升策略研究[J].当代中国与世界,
2022(3):118-125.

② 滕珺,曲梅,朱晓玲,等.国际组织需要什么样的人? ——联合国专门机构专业人才聘用标准研究
[J].比较教育研究,2014,36(10):78-84.

③ 徐辉,陈琴.人类命运共同体视域下全球胜任力教育的价值取向与实践路径[J].比较教育研究,
2020,42(7):3-11.

球治理模式改革作出贡献,这不仅有利于形成可持续发展全球思维,推动构建人类命运共同体,还有利于提升中国在全球治理中的国际影响力和话语权。

培养具有全球胜任力的拔尖人才是应对新时代中国特色全球胜任力人才稀缺现实的客观发展需要。北京师范大学国际与比较教育研究院的滕珺教授在分析中国的教育形势时指出:随着中国的崛起,培养学生的全球胜任力是一个必然的趋势,也是中国教育未来的方向。越来越多的学校已经意识到培养全球胜任力的重要性,并且不少学校开展了大量的国际活动,但一般来说,他们都停留在初级阶段和表面。[①]不少学者也开始意识到我国在国际组织中任职的人才仍然十分短缺、在国际组织的人才储备仍然十分薄弱的现实,以联合国为例,截至2018年12月31日,联合国秘书处共有来自187个会员国的工作人员37505人,其中中国有546人,仅占秘书处总人数的1.46%,排在第22位。[②]在人类命运共同体视域下我国全球胜任力教育实践还面临着各方面的现实挑战,既需要克服全球治理失衡对全球胜任力发展的制约,还需要缓解国际产物与本土文化的冲突与融合矛盾,同时需要解决全球胜任力教育内在动力与外在环境的冲突。[③]因此,中国全球胜任力人才培养亟须破除原有单一的人才培养模式,系统了解国际组织所需人才标准,多渠道、多路径招引国际人才,加快人才培养力度和进度,强化对中国国情、政策和世情的理解,重视全球胜任力人才的发展,建立起一整套国际组织人才培养、储备、输送与任用的体系,培养具有全球胜任力的拔尖人才,不断增强我国国际人才竞争力。[④]

---

① 滕珺.培养学生"全球胜任力",怎么看? 怎么办?[J].上海教育,2016(29):48-51.

② 金茜,刘婧如.全球治理视阈下国际组织人才培养的实践探索[J].中国高等教育,2020(8):50-52.

③ 徐辉,陈琴.人类命运共同体视域下全球胜任力教育的价值取向与实践路径[J].比较教育研究,2020,42(7):3-11.

④ 贾文山,马菲,孙宸.全球治理视角下的中国特色全球胜任力提升策略研究[J].当代中国与世界,2022(3):118-125.

三、近年来国家高等教育相关政策要求

高等教育国际化是全球化时代高等教育必须经历的过程,是高等教育机构应对全球化挑战需要采取的教育发展举措,也是提高高等教育质量与提升发展均衡度的重要战略。改革开放以来,我国高等教育国际化经历了探索发展、政策完善、内涵提升和模式升级四个阶段的转型,[①]高等教育国际化政策也在与时俱进,不断发展与完善。2020年,《教育部等八部门关于加快和扩大新时代教育对外开放的意见》(以下简称《意见》)提出要"把培养具有全球竞争力的人才摆在重要位置。提升我国高等教育人才培养的国际竞争力,加快培养具有全球视野的高层次国际化人才",[②]《意见》将教育全方位高水平对外开放推上新阶段,同时意味着我国高等教育国际化政策面临着新的发展时期。

在国家大政方针的引领下,新时代我国高等教育国际化的内容包括支持来华留学、鼓励出国学习、推动合作办学、倡导引智来华服务等多方面。在来华留学生政策支持方面,我国从关注来华留学生的数量逐步转变为重视留学生的质量,不断总结经验教训,进一步完善来华留学的管理体系建设。如2018年教育部在《来华留学生高等教育质量规范(试行)》中就针对近年来华留学生教育质量问题提出了指导性意见和规范要求。在鼓励出国学习方面,我国始终坚持"支持留学,鼓励回国,来去自由"的出国留学教育基本方针,在《意见》中就重申"将继续通过出国留学渠道培养我国现代化建设需要的各类人才",[③]在后疫情时代,教育部将积极开拓优质教育资源合作渠道,拓展出国

---

① 莫玉婉,刘宝存.我国高等教育国际化的发展历程与改革趋势[J].河北师范大学学报(教育科学版),2020,22(4):85-93.

② 教育部.教育部等八部门印发意见加快和扩大新时代教育对外开放[EB/OL].(2020-06-23)[2022-12-10].http://www.moe.gov.cn/jyb_xwfb/s5147/202006/t20200623_467784.html.

③ 教育部.教育部等八部门印发意见加快和扩大新时代教育对外开放[EB/OL].(2020-06-23)[2022-11-10].http://www.moe.gov.cn/jyb_xwfb/s5147/202006/t20200623_467784.html.

留学空间。在推动合作办学方面，我国坚持"请进来"和"走出去"相结合，《中华人民共和国中外合作办学条例》自2003年颁布以来，分别于2013年和2019年进行了修订，更加明确了管理部门的市场监督职责，进一步规范了中外合作办学的过程。与此同时，中国在涉外办学政策监管方面的制度措施也渐趋成熟，对涉外办学的管理与监督路径也更加清晰。《意见》也提出要"加大中外合作办学改革力度，改进高校境外办学，持续推进涉及出国留学人员、来华留学生、外国专家和外籍教师的改革，着力推进相关领域法律制度更加成熟定型"。[①]在高等教育国际化建设方面，我国在"211工程""985工程"建设的基础上推出建设目标更明确、针对性更强、支持力度更大的"双一流"建设，即统筹推进世界一流大学和一流学科建设，这无疑将我国高等教育国际化推向了一个新的高度。[②]在党中央、国务院的领导和各方的共同努力下，我国高质量"双一流"建设体系基本形成，若干所高校和一批学科正逐步进入世界一流行列，反映了我国在推动高等教育国际化、培养国际化人才方面作出的努力。

在后疫情时代，我国高等教育国际化面临着新挑战和新机遇。但中国也在积极适应后疫情时代的特殊要求，创新高等教育国际化模式，开拓高等教育国际化路径。一方面，为保证正常的教育教学秩序，国内外高等学校积极寻求合作，推出了一系列新型国际教育合作项目，如西南大学教育学部不仅设立美国密歇根州立大学研究生交换项目等中长期项目，而且设立了美国西华盛顿大学学前教育访学等短期项目，还包括境外办学项目和特色培训项目等，进行"在地国际化"，支持开展在线教学和在外学习计划，保障学生的合法权益和保持学生的学习进度。另一方面，中国面对疫情防控所呈现出的治理能力和大国担当，来华留学教育成本低、质量高等优势有利于提升我国对潜

① 教育部.教育部等八部门印发意见加快和扩大新时代教育对外开放[EB/OL].(2020-06-23)[2022-11-10].http://www.moe.gov.cn/jyb_xwfb/s5147/202006/t20200623_467784.html.

② 陈明昆,张雨洁.政策及要素分析视角下21世纪中美高等教育国际化特征比较[J].黑龙江高教研究,2022,40(7):58-65.

在国际留学生的吸引力。[①]国际上的逆全球化以及经济的紧缩对我国当前高等教育国际化带来了严峻挑战,但中国积极应对挑战,不断调整政策措施,随机应变,积极顺应国际化趋势,为不断促进国际交流和培养具有全球胜任力的拔尖人才而奋斗。

第二节
国际交流与全球素养培养的实践背景

新时代我国致力于改变以往以应试教育为主的教育现象,注重培养学生的核心素养。自党的十八大提出把立德树人作为教育的根本任务后,我国逐渐开始对新时代大学生发展核心素养体系进行分析研究,明确当代大学生应具备承担社会责任的品格与适应社会快速发展的能力,建立正确的人生观、价值观。

一、学生素养的国际化转向

大学乃培养人才之地,大学生是实现中华民族伟大复兴的中坚力量,其成长成才凝聚了祖国的希望与未来。百年大计,教育为本。教育是立国之本、强国之策,提高大学生的核心素养是高等教育的重要任务。

(一)大学生素养的界定

素养是指人的素质与能力的养成,素养的内涵既有其人自身本质的特定

---

① 钟秉林,南晓鹏.后疫情时代我国高等教育发展的宏观思考[J].教育研究,2021,42(5):108-116.

内涵,又有其社会发展的特定内涵,因此,素养的内涵是随着人与社会的发展不断提升的。素养的外延是指人的素养程度对其在各个方面的发展作用以及对人类社会各方面发展的作用,素养的外延有其广泛性、综合性的特征,即人的各种言行反应及显现潜在的可持续发展的能力都是素养程度的具体体现,对人的素养要求程度的提升也是社会发展需要的必然体现。①

一般来说,人的素养包括政治思想素养、科学文化素养、心理品格素养和身体素养几大方面。其中,身体素养是物质基础,科学文化素养是核心,心理品格素养是关键,政治思想素养是主导。这几方面综合水平的衡量就能体现出一个人素养的高低。

大学生素养有其特定要求。大学生的专业素养主要是指大学生的本学科、本专业知识、基本理论、基本技能以及自我学习能力、创新能力等。面临新世纪世界范围内的经济竞争、科学技术竞争、综合国力竞争、人才竞争的局面,大学生应时刻准备迎接挑战,在大学时代打好专业素质基础。一方面,学生应掌握固态的知识能力,能在专门的生产领域发挥主导技能作用;另一方面,要掌握动态的知识再造能力,使学生在广泛的社会生产领域保持充分的知识张力和可持续发展能力,随着社会生产不断发展的需要,不断地重新组织自身的知识能力、发展和转换自身的知识能力,成为马克思、恩格斯所说的那种"把不同社会职能当作相互交替的活动方式的全面发展的个人",最终形成一种知识的合力,"共同而有计划地尽量利用生产力;把生产发展到能够满足全体成员需要的规模"。因此,对于高校而言,培养适合社会发展需要的德才兼备的知识型、应用型高技能人才是我国高等教育发展的重心之一,提高大学生的素养也是高等教育发展的核心问题。

---

① 崔爽.大学生素养与可持续发展能力培养探究[J].辽宁广播电视大学学报,2015(2):102-104.

(二)大学生发展核心素养

学生发展核心素养,主要是指学生应具备的、能够适应其终身发展和社会发展需要的品格和关键能力。核心素养(key competencies)之所以成为21世纪以来全球教育研究的热点,主要在于它"以培养'全面发展的人'为核心,是知识、技能、态度、价值观和情绪的集合体"。①核心素养以全新的教育理念与视角,唤醒人们重新审视和厘清人才培养的思路与目标,是我国教育改革与发展新旧动能转换的新动力,符合"培养什么样的人、如何培养人以及为谁培养人"的题中之义。既有利于学校转型发展和建立现代职业教育体系,也有利于培养"全面发展的人"的高层次人才。大学生是实现中华民族伟大复兴的中坚力量,其成长成才凝聚了祖国的希望与未来。发展学生的核心素养是落实立德树人根本任务,培养全面发展的人,提升21世纪国家人才核心竞争力的重要战略。

中国学生发展核心素养以"全面发展的人"为核心,分为文化基础、自主发展、社会参与三个方面,综合表现为人文底蕴、科学精神、学会学习、健康生活、责任担当、实践创新六大素养。而对于教育学专业学生有着其独特的核心素养发展体系,教育学专业人才培养是为国家教育事业蓬勃发展提供专业人员,教育学专业学生是未来教师队伍的中坚力量,其核心素养直接关乎中国教育的未来。教育学专业在核心素养的培养上,其教育供给质量相较于其他学科专业具有更高的共识度,这也正是当前教育学专业能够大有作为的机遇与担当。教育学专业人才培养以文化传承和创新能力为圆心,以教书育人专业认同、教育专业文化品格、教育专业理论积淀、教育专业人文素养、教育专业科学精神、教育专业实践创新等六方面内容构建教育学专业大学生核心

---

① 张娜. DeSeCo项目关于核心素养的研究及启示[J].教育科学研究,2013(10):39-45.

素养培养体系,①以期全面提高教育学专业学生的素质,为今后从事教育事业打下坚实基础。

(三)大学生素养的国际化转向

21世纪的主要特征是经济全球化进程越来越快,随之而来的是我国的外资、合资企业,国内企业国际化程度不断增强,国内企业也纷纷参与国际竞争。开拓国际市场,赢得国际市场,国际化人才是关键。因此,培养大批具备国际意识、国际知识和国际交往能力的国际化人才就显得越来越重要。在如今这个以知识化、信息化和全球化为主要特征的社会,各国高等教育改革都在积极寻找充分展示国家核心竞争力的关键钥匙,都在努力探究提升本国高等教育国际竞争力的路径。高校作为人才培养的摇篮,必须适应"全球化"和"国际化"的趋势,加快培养国际化人才的步伐。

高等教育国际化是各国高等教育机构为应对全球化挑战而采取的教育发展举措之一,是"在院校与国家层面,把国际的、跨文化的、全球的维度整合进高等教育的目的、功能或传递的过程"。当今世界正处于百年未有之大变局,国际形势日趋复杂多变。全球化进程的加速对我国高等教育培养对象的国际化素养提出了新要求,具备国际化素养的学生才能在这个国际形势瞬息万变的时代处于有利地位,加强大学生国际素养培育已成为当前我国高校创新人才培养的重要任务。21世纪的高等教育面临着国际化的大趋势,高校作为人才培养的重地,应该适应国际化趋势,高度重视学生国际化素养的培养,以此提高人才培养质量,提升中国高等教育的国际化竞争力。

有学者把国际化人才定义为:"具有较高学历(本科及本科以上)、懂得国际通行规则、熟悉现代管理理念,同时具有丰富的专业知识和较强的创新能力及跨文化沟通能力的人才。"有的人认为国际化人才主要是指具有国际视

---

① 裴英竹.大学生核心素养培养及评价体系研究——以教育学为例[J].高教学刊,2021,7(12):167-172.

野、国际意识、国际理解、国际一流的素质、知识和能力结构,能够在全球化竞争中赢得主动和具有国际竞争力的高级复合型人才。①而高校教育培养的国际化人才其内涵主要表现为"四有"。①有全球视野、国际态度:关心地球、关心人类;适应变化、创造未来;公平竞争、友爱合作;自尊自爱、自信自强。②有国际意识:国际理解意识、相互依存意识、和平发展意识和国际正义意识。③有国际活动能力:独立思考能力、竞争参与能力、信息处理能力、终身学习能力、经受挫折能力和国际交往能力。④有国际知识:了解国际时事,世界发展的历史与趋势,东西方文化的精华,本民族在国际社会中的地位和作用,有建设祖国、服务人类的理念和使命等。

二、全球化与全球素养

21世纪,经济全球化和信息网络的热潮正以不可阻遏、不可逆转之势席卷整个世界,全球化的程度空前提高,社会生活的方方面面都发生了巨大变化。在国际化程度越来越高的时代背景下,社会对学生的要求也在不断提高。大学生的素养不仅关乎自身在这个时代的生存与发展,还关乎社会的未来和国家的前途。所以,高等教育对大学生的培养更重视宽口径与大视野,以便将来的大学生能够适应复杂多变的社会形势。②

(一)全球化及其教育影响

全球化的概念最早由莱维特(Theodore Levitt)首次提出,指的是跨国公司在世界范围内以同样的方式销售其产品与服务将成为未来世界的主流趋势。自20世纪80年代开始,随着社会生产力的极大发展,国与国之间日渐频繁的

---

① 李国华.试论大学生国际素养培育的逻辑基础与途径[J].长江师范学院学报,2014,30(1):123-126.

② 段永升.国际化形势下大学生人文素养培养的途径[J].文教资料,2014(22):119-120.

商品、服务和生产要素交换活动,推动了国际贸易的繁荣发展和巨型跨国公司投资经营活动的迅速扩张,加之信息技术革命带来距离成本的降低,使经济全球化成为不可遏止的国际潮流,并迅速渗入到政治、文化和教育等各个方面。①

全球化要求培养具有国际素质的世界性公民。21世纪全球的经济、政治、文化和科技的全球化格局已经确立,各国的竞争已从冷战思维中的军备竞争转向以经济、科技、知识和人才为主的竞争,而教育便成为获取全球化竞争优势的关键阵地。21世纪需要培养具有国际视野、国际意识、国际理解、国际一流的素质、知识和能力结构的国际化人才,使他们能够在全球化竞争中赢得主动,增强国际竞争力。

全球化推动各国课程目标和内容改革。教育的发展既受到社会发展水平的制约,又为社会的发展服务,即教育具有社会制约性和社会功能的统一性。全球化使全球规则和世界秩序发生重塑,人才市场趋向国际化,人才培养的要求也相应提高。为适应全球经济一体化发展趋势,学生必须懂得国际经济规则,具备相应的经验和能力,才能在就业市场上取得成功。"全球化课程"正是应对变革世界和多元价值取向而产生的。②

全球化对高等教育的影响尤为突出,全球化促进高校的专业结构调整、教学内容的更新和人才培养方案的更新。专业结构是人才结构的母体,合理并且适应经济发展实际需要的专业结构才能对经济发展和自身发展产生积极作用。③因为一定的教育总是依附于一定的经济,经济的发展变化必然会引起教育的变化,并要求高等教育的专业结构及所培养的专业人才与经济的

---

① 吴芳,郝理想,孟兆宇.全球化背景下各国教育发展及改革:挑战与对策[J].河北科技师范学院学报(社会科学版),2020,19(4):109-114.

② 吴芳,郝理想,孟兆宇.全球化背景下各国教育发展及改革:挑战与对策[J].河北科技师范学院学报(社会科学版),2020,19(4):109-114.

③ 任元军,王豪.经济全球化对我国高等教育的影响[J].山东省青年管理干部学院学报,2003(1):78-79.

发展要求相适应。因此,在经济全球化的背景下,高等院校的专业设置也必须跟上全球化的步伐,关注学生国际化素养的培养。适应经济全球化竞争需要的专业与专业人才,将会得到较快发展;不适应这种竞争需要的专业与专业人才,将会面临调整或遭到淘汰。在教学内容方面,就必须进一步转变教育观念,不能将眼光局限于国内,加强国际视野,积极将国内外高新技术知识纳入教学内容。在人才培养方面,高校应致力于培养复合型人才,改变以往的专业面窄、专业口径单一的人才培养方案,拓宽学生的知识面,丰富学生专业知识,提高学生专业技能。

(二)全球素养的内涵

在全球化浪潮下,国内外许多国家都参与到全球素养教育研究中去,全球素养这一概念首先出现于西方国家,其英文表达为"Global Competence"。谢克特(Schechter)(1993)首次提出全球素养的核心要素,即通过教育国际化让学生获得适应全球就业环境的知识和技能,发展学生理解文化差异的能力,提升跨文化敏感度。[①]

拉姆特(Lambert)在 1993 年提出全球素养由五部分构成:知识(Knowledge)、同情(Empathy)、认可(Approval)、外语的能力(Foreign Language competence)及任务执行(Task Performance),这是个体实现教育国际化的目标。[②]这一概念首次试图从认知、语言、情感、行动四个维度对全球素养进行阐述,并将其融入教育目标中。奥尔森等人(Olson & Kroeger)认为具备全球素养的人应掌握实质性知识,包括语言、文化、识别国际议题等方面;具有开放的态度、多维度思考意识等感知能力;拥有适应性、同理心的跨文化意识和有效沟通

---

① Schechter M. Internationalizing the University and Building Bridges across Disciplines[G]//Cavusgil T.Internationalizing Business Education:Meeting the Challenge.Lansing:Michigan State University Press, 1993: 129–140.

② Lambert D. R. International Education and International Competence in the United States[J]. European Journal of Education,1993,28(3):309–325.

的技能,以便在相互依存的世界中进行有效互动。①这一观点指出全球素养所包含的三要素为:知识,开放思考的态度与意识,跨文化沟通技能。卡里加里(Caligiuri,P)等人认为,全球素养包含三方面的能力:开放的个人特征、全球化知识和处理国外事务的能力。②这一观点与奥尔森等人的观点类似,即全球素养包括个人态度、知识和跨境行动的能力。亨特(Hunter)2006年在已有的全球素养概念框架基础上,将全球素养进行了更为简洁明了的定义:保持开放的态度去了解本国以外的文化规范与文化期望,在非本土化环境中利用已掌握的知识进行交流、行动、工作。③在这一概念中,亨特不仅指出全球素养是知识、技能与态度的融合,同时增加了个体的活动经历。里莫斯(Reimers)认为全球素养是在扁平化的世界中,帮助人们识别、理解全球性问题、议题及事务,并有效处理问题的能力,还包括平和、谦虚的交流态度以及伦理性气质。④

除了国外学者,国际组织和机构对全球素养的研究也高度重视。经济合作与发展组织(OECD)在PISA2018测试中将全球素养定义为一个多维度能力概念:具备全球素养的青少年能够研究本土化、全球化以及跨文化的问题,以理解、欣赏的态度接受他人的观点和世界观,在尊重尊严的前提下,与来自不同国家、不同文化背景的人进行开放、得体和有效的互动的能力,以及为集体福祉和可持续发展采取行动的能力。亚洲协会(Asia Society)认为具备全球素养的青少年要做到理解全球议题,采取相应行动。⑤2017年经济合作与发展

①　Olson C L, Kroeger K R. Global Competency and Intercultural Sensitivity[J]. Journal of Studies in International Education, 2001, 5(2): 116–137.

②　Caligiuri P, Santo V D. Global competence: what is it, and can it be developed through global assignments [J]. Human Resource Planning, 2001, 24(3): 27–36.

③　Hunter B, White G P, Godbey G. What Does It Mean To Be Globally Competent? Journal of Studies in International Education[J]. 2006, 10(3): 267–285.

④　Reimers F. Educating for Global Competency[M]. New York: Routledge, 2010.

⑤　Mansilla V B, Jackson A. Educating for Global Competence: Preparing Our Youth to Engage the World [R]. New York: Asia Society, 2011: 1.

组织(OECD)教育与技能司(Directorate of Education and Skills)与哈佛大学教育研究生院(Harvard Graduate School of Educat1on)零点项目(Project Zero)共同颁布《PISA全球素养框架》(PISA Global competence Framework),其为"全球素养"提出了一个全新的定义:在尊重人性尊严的前提下,个人拥有从多元观点批判性地分析全球与跨文化议题的能力;能充分理解差异是如何影响自我及他人的观点、判断与诠释;能够开放、适宜、有效率地与不同文化背景的人沟通的能力。该框架旨在为有意培养青少年全球素养的决策者、领导者和教师提供一个工具,用以解释、发展和评估青少年的全球素养。

三、教育学人才国际化培养的实践

教育学人才作为促进未来教育事业的重要支撑,更需要提高国际素养。教育学从本土化走向国际化,这是社会发展需要和教育学自身发展需要共同促成的结果。

(一)高等教育国际化趋势

大学教育国际化的倾向日益明显,已成为高等教育发展的一种全球性趋势。为了促进我国教育的国际化发展,国家出台了一系列政策。教育部于1978年8月发出了《关于增选出国留学生的通知》,提出要高度重视留学人员的选派工作,选拔的出国留学生包括大学生、研究生和进修生;1981年9月教育部发布了《关于在校研究生自费出国留学问题的通知》;1988年国家确定了中外联合培养博士生的政策;1996年6月成立了国家留学基金管理委员会,专门负责对留学人员进行选拔和管理;2004年6月颁布了《中华人民共和国中外合作办学条例实施办法》,这对于高等教育国际化、合作法治化与规范化具有重要意义;2007年,"国家建设高水平大学公派研究生项目"正式启动;自2008年起,中国教育部设立并由留学基金委执行在中国"985工程"高校自主招收外国留学生攻读硕士或博士学位的项目；①等等。这些足以表明我国高等教育正稳步走向国际化。为应对参与国际竞争人才的教育需求，在《中长期教育改革和发展规划纲要（2024—2035年》中将"完善教育对外开放战略策略"列为了我国教育一项重要发展战略，并从教育体制保障上提出：提升全球人才培养和集聚能力，加强对出国留学人员的教育引导和服务管理。鼓励支持选拔优秀人才到国际知名高校、研究机构研修，扩大中外青少年交流，实施国际暑期学校等项目。因此，切实加强大学生素养培育已成为当前我国高校创新人才培养的重要战略任务。

（二）教育学的国际化研究

周亚棣2004年发在《光明日报》上面的《教育学的本土化与国际化》，首先反思了世界教育学体系的"中心"与"边缘"之现象，引出每一个国家的发展都有一定的本民族文化特征，尤其是像教育学这类社会学科，国家民族特色更浓。所以，周亚棣指出我国的教育学学科要想更好地国际化必须以中华民族传统文化为前提，教育学研究只有立足于本民族文化，真正了解本民族的教育学历史，才能在新的历史条件下提升教育学研究的民族自信心，才能够使我国教育学研究者与其他民族文化背景下的教育学研究展开平等、深入的对话，才能正确吸收和借鉴国外教育科学的新成就，才能真正实现我国教育学发展的国际化。②陈洁2009年撰写的《论我国当代教育学的国际化》，主要是借鉴大学国际化的战略对策，将其应用到教育学中，共提出了五个方面的对策以促进我国教育学的国际化：第一，加强对教育观念国际化的研究；第二，加强对培养目标国际化的研究；第三，加强对课程体系的国际化研究，实现教

① 施贵菊，杜尚荣.论教育学专业研究生培养的国际化及其实现路径[J].教育与教学研究，2016，30（7）：57-62，112.

② 周亚棣.教育学的本土化与国际化[N].光明日报，2004-07-22.

育学国际化的培养目标;第四,加强教育学的国际交流;第五,要积极发展教育学的国际合作办学。①

(三)教育学人才培养的国际化实践

(1)建立国际化人才培养目标

培养目标是教育活动的出发点和归宿,大学学科国际化说到底还是要实现人才的国际化。教育学培养国际化人才首先要制定明确的国际化培养目标,并且一切的教育活动都以国际化的办学定位为准绳。着重培养学生具有国际观念、国际意识、广阔的国际视野和一定的国际知识;具有国际交往、国际合作、国际竞争、独立思考以及终身学习的国际活动能力。西南大学自2010年便开启了拔尖创新人才培养的历程,提出了"精英化、综合化、国际化、个性化"的拔尖创新人才培养新理念,"学院制、小班制、导师制、淘汰制"的拔尖创新人才培养新机制。

(2)建立国际化课程体系,推进教育内容国际化

课程国际化是高等教育国际化实施过程中三个核心要素之一,教育内容的国际化也是高等教育国际化的主要表现形式。人才培养是在教学过程中进行的,课程的质量对学生发展具有重要影响。大学国际化是跨越文化、跨越国界、跨越学科的,学科课程体系在其中扮演了重要角色。为培养国际化人才,教育学学科开设国际课程,在高等教育国际化的大背景下通过比较、分析、鉴别和创造,将国际相关社会文化、科技和管理方法等知识经验融入了本校的学科专业设置和课程教学过程中。如西南大学教育学部要求学生必须选修国际课程,学生可以通过暑期国际课程周、国际课程"云校园"等途径选修。国际课程不仅教学内容要做到与国际接轨,在师资上也要多与其他国家合作,可以通过线上的方式让国际知名学者来为学生授课。

---

① 陈洁.论我国当代教育学的国际化[J].科技资讯,2009(31):139.

（3）提升师资力量的国际化水平

师资力量的国际化是高等教育国际化的核心要素之一。百年大计，教育为本；教育大计，教师为本。"教师全球素养"可以概括为教师适应全球化带来的机遇与挑战以及处理特定情境过程中所需要的知识、技能、情感、态度和价值观的综合表现。提高教师国际化水平，建设一支高水平、高素质的国际化教师队伍，能有效促进我国高等教育的国际化进程。第一，从发展自身做起，选派一批德才兼备的、业务水平高的、专业素质强的中青年教师"走出去"，到国际一流高等教育学府或科研机构从事教育教学和科学研究活动，以增强教师的国际视野和教学科研水平。第二，引进外国专家，加大海外引智力度，2012年党的十八大报告确立了"优先推进西部大开发"的战略，并且首次把引智写入了大会报告，明确规定提高外资综合利用优势和总体效益，推进引资、引技和引智有机结合。①

（4）建立健全双向留学机制

为提高人才培养的国际化水平，高校推动学生双向留学发展，提高学生的国际化水平。大量选派本国学生到外国留学和吸收外国留学生来我国学习是大学国际化的主要表现形式。《国家中长期教育改革和发展规划纲要（2010-2020年）》对此作了明确规定，就前者而言，国家要做好公费派遣留学生的工作，不断提高公费出国留学的工作效益，进一步扩大公费派遣数量；还要提高对自费留学的认识，做好自费留学的工作，畅通自费出国通道，引导学生积极自费出国留学，使学生"走出去"，利用国外的优秀资源为我国培养高水平人才。

---

① 张志军.论西部引智的特殊背景和特殊需求[J].中国商贸,2014(26):218-219.

(5)开展中外合作办学,促进人才培养的国际化

在诸多国际教育交流形式中,国际合作办学是较快促进大学、区域甚至一个国家国际化的形式。国际合作办学是接触学术前沿、提高学术起点、造就学术大师、培养国际化人才的有效途径。我国作为高等教育大国也正通过中外合作办学推进我国的高等教育国际化,以成为高等教育强国。其合作办学形式可以不拘一格,采用多种形式进行合作。根据具体要求可以在一个专业内进行合作,也可以在一个学科内合作,还可以是仅仅一个班级的合作。

第三节
国际交流与全球素养培养的理论基础

一、全球胜任力的概念界定

国际组织对全球胜任力的定义与发展,作出了很大的贡献。1974年,联合国教科文组织第18届大会通过的《关于教育促进国际理解、合作与和平及教育与人权和基本自由相联系的建议》提出国际理解教育,为全球胜任力的提出奠定了思想基础。2016年,经济合作与发展组织(以下简称"经合组织")发布了《全球素养培养:为了一个更加包容的社会》报告,将全球胜任力解构成知识、认知技能、社会技能和态度、价值四个维度,提出全球胜任力是指"在尊重人性尊严的前提下,个人拥有从多元观点批判性地分析全球与跨文化议题的能力;能充分理解差异是如何影响自我及他人的观点、判断与诠释;能够开放、适宜、有效率地与不同文化背景的人沟通的能力"。直到2017年12月

12日,经合组织教育与技能司和哈佛大学教育研究生院零点项目共同主持的《PISA全球素养框架:让我们的青年为一个包容和可持续的世界做好准备》发布会,才提出全球胜任力的官方定义:青少年能够分析本土、全球和跨文化的问题,理解和欣赏他人的观点和世界观,与不同文化背景的人进行开放、得体和有效的互动,以及为集体福祉和可持续发展采取行动的能力。

全球胜任力的培养深刻地嵌入在全球化进程中,其概念最早可以追溯到二战结束后,为服务于对外技术援助和政治交流,美国开展了"外语人才"和"区域专家"培养项目。20世纪80年代,国际贸易和互联网的繁荣使得社会需要更多精通外语、熟悉其他区域文化的人才,这也促进了各国对培养全球胜任力人才的关注。1988年,美国国际教育交流协会(Council on International Educational Exchange,CIEE)在《为全球胜任力而教》中首次明确提出"全球胜任力"。2001年美国州首席中小学教育官员理事会(Council of Chief State School Officers,CCSSO)和亚洲协会(Asia Society)联合发布《为全球胜任力而教——为青年参与世界做准备》,报告提出:具备全球胜任力的学生应能够有效探索世界、认识观点、沟通观点并付诸行动。2012年11月,美国教育部发布《通过国际教育和国际参与获得全球成功(Globally through International Education and Engagement)》报告,将全球胜任力定义为"在日益紧密的当今世界中,能够成功参与或处理全球议题的知识和技能",并指出:增强全美所有学生,而不只是精英群体的全球胜任力是美国国际教育战略的首要目标之一,因为它已经不是少数人的奢侈品,而是所有人的必需品。美国能在过去的数十年中,保持着其绝对的国际地位,与坚持全球化人才培养国家教育战略有着很大的关系。

全球胜任力这一概念对中国来说,是一个全新的理念。我国对全球胜任力的相关研究始于2014年,由于PISA测试带来的影响,学者和研究人员对全球胜任力的关注度提高,文献数量也随之在2016年达到顶峰,虽然2017年有所下降,但是2018年,我国学者对全球胜任力的研究数量又开始呈上升趋势。总的来说,我国对全球胜任力的研究,数量不多且集中于概念介绍和培养途径,存在研究领域狭窄、探讨层次较浅的现象。

近年来学者逐渐将视角从追赶国外研究转到与本土国情相结合,将培养具有全球胜任力人才这一理念付诸实践。清华大学是国内首个在办学目标中使用"全球胜任力"理念的高校。2016年7月,清华大学在《清华大学全球战略》中提出"培养具有全球胜任力的创新人才"目标,阐释全球胜任力是"在国际与多元文化环境中有效学习、工作和与人相处的能力",包含六大核心素养:全球议题与世界文化、母语与外语、开放与尊重、沟通与协作、自觉与自信以及道德与责任。在实践层面,2017年清华大学首次以"全球胜任力"为主题,开设"全球胜任力海外实践课程"。此外,清华大学成立学生全球胜任力发展指导中心,"为全体学生提供一整套的全球胜任力培养—辅导体系",积极探索将地方高校创新办学理念与丰富的办学资源同国防人才培养优势相结合。清华大学与美国陆军学院(United States Military Academy)即西点军校联合举办的双向交流项目,既是清华拔尖创新人才培养的突出案例,也是中美教育外交与军事外交中的成功案例,在新时代创新军民融合军事教育模式、培养高水平国防人才全球胜任力方面取得突出成果。虽然清华大学为培养全球胜任力人才做了很多工作,也取得了较好的成绩,但是从全国高校来看,全球胜任力人才的培养具有区域不均衡性。现有培养体系中师资质量、课程编排等问题都尚未解决。并且个例研究因不同高校的特殊性,容易限制应用的空间。所以,我国在全球胜任力人才培养方面,还要继续下功夫。

我国政府也很重视国际化人才培养工作,中央和地方政府部门持续加大政策和经费投入力度,鼓励和支持高校培育具有更宽全球视野、更强实践能力和更具竞争力的国际化人才。《国家中长期教育改革和发展规划纲要(2010—2020年)指出:要进一步扩大教育开放,在国际化人才培养方面既重视"国际视野""国际规则"的知识层面，也强调参与"国际事务""国际竞争"的能力素质。2014年发布的《教育部关于全面深化课程改革落实立德树人根本任务的意见》，提出对学生进行德育、智育、美育培养的同时，强调努力使学生具有"中华文化底蕴、中国特色社会主义共同理想、国际视野"，使新时期人才培养工作目标更具时代性、民族性，也为大学生全球胜任力培养工作实践提供了方向。2020年6月出台的《教育部等八部门关于加快和扩大新时代教育对外开放的意见》进一步指出，教育对外开放是教育现代化的鲜明特征和重要推动力，要着力加快推进我国教育现代化和培养更具全球竞争力的人才，要求高校加快培养具有全球视野的高层次国际化人才。《中国教育现代化2035》提出，高等教育需要提升国际交流合作水平，扎实推进"一带一路"行动，促进中外民心相通和文明交流互鉴，积极参与全球教育治理，深度参与国际教育规则、标准、评价体系的研究制定。

总体而言，国际组织以及西方国家对全球胜任力的重视程度不断提高，各方都在不断地重新定义和发展"全球胜任力"这一概念，不断赋予全球胜任力在新时代背景下的意义。而我国对全球胜任力的研究和实践还有很大的空间，但也越来越关注全球胜任力人才的培养。从全球胜任力概念的源起与发展中也能看出，全球胜任力总是与国际体系变迁和人才培养相联系。

二、全球胜任力培养的现实意义

全球胜任力的概念在历史上出现较晚，但是对于如今的时代来说，全球胜任力发挥着不可替代的作用。全球胜任力对个人、高校、国家以及国际组织来说，都是很重要的。

(一)个人层面：全球胜任力在全球劳动力市场竞争中的地位愈发凸显

知识的迅猛发展正在改变对大学毕业生的能力要求以及可供人们选择的工作机会。在世界经济日益全球化的背景下，学生必须掌握一门外语、学会批判性思考、团队合作、理性分析、有效沟通以及在多元文化背景下展现自我。世界经济全球化是一股不可逆转的力量，并从根本上改变了对劳动力的要求。资料显示，越来越多的大学生毕业后没有找到工作，这与他们缺乏了劳动市场所重视的技能相关。如今，跨国跨境公司的发展，大学生面对的是来自世界各地的竞争对手和合作伙伴，他们所要具备的是更大的全球视野和全球格局，所需掌握的是不同的语言、文化和风俗习惯，所要展现的是对他人更多的尊重、理解和欣赏，这也是全球胜任力的核心要义。所以，全球胜任力已经成为大学生在全球治理的国际竞争中占主动地位所应具备的重要素质和能力。

(二)高校层面：全球胜任力是高层次国际化人才培养的必然选择

面对百年未有之大变局，为推进构建人类命运共同体和"一带一路"倡议等，我国更加重视全球治理和国际事务，习近平总书记在党的十九大报告中明确指出，要培养造就一大批具有国际水平的战略科技人才、科技领军人才、青年科技人才和高水平创新团队。高校国际化发展程度和水平直接关系到高等教育的竞争力，进而影响人力资源水平和社会发展，促使各国纷纷利用国际优质教育资源来提升本国学术研究与人才培养的水平。全球的教育家，曾任美国耶鲁大学校长二十年之久的理查德·莱文（Richard C. Levin）认为，"全球性大学"须具备广泛的国际联系、不同背景的国际学生、丰富的国际化教学形式以及开放的办学格局等要素。这些要素都直接指向国际化人才培养，充分表明其在大学国际化之中的重要意义，也为大学生全球胜任力培养提供了方法路径。

新时代我国对高层次国际化人才的需求,一方面要求注重人才的外部流动,另一方面也应该从高校内部加强人才的培养。只有把国际化核心要素渗入人才培养的全过程,才能真正找到深化高校国际化的突破口。首先,全球胜任力为国际化人才培养提供标准。中国步入世界舞台中央,在国际事务中发挥着越来越重要的作用,参与全球治理要求培养具有全球胜任力的高层次人才。这就要求高校对大学生全球胜任力的教育必须与国际接轨,得到国际组织的认可,由此带来国际化人才培养标准的提升。其次,全球胜任力培养使高校国际化工作有了更多支点和动力。高校通过国际化手段开展中外合作办学、双学位项目、学分项目等联合办专业、联合教学的新模式,为学生提供跨文化学习体验,使学生对全球化有更为深刻的理解,提升了学生的全球胜任力,为他们在国际组织等舞台上施展才华打下基础。再次,大学生全球胜任力培养要求高校更多的国际化优质资源供给。高校通过国际化手段汇集优质课程资源,不仅可以帮助学生拓展全球视野,还可以提升专业知识和技能,对全球胜任力提升至关重要。

(三)国家层面:全球胜任力教育是推动参与全球治理的有力保障

当代各国之间的竞争从本质上来说,就是人才的竞争。哪个国家培养的优秀人才数量多,吸引优秀人才多,就会在竞争中占有优势地位。中国在竞争中不断崛起,就需要培养更多具有全球胜任力的人才,他们将在国际舞台上从政治、经济、文化等诸多领域展现中国的影响力。高校是我国人才的培养地,为我国培养更多具有全球胜任力人才这一重担,也将落实到高校的培养任务中。然而,全球胜任力理念在当前我国教育界尚属创新理念。我国高校要培养全球胜任力人才,就需要立足中国本土,借鉴国际和国外人才培养模式,引进不同文化背景的优秀导师,加强与国际社会就培养全球胜任力人才的交流,以形成具有中国特色的全球胜任力人才培养方案。近年来,随着中国经济和社会的快速发展,国际社会要求中国承担更大的国际责任的呼声越来越强,但我国在国际组织中的人才储备却十分薄弱,长期处于代表名额不足(underrepresented)的行列。根据联合国秘书处公布的数据显示,截至2016年12月31日,联合国秘书处共有39651名工作人员,我国国际职员为479人,占总数的1.21% 这与我国日益提高的国际地位极不相符。由此可见,我国现行的以智力因素主导的传统人才培养模式难以胜任全球性人才培养,不利于我国参与全球治理。

(四)国际层面:全球胜任力是实现全球治理和保障全球秩序的基础

21世纪以来,随着经济全球化和信息化技术的飞速发展,全球治理体系和国际秩序的风云变幻,各国之间的联系日益加强,人类面临着诸多共同问题及挑战,处在同一命运共同体之中。参与全球问题解决已经成为各国人才培养的现实要求,而全球胜任力则成为这一要求的关键要素。习近平总书记倡导弘扬全人类共同价值,推动构建人类命运共同体,为全球治理提供了中国方案与中国智慧。为了更高效地参与全球治理,为解决全球性问题贡献中国智慧和中国力量,中国需要增强中国特色全球胜任力,培养和输送能够在国际舞台上发挥作用的全球胜任力人才,积极参与并有力推动全球治理体系改革,为构建人类命运共同体作出贡献。

三、全球胜任力的素养结构

2016年,经合组织发布的《全球素养培养:为了一个更加包容的社会》报告,将全球胜任力解构成知识、认知技能、社会技能和态度与价值四个维度。具体体现在以下四个方面:一是对地区、全球和跨文化议题的分析能力;二是对他人看法和世界观的理解和欣赏能力;三是与不同文化背景的人进行开放、得体和有效的互动能力；四是为集体福祉和可持续发展采取行动的能力。即具备以下四个特征：①探索世界的能力；②认可和接受多元观点的能力；③高效沟通的能力；④采取积极行动的能力。简单来说，具有全球竞争力的人能够对当今世界持有强烈的好奇心和兴趣，拥有独立思考的能力、对事物能够产生独到的见解，能够与来自多元文化背景的受众进行有效沟通交流，能通过自己的能力影响世界。这四个重要维度旨在培养青年一代成为具有全球视野和人类情怀的世界公民，并用实际行动推动社会的进步。

清华大学对全球胜任力的界定为世界认知、人际认知与自我认知等三个维度上的六大核心素养——全球议题与世界文化、母语与外语、开放与尊重、沟通与协作、自觉与自信以及道德与责任全球胜任力。结合中国的实际，有学者认为全球胜任力包含认知、技能、人格三方面。人格的培养是最基本的，要培养学生的终身学习精神，培养学生讲诚信、讲文明和公平公正的品行。认知层面，需要真正做到四个认识，即文化、理论、制度和道路自信的认识。技能层面，中国具有全球胜任力的青年需要具备十大能力：一是具备讲好中国思想理论、中国文化、中国制度和中国道路故事的能力；二是具备理解多元多变的世界的能力；三是具备参与全球和国际战略制定的能力；四是具备在全球多元化的环境下与不同国家、民族和信仰的人员有效得体沟通的技能，其中包括社交能力，采访和被采访技能，口头和书面短评的辩论能力和演说技能；五是具有国际谈判技能，包括政治外交和商务谈判等方面的能力；六是跨国与跨文化游说能力；七是国际冲突管理与调解能力；八是具有全球危机管理与形象塑造和修复能力；九是具有有效应对国际化、全球化和多元化的企业管理或跨国非营利机构的运营能力；十是具有全球视野、全球胸怀和全球领导力。

不同组织对全球胜任力的解释是不同的。我国要培养具有全球胜任力的人才不能照抄国外的观念，而是要结合中国的实际情况，积极探索具有中国特色的全球胜任力人才培养方案。

国际交流与全球素养培养的实践行动

国际合作是促进学术水平提高的历史必然,如今正处于改革开放向纵深发展之际,不能走封闭僵化的老路,必须推进国际学术对话与探讨,通过学生交换学习和暑期课程周等方式,加强学术间的国际合作。

一、国际合作与境外办学

西南大学教育学部始终高度重视国际化工作,2009年在西南大学率先设立国际部,设专门办公场地,由专业团队专职负责国际化工作,多年来成绩突出,国际化成果在全校30多个学院中名列前茅。2016年11月,加拿大西蒙菲莎大学(SFU)教育学部部长克里斯(Kris C.Magnusson)教授和国际部主任凯瑟琳(Catherine Price)女士来访,西南大学教育学部朱德全部长向西蒙菲莎大学介绍了教育学部的具体情况,包括发展历史、专业设置、人员构成、优势领域等,西蒙菲莎大学高度肯定了西南大学及教育学部的专业优势、创新思路与改革经验,同时也简要介绍了西蒙菲莎大学教育学部的基本情况,并表示将不断支持和促进双方的国际合作与交流活动顺利开展。随后双方教育学部部长正式签署了合作意向书,希望将来双方能在师生互访、合作科研及学术成果交叉发表等方面有实质性的合作。

2022年10月17日,重庆市政府外国留学生市长奖学金丝路项目——"泰国教育官员及校长培训"开班典礼通过在线方式在西南大学教育学部举行。泰国教育官员及校长培训项目是中国和泰国基础教育领域具有重要影响力的品牌培训项目,2017—2022年,已举办6期,成功培训泰国教育部选送的

180余名泰国教育官员及中小学校长。时任西南大学教育学部副部长罗生全教授表示，教育学部将一如既往全力做好该项目的实施工作，为学员们提供优质的学习机会，帮助他们拓宽视野，开辟职业提升新途径。西南大学教育学部李毅副教授作为教师代表向全体泰国学员介绍本次培训的整体方案和要求，希望学员们积极参与课堂学习和交流，碰撞出思想的火花，努力提升个人专业素养，助力中泰基础教育发展。2022年11月14日，"泰国教育官员及校长培训"结业典礼在线举行，为期近一个月的泰国教育官员及校长培训项目圆满完成，共有32位来自泰国的教育官员及中小学校长学员顺利结业。

境外办学是中国教育走向世界的办学新方式之一，具有促进中外人文交流、培养国际化人才等重要意义，同时也是西南大学教育学部未来国际化的新方向。2011年，西南大学与越南教育管理学院签署了"联合培养教育管理硕士协议"，并于2013年先后获得两国教育部批准。2014年2月开始招收首批学员，2016年招收第二批学员。招生对象主要为越南国民教育系统中的教育管理机构以及教学机构的干部、职员、教师等，亦包括与教育培训相关的公立及非公立机构的干部及工作人员。培养方式为越南国立教育管理学院在职培养，学制2年。学员修满36学分（14门课程），通过论文答辩后，授予西南大学教育管理硕士学位。授课语言、作业和论文均使用中文。该项目从2014至2018年共计培养两届学生共43人，均获西南大学硕士学位。

2021年新增了越南顺化大学教育博士项目，培养方式类似于越南教育管理学院教育管理硕士项目，均为境外培养，我方派教师前往越南进行授课。学制为4年，授课语言、作业和论文使用中文或英文。学员修满学分，通过论文答辩后，授予西南大学教育博士学位。该项目为我校首个境外博士项目，意义重大。目前已进入招生阶段，第一届学生已经于2022年9月入学。

通过与国际知名院校的合作办学，西南大学教育学部不仅引进了国外先进的教学、管理的理念和方法，吸收国外的优秀师资力量，同时还培养了大批国际先进人才，促进教学创新，加快了教育的国际化进程。

二、学生交换学习

随着中国高等教育国际化程度的逐步提高,学生交换学习也成为了一种合作培养国际化人才的重要方式。西南大学教育学部对此非常重视,既建立了中长期的交换生项目,又建立了短期的假期访学项目。

每年秋季学期,学部将选派优秀硕博学生(4—5人)及带队老师(1人)前往美国密歇根州立大学(MSU)访学,交流时长3个月至半年,第二年春季回国返校。赴美期间学费全免,签证机票及住宿费用自理。密歇根州立大学每年5月前后选派研究生(10—20人)来西南大学教育学部交流学习,时长2至3周。自2009年以来,该项目已顺利运行10余年,双方交流人数超200人,已成为西南大学教育学部的品牌项目之一。

自2014年起,西南大学教育学部与英国伦敦大学教育学院(IOE)签署交换生协议,IOE每年接收学西南大学教育部博士生2—4名赴英访学,时长1学期至1学年,免学费,签证机票及住宿费用自理。

西南大学与加拿大英属哥伦比亚大学(UBC)建立了交换生项目,涵盖外语、教育等多个专业,学部鼓励学生积极参与该校级项目。该项目由学校统一考核选拔,要求不低于6.5分的雅思成绩。交换学习时长1学期至1学年。免学费,签证机票及住宿费用自理。

西南大学教育学部自2016年开展"假日学校"短期访学项目,选派带队教师带领学生团组利用寒暑假赴美国、加拿大、德国、新西兰等多所世界名校及地区,如美国伊利诺伊大学厄巴纳–香槟分校(UIUC)、美国西华盛顿大学(WWU)、新西兰怀卡托大学、加拿大英属哥伦比亚大学(UBC)温哥华校区、美国堪萨斯大学(KU)以及赴德国林特尔恩市(Rinteln)幼儿园或小学进行3至4周交流学习,共计派出学生400余人,教师30余人。西南大学教育学部开展的"假日学校"短期访学项目覆盖教育学、特殊教育、学前教育、高等教育等多个专业，由学部专家教授亲自带队，走进课堂，深入汲取国外先进经验，保证项目质量及专业性。

留学生的培养也是西南大学教育学部的一大重要特色。2022年有8名留学生一次性通过学位论文答辩，其中博士生5名，硕士生3名，全部顺利毕业，其中5名学生荣获西南大学来华留学优秀毕业生。2022年招收了14名留学生新生，其中博士生10名，硕士生4名，分别来自11个国家。同时西南大学教育学部加强留学生学术引领和学术发表，促进留学生提高科研能力和学术水平，2022年留学生发表论文30篇，其中SSCI期刊9篇，被Scopus收录的期刊4篇。西南大学教育学部还全力推进全英文期刊建设，以展示高水平研究成果，为留学生提供更多学术交流平台，支持优秀学术人才成长，促进中外学术交流。

通过推进学生的交换学习，不仅有利于促进国际教育教学资源的开发与利用，培养综合素质的国际人才，还可以提高自身的教学水平，增强学生理论与实践、课堂与社会的认知能力，培养学生多元化和开放型的思维模式。

三、暑期国际课程周

为培养具有国际交流理念、家国情怀和全球视野的国际化人才，西南大学教育学部于2019年开始开展暑期国际课程周，通过整合校内外国际优质资源，邀请来自世界一流高校教授、专家学者为学生授课，全方位助力学生提升全球胜任力。

2019年暑假，西南大学教育学部邀请到了加拿大西蒙菲莎大学库玛尼（Kumari）等教授为教育学部的国际博士生与中国硕士生教授暑期国际课程研究生基础学习：学术写作与研究方法，同时还邀请到了美国西佐治亚大学曹力教授为学部的研究生教授暑期国际课程教育研究方法研讨会，为学生系统讲解学术写作方法与技巧,带领学生浸入式体验如何进行科学的教育研究。

2021年暑假,西南大学教育学部邀请到了美国佐治亚南方大学特殊教育专业的哈里斯(Harris)教授讲解教学和行为管理方法课程。由于疫情等原因,2021年的暑期国际周课程主要采用线上授课形式。该课程深受教育学类学生青睐,选课总人数达99人,学生包括教育学部2018级、2019级、2020级本科生(专业包括:特殊教育、学前教育、教育学、教育技术学)以及2020级特殊教育学专业的研究生。教学和行为管理方法课程主要围绕着"特殊教育新教师标准"开展,哈里斯教授主要介绍了特殊需要学生的发展特点、学习环境、课程知识、评估、教学计划和策略、专业学习与道德实践、合作等内容。

通过开展暑期国际课程周,不仅为西南大学教育学部带来了国际先进的学术理念,促进了教学的蓬勃发展,同时也为学生搭建了与国(境)外专家面对面学习交流的平台,有利于学生拓宽知识视野,培养思辨能力,提升科学素养。后疫情时代下,暑期国际课程周作为西南大学教育学部积极探索人才培养国际化的途径之一,对推动全英文课程建设、提升西南大学国际合作与交流水平发挥了重要作用。

参考文献

中文文献

期刊：

[1]白逸仙,耿孟茹.跨界融合:"双一流"建设高校教改新方向——基于40所高水平工科行业特色型高校的实证分析[J].湖南师范大学教育科学学报,2020,19(4):111-118.

[2]白强.知识生产模式变革下一流学科建设的逻辑转向与机制建构[J].大学教育科学,2022(5):14-22.

[3]陈明昆,张雨洁.政策及要素分析视角下21世纪中美高等教育国际化特征比较[J].黑龙江高教研究,2022,40(7):58-65.

[4]崔爽.大学生素养与可持续发展能力培养探究[J].辽宁广播电视大学学报,2015(2):102-104.

[5]陈桂生.略论教育学成为"别的学科领地"的现象[J].教育研究,1994(7):38-41.

[6]陈世红.基于OBE理念的网络新媒体人才培养目标构建[J].传媒,2019(24):82-84.

[7]陈曙光.世界大变局与人类的未来[J].求索,2021(6):13-20.

[8]崔延强,段禹.新文科究竟"新"在何处——基于对人文社会科学发展史的考察[J].大学教育科学,2021(1):36-43.

[9]董瑞杰.互联网背景下教师实践性知识的转型应对与发展路径[J].教师教育学报,2022,9(3):57-64.

[10]段永升.国际化形势下大学生人文素养培养的途径[J].文教资料,2014(22):119-120.

[11]范涌峰,宋乃庆.教育研究科学化:限度与突破[J].教育研究,2016,37(1):94-101.

[12]冯建军.构建教育学的中国话语体系[J].高等教育研究,2015,36(8):1-8.

[13]樊丽明."新文科":时代需求与建设重点[J].中国大学教学,2020(5):4-8.

[14]冯惠玲,胡娟,惠新宇.高等教育国际化:内涵、挑战与取向[J].中国高等教育,2011(11):30-31.

[15]葛士新.新时代中国共产党培育"新人"的三维探析[J].西北民族大学学报(哲学社会科学版),2022(4):182-188.

[16]巩建闽.实施基于成果教育OBE的原因及策略[J].国家教育行政学院学报,2016(6):48-53.

[17]龚旗煌.新文科建设的四个"新"维度[J].中国高等教育,2021(1):15-17.

[18]郭垠杉.教育学视角下学科建设和专业建设的关系探讨[J].现代商贸工业,2022,43(14):37-38.

[19]和学新,田尊道.论凯洛夫教育学中国化的经验及其启示[J].西南大学学报(社会科学版),2015,41(6):89-98,191.

［20］和学新，高维，郭文良.新文科背景下教育学专业卓越人才4C培养模式探索——以天津师范大学的改革为例［J］.天津师范大学学报（社会科学版），2023（1）；66-73.

［21］和学新，陈晖.教学的生活逻辑［J］.中国教育科学，2013（3）：113-137.

［22］侯怀银.新中国成立以来教育学学科体系建设的回顾与展望［J］.西北师大学报（社会科学版），2022，59（4）：30-38.

［23］侯怀银，王耀伟.社区教育学建设与社区治理［J］.武汉大学学报（哲学社会科学版），2022，75（1）；16-26.

［24］侯怀银.论中国特色现代教育学体系的发展与创新［J］.河北师范大学学报（教育科学版），2022，24（2）：3-16.

［25］韩双淼，谢静.世界一流教育学科建设模式的比较研究［J］.高等教育研究，2021，42（12）：59-70.

［26］胡宇萱.全面推动高校人才培养方式的创新与发展［J］.中国高等教育，2019（22）：57-59.

［27］何菊玲，杨洁.他山之石：国际卓越教师培养之成功经验［J］.陕西师范大学学报（哲学社会科学版），2018，47（1）：162-169.

［28］蒋华林.“双一流”背景下高等教育学学科何去何从？［J］.重庆高教研究，2017（2）：122-127.

［29］蒋平.高校人才培养的开放性：英国的经验与启示［J］.江西社会科学，2020，40（11）：238-245.

［30］靳玉乐，李红梅.英国研究型大学拔尖创新人才培养的经验及启示［J］.高等教育研究，2017，38（6）：98-104.

［31］贾文山，马菲，孙宸.全球治理视角下的中国特色全球胜任力提升策略研究［J］.当代中国与世界，2022（3）：118-125.

[32]金茜,刘婧如.全球治理视阈下国际组织人才培养的实践探索[J].中国高等教育,2020(8):50-52.

[33]库恩,王飞跃.可公度性、可比较性、可交流性[J].世界哲学,2004(3):3-16.

[34]阚阅,徐冰娜.可持续发展教育全球行动计划动因、机制与反思——联合国教科文组织全球治理的视角[J].比较教育研究,2020,42(12):3-10.

[35]娄雨.教育学"科学还是技艺"的历史重审——从夸美纽斯出发的思想史研究[J].教育研究,2020,41(7):62-74.

[36]李政涛.当代教育发展的"全社会教育"路向[J].教育研究,2020,41(6):4-13.

[37]李政涛.教育学的边界与教育科学的未来——走向独特且独立的"教育科学"[J].教育研究,2018,39(4):4-15.

[38]李政涛.走向世界的中国教育学:目标、挑战与展望[J].教育研究,2018,39(9):45-51.

[39]李政涛,周颖.建设高质量教育体系与中国教育学的知识供给[J].教育研究,2022,43(2):83-98.

[40]李长伟.教育研究的独特性——带着天意,扎根大地[J].现代大学教育,2021,37(4):25-31.

[41]李国华.试论大学生国际素养培育的逻辑基础与途径[J].长江师范学院学报,2014,30(1):123-126.

[42]柳海民,林丹.困境与突破:论中国教育学的范式[J].东北师大学报(哲学社会科学版),2007,227(3):5-12.

[43]刘振天,俞兆达.新文科建设:新时代中国高等教育的"新文化运动"[J].厦门大学学报(哲学社会科学版),2022,72(3):117-128.

[44]刘亚西,计国君.全球治理视域下我国高等教育国际化:内涵新解与

实践进路[J].复旦教育论坛,2022,20(2):66-73.

[45]刘佳.论高等教育国际化进程中的教育资源流动[J].现代远距离教育,2006(2):12-14,67.

[46]刘进,林松月,高媛.后疫情时期高等教育国际化新常态——基于对菲利普·阿特巴赫等21位学者的深度访谈[J].教育研究,2021,42(10):112-121.

[47]廖静.首届科技人文国际学术研讨会暨《上海交通大学学报(哲学社会科学版)》创刊四十周年高端论坛综述[J].上海交通大学学报(哲学社会科学版),2019,27(6):146-153.

[48]刘莉,冯思云,方章东.新文科课程思政建设的主旨:关切、确切和亲切[J].安徽农业大学学报(社会科学版),2022,31(5):127-134.

[49]龙宝新.论新文科理念指引下的教育学专业建设[J].内蒙古师范大学学报(教育科学版),2022,35(1):1-9.

[50]龙宝新.中国新文科的时代内涵与建设路向[J].南京社会科学,2021(1):135-143.

[51]莫玉婉,刘宝存.我国高等教育国际化的发展历程与改革趋势[J].河北师范大学学报(教育科学版),2020,22(4):85-93.

[52]裴英竹.大学生核心素养培养及评价体系研究——以教育学为例_裴英竹[J].高教学刊,2021,7(12):167-172.

[53]瞿葆奎,郑金洲,程亮.中国教育学科的百年求索[J].教育学报,2006(3):3-11.

[54]任友群."双一流"战略下高等教育国际化的未来发展[J].中国高等教育,2016(5):15-17.

[55]任元军,王豪.经济全球化对我国高等教育的影响[J].山东省青年管理干部学院学报,2003(1):78-79.

[56]眭依凡.论大学的观念理性[J].高等教育研究,2013(1):1-10.

[57]申天恩,斯蒂文·洛克.论成果导向的教育理念[J].高校教育管理,2016,10(5):47-51.

[58]孙晶,张伟,任宗金,等.工程教育专业认证毕业要求达成度的成果导向评价[J].清华大学教育研究,2017,38(4):117-124.

[59]孙元涛."教育学中国化"话语的反审与重构[J].全球教育展望,2009,38(4):43-47.

[60]孙元涛.教育学学科边界问题的再认识——关于"跨学科研究"的教育学思考[J].教育发展研究,2010,30(24):31-35.

[61]孙华,徐思南.知识进化与大学变革——兼论我国"双一流"建设焦点[J].江苏高教,2022(4):26-35.

[62]孙玉凤.基于微课的公共教育学翻转课堂模式下教师面临的挑战及对策[J].湖北开放职业学院学报,2021,34(12):157-158,163.

[63]苏林琴.综合性大学教育学科发展的生态学考察[J].教育研究,2020,41(2):101-110.

[64]单德伟,黄中生,谢雨豪.新文科背景下"思践制一体"课程思政模式构建研究——以南京审计大学会计学专业为例[J].财会通讯,2022(24):38-42.

[65]施贵菊,杜尚荣.论教育学专业研究生培养的国际化及其实现路径_施贵菊[J].教育与教学研究,2016,30(7):57-62,112.

[66]唐萌."双一流"建设背景下我国高等教育学的发展之路——中国高等教育学会高等教育学专业委员会2016年学术年会综述[J].高等教育研究,2017,38(1):105-108.

[67]童昕,张积林.地方应用型本科高校新文科建设研究与实践[J].国家教育行政学院学报,2021(3):42-47,57.

[68]田凯月.地方高校新文科建设的路径研究[J].文学教育(下),2022

（3）：153-155.

[69]滕珺,曲梅,朱晓玲,等.国际组织需要什么样的人?——联合国专门机构专业人才聘用标准研究[J].比较教育研究,2014,36(10):78-84.

[70]滕珺.培养学生"全球胜任力",怎么看? 怎么办?[J].上海教育,2016(29):48-51.

[71]吴岩."守城"到"攻城":新文科建设的时代转向[J].探索与争鸣,2020(1):26-28.

[72]吴岩.加强新文科建设培养新时代新闻传播人才[J].中国编辑,2019,(2):4-8.

[73]王国强,卢秀泉,金祥雷,等.成果导向教育理念的新工科通识教育体系构建研究[J].高等工程教育研究,2021(4):29-34.

[74]吴芳,郝理想,孟兆宇.全球化背景下各国教育发展及改革:挑战与对策[J].河北科技师范学院学报(社会科学版),2020,19(4):109-114.

[75]吴凡.我国研究型大学课程目标与课程评价问题研究——基于"985工程"高校大学生学习经验调查[J].中国高教研究,2017,290(10):98-102.

[76]吴康宁."有意义的"教育思想从何而来——由教育学界"尊奉"西方话语的现象引发的思考[J].教育研究,2004(5):19-23.

[77]吴言荪.高等教育国际化及其思考[J].重庆大学学报(社会科学版),2000(1):73-76.

[78]王兆璟.新文科建设与教育学的时代变革[J].西北师大学报(社会科学版),2019,56(5):31-35.

[79]王洪才."双一流"建设与传统路径依赖超越[J].高校教育管理,2017,11(6):1-7.

[80]王有升.论教育学学科的学术建构[J].南京师大学报(社会科学版),2007,150(1):71-75.

[81]王群,武姣."一带一路"法律外交视角下高校涉外法律人才培养机制探究[J].黑龙江高教研究,2020,38(6):149-154.

[82]武宝瑞.新文科建设需要解决好的三个前置性问题[J].上海交通大学学报(哲学社会科学版)2020,28(2):9-12.

[83]危红波.数字社会的法学教育因应——基于新文科建设视角的理论考察[J].华东政法大学学报,2022,25(3):169-176.

[84]谢维和."双一流"建设与教育学的责任[J].探索与争鸣,2016(7):23-25.

[85]项贤明.论教育学的边界[J].教育研究,2017,38(6):12-19,31.

[86]项贤明.教育学的学科反思与重建[J].教育研究,2003(10):14-18.

[87]项贤明.教育学知识及其辨洽[J].教育研究,2021,42(2):45-55.

[88]许建美.教育学宏大理论的式微与回归[J].教育研究,2022,43(4):39-51.

[89]许艳丽,薛凯莉.智造时代的工作世界:技能人才诉求与职业教育变革[J].中国职业技术教育,2021(26):18-23.

[90]肖坤雪.新时代新文科建设探究[J].学校党建与思想教育,2022(19):34-37.

[91]潇潇.国际化视野中的"新文科"建设与"一带一路"行动[J].黑龙江高教研究,2021,39(6):42-46.

[92]肖玲斐,王继强,黄向华."双一流"建设中的高校国际化人才培养新模式探究[J].大学教育,2022(7):214-216.

[93]徐辉,陈琴.人类命运共同体视域下全球胜任力教育的价值取向与实践路径[J].比较教育研究,2020,42(7):3-11.

[94]叶澜.关于加强教育科学"自我意识"的思考[J].华东师范大学学报(教育科学版),1987(3):23-30.

[95]叶赋桂,罗燕.国际合作:印度理工学院的一流大学之路[J].比较教育研究,2005(5):23-27.

[96]殷蕾.转化学习理论视角下教师培训的困境与出路[J].中国教育学刊,2018(10):87-91.

[97]杨开城.教育学的坏理论研究之一:教育学的核心概念体系[J].现代远程教育研究,2013(5):11-18.

[98]杨国栋,马晓雪.新文科视域下课程思政与知识传授融合的基本逻辑与实现路径[J].高校教育管理,2022,16(5):96-105.

[99]杨颖秀,Fred Dervin.芬兰教师培养改革的动向、原因与启示[J].天津市教科院学报,2021(6):12-18.

[100]袁振国.实证研究是教育学走向科学的必要途径[J].华东师范大学学报(教育科学版),2017,35(3):4-17,168.

[101]余清臣.教育学为何能是当代本科专业?——面向教育全面现代化的教育学本科专业变革与建设[J].国家教育行政学院学报,2022(3):36-45.

[102]袁同凯,冯朝亮.新文科建设背景下中国教育人类学学科发展反思与前瞻[J].民族教育研究,2022,33(2):52-59.

[103]袁祖社."中国价值"的文化发现及其实践意义[J].中国社会科学,2017(8):24-42+203-204.

[104]闫建璋,王曦.新时代高质量教师教育体系建设研究[J].当代教师教育,2022,15(3):1-6.

[105]张应强.高等教育学的学科范式冲突与超越之路——兼谈高等教育学的再学科化问题[J].教育研究,2014,35(12):13-23,53.

[106]张斌贤,位盼盼,钱晓菲.从学科发展大局重新审视教育学本科专业改革的意义与路径[J].大学教育科学,2021,(3):4-12.

[107]张晴,谢梦,王顶明.教育学专业本科培养目标的固有传统与变化趋势——基于全国92所高校的文本分析[J].大学教育科学,2017,(2):74-83.

[108]张继明,王洪才.基于协同发展的高校集群治理——我国高等教育治理现代化建设的一个重要向度[J].复旦教育论坛,2020,18(5):12-18.

[109]张娜.DeSeCo项目关于核心素养的研究及启示[J].教育科学研究,2013(10):39-45.

[110]钟秉林,南晓鹏.后疫情时代我国高等教育发展的宏观思考[J].教育研究,2021,42(5):108-116.

[111]张志军.论西部引智的特殊背景和特殊需求[J].中国商贸,2014(26):218-219.

[112]邹宝玲,郑沃林.新文科背景下文科技术型人才培养探究[J].黑龙江高教研究,2021,39(11):13-17.

[113]周霖,王澍.教育学本科人才培养的挑战与应对[J].国家教育行政学院学报,2022(3):46-55.

[114]周光礼."双一流"建设中的学术突破——论大学学科、专业、课程一体化建设[J].教育研究,2016,37(5):72-76.

[115]张超,王建华,刘永腾.新定位与多元融通:新文科视域下建设课程思政的价值意蕴与实现路径[J].昌吉学院学报,2022(2):31-37.

[116]曾荣光,叶菊艳,罗云.教育科学的追求:教育研究工作者的百年朝圣之旅[J].北京大学教育评论,2020,18(1):134-176,192.

[117]张桂.教育学的普遍性格:一种基于公共理性的道德承诺[J].教育学报,2022,18(2):3-12.

[118]周文辉,勾悦,李明磊.教育学科如何适应"双一流"建设——基于中美研究型大学教育学科建设比较研究[J].研究生教育研究,2018(1):83-90.

[119]周霖,王澍.教育学本科人才培养的挑战与应对[J].国家教育行政学院学报,2022,(3):46-55.

[120]周显鹏,俞佳君,黄翠萍.成果导向教育的理论渊源与发展应用[J].高教发展与评估,2021,37(3):83-90,113.

[121]左浩德,朱梦露,曹一鸣."OECD2030"视域下学生复合能力的维度、培养策略及启示[J].教育理论与实践,2022,42(7):9-14.

[122]周毅,李卓卓.新文科建设的理路与设计[J].中国大学教学,2019(6):52-59.

[123]赵奎英."新文科""超学科"与"共同体"——面向解决生活世界复杂问题的研究与教育[J].南京社会科学,2020(7):130-135.

[124]吴岩.新时代高等教育面临新形势[J].中国校外教育,2018(3):4-5.

著作:

[1]爱因斯坦.爱因斯坦文集(第3卷)[M].北京:商务印书馆,1979.

[2]波普尔.猜想与反驳[M].上海:上海译文出版社,2005.

[3]伯恩斯坦.教育、符号控制与认同[M].北京:中国人民大学出版社,2016.

[4]陈桂生.普通教育学纲要[M].上海:华东师范大学出版社,2008.

[5]黑格尔.哲学史讲演录(第四卷)[M].北京:商务印书馆,1978.

[6]库恩.必要的张力[M].北京:北京大学出版社,2004.

[7]康德.论教育学[M].上海:上海人民出版社,2005.

[8]克拉克.高等教育系统——学术组织的跨国研究[M].杭州:杭州大学出版社,1994.

[9]马克思恩格斯选集 第3卷 第3版[M].北京:人民出版社,2012.

[10]帕斯卡尔.思想录[M].北京:商务印书馆,1985.

[11]习近平.在哲学社会科学工作座谈会上的讲话[M].北京:人民出版社,2016.

[12]俞克纯.沈迎选.激励.活力.凝聚力:行为科学的激励理论与群体行为理论[M].北京:中国经济出版社,1998.

[13]雅斯贝尔斯.什么是教育[M].上海:三联书店,1991.

[14]张焕庭.西方资产阶级教育论著选[M].北京:人民教育出版社,1979.

电子公告类:

[1]国务院.国务院关于基础教育改革与发展的决定[EB/OL].(2001-05-29)[2022-10-11].http://www.gov.cn/gongbao/content/2001/content_60920.htm.

[2]教育部.教育部关于加快建设高水平本科教育全面提高人才培养能力的意见[EB/OL].(2018-10-08)[2022-11-12].http://www.moe.gov.cn/srcsite/A08/s7056/201810/t20181017_351887.html.

[3]教育部.教育部等八部门印发意见加快和扩大新时代教育对外开放[EB/OL].(2020-06-23)[2022-12-10].http://www.moe.gov.cn/jyb_xwfb/s5147/202006/t20200623_467784.html.

[4]教育部.高等学校课程思政建设指导纲要[EB/OL].(2021-07-19)[2022-10-11].http://www.gov.cn/zhengce/zhengceku/2020-06/06/content_5517606.htm.

[5]教育部."六卓越一拔尖"计划2.0启动大会召开掀起高教质量革命助力打造质量中国[EB/OL].(2019-04-29)[2022-10-11].http://www.moe.gov.cn/jyb_xwfb/gzdt_gzdt/moe_1485/201904/t20190429_380009.html.

[6]教育部.国务院批转教育部2003—2007年教育振兴行动计划的通知[EB/OL].(2004-02-10)[2022-10-11].https://www.gov.cn/gongbao/content/2004/content_62725.htm.

[7]教育部.《新文科建设宣言》正式发布[EB/OL].(2020-11-03)[2022-

10-11].https：//news.eol.cn/yaowen/202011/t20201103_2029763.shtml.

［8］教育部.教师教育振兴行动计划（2018-2022）［EB/OL］.（2018-3-22）［2022-10-11］.http：//www.moe.gov.cn/srcsite/A10/s7034/201803/t20180323_331063.html.

［9］新华网.外贸数据超预期彰显中国经济韧性和潜力［EB/OL］.（2022-08-11）［2022-10-10］.https：//www.news.cn/world/2022-08-11/c_1128907004.htm.

［10］新华社.中共中央 国务院印发《深化新时代教育评价改革总体方案》［EB/OL］.（2020-10-13）［2022-11-11］.http：//www.moe.gov.cn/jyb_xxgk/moe_1777/moe_1778/202010/t20201013_494381.html.

报刊

［1］光明日报.新时代 新格局 新活力［N］.2018-12-27（11）.

［2］樊丽明.新文科建设：走深走实 行稳致远［N］.中国教育报,2021-05-10（5）.

［3］莫蕾钰.新文科的使命、愿景与实践探索［N］.光明日报,2021-01-01（6）.

［4］习近平在全国高校思想政治工作会议上强调 把思想政治工作贯穿教育教学全过程 开创我国高等教育事业发展新局面［N］.人民日报,2016-12-09（1）.

［5］习近平.在北京大学师生座谈会上的讲话［N］.人民日报,2018-05-03（2）.

［6］习近平.高举中国特色社会主义伟大旗帜 为全面建设社会主义现代化国家而团结奋斗为全面建设社会主义现代化国家而团结奋斗——在中国共产党第二十次全国代表大会上的报告［N］.人民日报,2022-10-26.

［7］习近平.在庆祝中国共产党成立100周年大会上的讲话［N］.人民日

报,2021-07-02(2).

[8]习近平.习近平向全国广大教师致慰问信[J].中国民族教育,2013(10):2.

[9]周亚楝.教育学的本土化与国际化[N].光明日报,2004-07-22.

英文文献

期刊：

[1]Rao,N.J. Outcome-Based Education：An Outline[J]. Higher Education for the Future,2020,7(1):5 - 21.

[2]Schechter M. Internationalizing the University and Building Bridges across Disciplines [G]//Cavusgil T. Internationalizing Business Education：Meeting the Challenge.Lansing：Michigan State University Press,1993:129-140.

[3]Lambert D. R. International Education and International Competence in the United States[J]. European Journal of Education,1993,28(3):309-325.

[4]Olson C L,Kroeger K R. Global Competency and Intercultural Sensitivity [J]. Journal of Studies in International Education,2001,5(2):116-137.

[5]Caligiuri P,Santo V D. Global competence：what is it,and can it be developed through global assignments [J]. Human Resource Planning,2001,24(3):27-36.

[6]Hunter B,White G P,Godbey G. What Does It Mean To Be Globally Competent? Journal of Studies in International Education[J]. 2006,10(3):267-285.

著作：

[1]Reimers F. Educating for Global Competency[M]. New York：Routledge,2010.

后记

2018年10月,教育部出台《关于加快建设高水平本科教育 全面提高人才培养能力的意见》,决定实施"六卓越一拔尖"计划2.0。2019年4月,教育部联合多部委,在天津正式启动该计划,明确提出"全面推进新工科、新医科、新农科、新文科建设,提高高校服务经济社会发展能力。"2020年11月,教育部在山东召开新文科建设工作会议,发布《新文科建设宣言》,对新文科建设作出了全面部署。2021年11月,教育部发布《关于公布首批新文科研究与改革实践项目的通知》,公布了首批新文科研究与改革实践项目立项名单,"新文科"成为中国高等教育改革实践中备受关注的理论与实践议题。

经单位推荐、网络审核、会议审议、网络公示等环节,我们团队申报的"教育学领域新文科建设实践"成功获批教育部首批新文科研究与改革实践项目。项目申报时提出了3项预期目标。一是理论层面探索教育学领域新文科建设的理念、内容和方法,丰富教育学领域新文科建设的理论成果;二是实践层面探索教育学专业在教育学人才培养理念、专业建设、课程与教材体系建设、拔尖创新人才培养、复合型人才培养、政产学研协同育人、创新创业教育、体制机制创新等方面探索新路径;三是推广层面在教育学新文科建设领域发挥示范作用，尤其在西部地区引领带动教育学专业人才培养与学科发展。

基于预期目标，团队创造性地提出了"大、跨、新、用"新文科建设理念，并在预期各方面均取得突出成效。理论探索方面，项目组在《教育研究》等CSSCI期刊发表《新文科时代教育学一流学科建设的理论逻辑与学科范式》等相关论文40余篇。实践改革方面，启动了"教育学复合型卓越人才实验班"工作，作为牵头单位获2022年度国家教学成果一等奖，获批教育部马工程教材2本、国家一流课程5门，并在2022年入选第二轮国家一流建设学科。经验推广方面，项目团队先后举办"成渝地区双城经济圈虚拟教研室启动仪式暨高校智慧教学研讨会""新文科建设与拔尖创新人才培养研讨会""新时代大学生农耕文化教育创新研讨会""高质量发展引领下教学成果培育研讨会"等全国性学术活动10余次，被新华网等多家权威媒体报道达20余次，受众数万人，教育学专业人才培养经验与举措被华中师范大学、辽宁师范大学等高校学习借鉴。

作为项目最终成果之一，本书包括七个部分。其中，"新文科时代教育学一流学科建设框架"一章基于学科与专业协同发展思路，研究了教育学一流学科建设的"实然"样态，论证了教育学一流学科建设的"应然"追求，提出了教育学一流学科建设的"必然"努力，系统论证了新文科背景下教育学科高质量发展路径。之后，第二、三、四、五、六、七章分别围绕人才培养目标更新、党建与课程思政建设、课程设置与教学方式改革、科研与实践创新能力发展、教师队伍建设和教师专业发展、国际交流与全球素养培养等方面，系统研究了新文科背景下教育学人才培养中的"主线"与"底线"问题。

为完成本书撰写工作，团队成员围绕着如何看待新文科建设对教育学专业发展的影响，如何在理论挖掘中明确教育学领域新文科建设内在逻辑与外在路径，如何吸收国内不同高校在教育学专业建设方面的经验，如何处理好专业建设整体设计与西南大学教育学专业典型案例间关系，如何回应当前学术界关于学科发展与专业发展间关系等问题展开了多次讨论。在此基础上，我们明确了书稿撰写任务分工。全书由我们两位主编整体设计、把关和统稿校对。具体章节上，朱德全教授撰写第一章，王正青教授撰写第二章，吴叶林副教授撰写第三章，张铭凯副教授撰写第四章，林克松教授撰写第五章，田晓伟教授撰写第六章，易全勇副教授撰写第七章，特此说明并感谢团队成员的倾情投入。

值此《教育学新文科建设：实践探索与模式创新》付梓出版之际，首先要感谢教育学部各位同事在工作中给予的大力支持，正是一代代西南大学教育学人的不懈努力，共同铸就了西南大学教育学的今天。感谢本书撰写过程中参考引用过的文献作者，你们的研究开阔了我们的视野，奠定了研究基础，对文献中理解不到位或缺失的引用深表歉意。感谢西南大学出版社对本书出版的支持，特别感谢责任编辑向文平老师的审读。期待本书的出版能够为教育学新文科建设提供理论指导和实践参考，欢迎学术界同仁批评指正。我们将以更饱满的热情和更负责的态度，继续深入此领域研究，争取更大的进步与更多的收获。

朱德全　王正青

2024 年 11 月于西南大学